Guérir le futur des blessures du passé

Du même auteur,
chez le même éditeur :

Au cœur de nos émotions, un enfant intérieur : l'enfant gigogne, 2003
Tout se joue avant la naissance, 2017

Du même auteur,
aux éditions Josette Lyon :

Au cœur des relations d'aide, 2010

ISBN : 978-2-8132-3470-4

www.editions-tredaniel.com
info@guytredaniel.fr
www.facebook.com/tredaniel.reflexion
@tredaniel_reflexion

Jean-Paul Fluteau

Guérir le futur des blessures du passé

La Thérapie *Enfant Gigogne*®

Guy Trédaniel éditeur
19, rue Saint-Séverin
75005 Paris

PRÉAMBULE

Pourquoi vouloir guérir le futur ?

Notre futur peut-il être déjà malade, alors qu'il n'est pas encore advenu ?

Les théoriciens de la physique quantique nous disent que le monde physique que nous percevons et dans lequel nous évoluons physiquement est une manifestation de l'un des infinis possibles informationnels présents dans une autre dimension immatérielle et ondulatoire, ce possible spécifique étant sélectionné et créé physiquement par notre Conscience.

La Conscience permettrait donc de manifester physiquement un possible, parmi les possibles infinis informationnels du champ unifié immatériel.

Par la Conscience (le plus souvent inconsciente !), nous manifesterions donc, dans la matière, les possibles que nous sélectionnerions (le plus souvent inconsciemment !) dans le champ unifié des infinis possibles informationnels.

Comment illustrer quelque chose d'aussi abstrait pour notre compréhension tellement habituée aux représentations matérialistes ?

Imaginons :

- Une sorte de tapis blanc de billard, vierge de tout tracé, qui représente **la dimension immatérielle et ondulatoire** de tous les tracés infinis virtuels potentiellement possibles.

- Une bille de billard qui, au fur et à mesure qu'elle roule, laisse un tracé visible sur ce tapis.

Cette bille représente **la conscience**, qui fait se manifester dans la matière un tracé possible parmi tous les infinis tracés immatériels possibles sur ce tapis blanc.

Le point éphémère du tapis sur lequel se trouve la bille en mouvement représente **le présent**, l'instant T présent.

Le tracé visible réalisé par la bille sur le tapis représente **le passé**.

Le futur, par définition non encore advenu physiquement, est représenté par la surface restée vierge du tapis où tous les infinis tracés possibles se trouvent virtuellement présents.

La bille lancée, la trajectoire du tracé qu'elle a réalisé sur le tapis et qui représente son passé à un instant T va déterminer sa trajectoire future à cet instant T, sélectionnant donc un tracé parmi les infinis tracés possibles.

Malgré les infinis tracés possibles qu'offre potentiellement le futur à un instant T, le tracé qui se manifestera sur le tapis sera donc dépendant de la trajectoire du tracé passé, lui-même dépendant de la façon dont la bille a été lancée.

Transposé à nos trajectoires personnelles, cela veut dire que malgré les infinis chemins de vie possibles que nous offre potentiellement le futur à un instant T, le chemin de vie qui se manifestera dans la matière de notre vie sera déterminé par notre trajectoire passée et la façon dont nous nous sommes lancés dans la vie incarnée.

Le futur que nous nous créerons à l'issue de chaque instant T pourra donc être malade à la façon dont notre passé a été lui-même malade des blessures et de toutes les empreintes, avec lesquelles nous nous sommes lancés dans la vie.

Il s'agit donc de véritablement et littéralement guérir notre futur des blessures et des empreintes du passé !

Pour cela, il est donc nécessaire d'identifier « les blessures » du passé et de les « résoudre » pour changer la nature informationnelle du passé sur le futur et ainsi **guérir le futur, pour bien vivre le présent**.

Voici la vocation de la Thérapie Enfant Gigogne®

Avertissement

L'essentiel de ce qui est présenté dans cet ouvrage résulte d'observations et de conclusions tirées de quarante années de pratiques, d'accompagnements de personnes en consultations individuelles, de couple ou familiales, ainsi que d'animations de formations auprès de professionnels de la relation d'aide ou de groupes de développement personnel.

Au cours de ces milliers de rencontres, j'ai eu la chance d'apprendre, grâce à l'inestimable cadeau que toutes ces personnes m'ont offert en m'ouvrant leur cœur et leur psyché.

Je me suis retrouvé ainsi, explorateur d'un univers dont les frontières visibles que sont les maladies et les symptômes ne sont que l'écrin de multiples joyaux issus d'une extraordinaire alchimie à l'œuvre.

Cette alchimie est à l'œuvre quand les blessures indicibles enfouies dans les profondeurs les plus secrètes de l'inconscient accèdent à la lumière du cœur et de la conscience.

Cet accès à la lumière du cœur et de la conscience des blessures enfouies transforme le plomb des souffrances passées en « trés-or » d'humanité et de liberté.

Merci à toutes et à tous de m'avoir fait et de me faire confiance pour toutes ces explorations au cœur du plus vaste univers qu'est la psyché humaine.

Merci à toutes les personnes qui ont apporté leurs précieux témoignages.

Merci à toutes les personnes rencontrées en consultation, qui ont apporté la matière vivante des exemples présentés dans ce livre.

Merci à toutes et à tous les thérapeutes qui m'ont fait confiance et qui en adoptant la pratique de la Thérapie Enfant Gigogne® ont contribué à son perfectionnement.

Pour garantir le total anonymat de toutes ces personnes, le prénom, l'âge, la situation professionnelle ou familiale, certains aspects de l'histoire personnelle ont été modifiés de telle sorte que cela rende impossible que ces personnes puissent être identifiées et, y compris dans certains cas, qu'elles puissent se reconnaître elles-mêmes, tout en n'altérant pas la réalité du processus à l'œuvre qui voulait être mis en évidence.

Cependant, si les histoires personnelles sont singulières, la palette des origines des traumatismes est relativement limitée.

Les principales sources des empreintes traumatiques qui donnent lieu à d'innombrables symptômes sont relativement peu nombreuses et universelles :

- les traumas sexuels de l'enfance et de la petite enfance (incestes, attouchements, etc.) ;
- les traumas de la naissance (menace vitale, étouffement, enfermement, etc.) ;
- les traumas de la vie intra-utérine (grossesse non désirée, attente de l'autre sexe, perte gémellaire, tentative d'avortement, maladie et choc émotionnel de la mère, etc.).

Chacun peut alors s'y reconnaître à un moment ou à un autre.

Ce qui veut dire que tout lien qui pourrait être établi par quiconque, entre les exemples présentés et des personnes existantes ou ayant existé, ne relèverait que d'une pure et simple fantaisie !

Enfin, je tiens à préciser que si les témoignages et les exemples présentés mettent en évidence des résolutions parfois spectaculaires des problèmes traités en consultation, et qui sont représentatifs de la majorité des cas, il n'en demeure pas moins que pour diverses raisons la Thérapie

Enfant Gigogne® ne convient pas à certaines personnes et ne leur permet pas d'obtenir les changements qu'elles peuvent espérer.

La Thérapie Enfant Gigogne®, comme toutes les approches et les méthodes de psychothérapie, n'agit ni mécaniquement ni comme un médicament sur les personnes.

Les changements et les résolutions que peuvent obtenir les personnes avec la Thérapie Enfant Gigogne® sont la résultante d'une subtile alchimie entre :

- la méthode, le thérapeute, sa compétence et son niveau de conscience ;
- la personne, sa motivation, sa réceptivité à la méthode, ses mécanismes de défense relatifs à son écologie interne, dans le fait d'accéder ou non à des traumatismes passés douloureux et potentiellement déstabilisateurs de son histoire personnelle et familiale officielle.

DE LA FERME

À LA FAC

Les prémices

Si je souhaite apporter quelques éléments de mon histoire personnelle, ce n'est pas que je considère qu'elle présente une singularité exceptionnelle et un intérêt particulier pour l'avancée de la science !

Mais simplement illustrer comment l'enfant de la campagne que j'ai été et que rien ne destinait culturellement à embrasser une carrière de psy, puis l'adolescent, l'homme et le professionnel que je suis devenu, a vu reculer pas à pas les frontières des certitudes des possibles, en découvrant peu à peu l'immensité du monde invisible caché derrière le monde tangible.

Les observations d'un jeune enfant et d'un adolescent face aux relations entre humains

Je suis né au sein d'une famille traditionnelle paysanne creusoise aussi bien du côté maternel que du côté paternel.

J'ai grandi jusqu'à mes 12 ans dans une ferme où cohabitaient mes parents et mes grands-parents maternels.

Je baignais dans l'ambiance assez classique d'une telle cohabitation, caractérisée par la relation tendue entre le beau-père et le gendre à propos des orientations à donner à cette petite ferme, opposition entre traditionalisme et modernisme !

En plus des difficultés relationnelles et communicationnelles courantes que rencontre toute famille, cette cohabitation apportait une couleur particulière à la communication ambiante, couleur induite par la guerre ouverte, puis la guerre froide, que se sont livrée mon grand-père et mon père.

Dans ce climat particulier, ma mère et ma grand-mère maternelle œuvraient diplomatiquement de leur mieux pour que cet univers familial n'explose pas et préserve les atouts et les ressources humaines et matérielles que permettaient deux générations vivant ensemble.

Une tentative de travail en commun entre mon grand-père et mon père au sein de la ferme s'est donc avérée impossible.

Tout en continuant la cohabitation, mon père a choisi de trouver un travail à l'extérieur dans le commerce d'épicerie ambulante très répandu à l'époque à la campagne, les super- et hypermarchés n'ayant pas encore vu le jour dans la campagne creusoise !

La guerre ouverte entre les deux s'est alors transformée en guerre froide, chacun occupant son territoire dans cet espace de vie, malgré tout, commun.

Une solution à la mésentente entre le beau-père et le gendre avait donc été trouvée, mais cette solution a fait émerger un autre problème.

Qui allait prendre la relève de la ferme ?

Les grands-parents se faisaient vieux et leur gendre avait définitivement renoncé à un tel projet.

Tout naturellement, comme le voulait la tradition paysanne dans une telle configuration familiale, tous les espoirs des grands-parents se sont tournés vers mon frère aîné qui comme premier garçon de la descendance avait le genre et le rang idéaux pour cette succession !

En conséquence, l'investissement, voire le surinvestissement, des grands-parents dans leur petit-fils aîné pour prendre la relève de la ferme familiale a été à l'origine d'une difficulté relationnelle supplémentaire entre les deux hommes des deux générations cohabitantes.

L'investissement des grands-parents dans leur petit-fils et les comportements qui en ont découlé ont conduit le père à se sentir dépossédé de son rôle de père auprès de son premier fils.

Un père qui se sent dépossédé de son rôle de père, un fils pris dans un conflit de loyauté entre son grand-père maternel et son père, cela ne crée pas les conditions optimales pour une relation père-fils fluide et harmonieuse.

C'est dans ce contexte relationnel familial particulier que je suis arrivé, sept ans après mon frère aîné.

Ce qui veut dire qu'à l'époque et compte tenu de leur âge, mon arrivée n'avait pas été particulièrement attendue et programmée, du moins consciemment, par mes parents.

Si l'on rajoute à « ne pas s'être senti attendu comme enfant » une perte gémellaire au cours de la vie intra-utérine (passée inaperçue aux yeux de mes parents et que j'ai pu identifier bien des années après au cours de mon parcours de développement personnel), cela augurait une histoire de vie à venir potentiellement difficile, comme j'ai pu être amené à l'observer fréquemment au cours de mes accompagnements thérapeutiques auprès de personnes présentant des caractéristiques identiques de départ dans la vie.

« Ne pas s'être senti attendu comme enfant » au cours de la vie intra-utérine a conduit l'enfant que j'étais à interroger à longueur de journée sa maman en lui disant :

« Dis, maman, est-ce que tu m'aimes ? »

Comme je l'ai compris consciemment, bien longtemps après.

La perte gémellaire, elle, a conduit le jeune adulte à une recherche de relations amoureuses fusionnelles, mais par principe impossibles, et plus anecdotique, mais tout autant significatif, à une tendance à faire des achats en double.

Avec ce « handicap » de départ et les conséquences qui en découlent potentiellement, il me semble que j'ai eu la chance qu'elles soient atténuées ou contrebalancées par le fait que mon arrivée inattendue donnait l'opportunité à mon père d'avoir un fils qu'il pouvait investir, après s'être senti dépossédé de son rôle de père auprès de son premier fils.

C'est ainsi que ce marquage si souvent indélébile du :

« Je ne suis pas comme il faut pour mériter d'être aimé(e) »

a sans doute été partiellement atténué et que certaines épreuves de la vie nécessaires aux prises de conscience pour dissoudre les blessures initiales m'ont peut-être été épargnées.

Pour terminer cette « page-divan », je tiens à renouveler ma gratitude et ma reconnaissance à cette famille, à chacun de ses membres, malgré le poids des traditions, des conditions de vie campagnarde rudes de l'enfance de chacun et des enjeux qui en découlent, pour avoir eu l'intelligence de cœur et d'esprit de surmonter ces difficultés en sachant préserver des liens qui font que même quand le bateau tanguait dans les moments de tempête, je m'y sentais, malgré tout, en confiance et en sécurité.

Ma reconnaissance est encore plus grande à l'égard de mes deux parents qui ont su nous accompagner et nous encourager mon frère et moi à poursuivre des études supérieures, ce qui n'était pas le plus fréquent dans le monde paysan à l'époque, et qui ont eu l'ouverture d'esprit pour accueillir avec bienveillance mes différents choix de vie, parfois hors normes pour l'époque.

J'ai plaisir à déposer la marque de cette gratitude sur ces pages maintenant qu'ils évoluent dans l'au-delà de ce monde tangible et je ressens encore un plus grand plaisir à avoir pu leur exprimer cette gratitude de leur vivant physique.

J'ai en effet pu constater, au cours de mes accompagnements thérapeutiques, que quoi que nous ayons pu vivre avec nos parents, il est tellement important de faire la paix, de pardonner et de prendre conscience des ressources extraordinaires que nous avons pu développer proportionnellement à la lourdeur des traumas ou des difficultés que nous avons traversés avec eux ou à cause d'eux.

Le potentiel de ces ressources peut véritablement commencer à se manifester, à se réaliser, lorsque les blessures passées ont été identifiées et mises en paix et qu'ensuite nous avons pu pardonner.

Quel terrain d'observation pour un enfant que cette famille élargie cohabitant avec toutes les difficultés relationnelles et communicationnelles qui en découlaient.

Le jeune garçon que j'étais a très tôt « intuitionné » que les difficultés relationnelles qu'il voyait s'exprimer autour de lui, entre les différents protagonistes de cette famille et y compris avec lui-même, découlaient de malentendus, d'incompréhensions sur la signification des messages verbaux et comportementaux des uns et des autres, d'interprétations erronées dues principalement à l'absence de vérification auprès de l'autre.

Le déclic de la découverte des théories psychanalytiques en cours de philosophie de terminale

Alors, quand devenu adolescent il a découvert les premiers concepts de la psychologie et de la psychanalyse dans le programme de philosophie en terminale, une évidence s'est imposée à lui !

C'est vers la compréhension de l'humain et de la communication entre humains qu'il voulait se diriger pour en faire un métier qui pourrait soulager ses congénères et lui-même, face à ce qu'il voyait comme un gâchis de tous les potentiels individuels et relationnels, chacun ayant besoin plus que tout de se sentir aimé et chacun se « hérissant » face à autrui par peur de ne pas être aimé !

Quelle révélation que de découvrir l'inconscient et d'entrevoir ses mystères !

Quelle révélation que de découvrir que des maladies, des problèmes du quotidien pouvaient trouver leur origine dans des moments « mal vécus » pendant l'enfance !

Comment allait-il réaliser cette vocation qui venait de se révéler à lui ?

La psychologie et la psychanalyse entraperçues en terminale avaient la consonance « psy » en commun, donc, tout ce qui commençait par « psy » devait sans doute faire l'affaire !

La « psychiatrie » qui satisfaisait à cette même consonance et qui était, par ailleurs, l'appellation professionnelle commençant par « psy » la plus connue dans son environnement culturel serait sans doute la bonne filière à prendre !

Cette décision prise, le jeune homme que j'étais décidait de gagner en autonomie et, l'été passé, allait faire les vendanges dans le Bordelais.

C'est au cours d'une soirée en compagnie de covendangeurs déjà étudiants en université qu'en évoquant ses aspirations au sujet de la connaissance de la psyché et de la communication humaines, il apprit par ceux-ci que les études de psychiatrie étaient des études avec un prisme à dominante médicale et que des études de psychologie répondraient plus précisément à ses attentes.

Suite à ces avis de conseillers de formation improvisés, il décidait de s'inscrire en fac de psycho !

Un coup de foudre intellectuel avec un livre en marge des études universitaires de psychologie

Notre jeune étudiant découvre la psychologie expérimentale, la psychologie génétique, les statistiques, la psychophysiologie, autant de domaines très intéressants intellectuellement mais qui ne répondaient pas particulièrement à ses motivations premières !

Ce n'est qu'au cours de la deuxième année de psycho que notre étudiant commence à trouver enfin les réponses à ce qu'il était venu chercher.

Cependant, ces réponses, il va les avoir, en fait, en marge des enseignements délivrés par l'institution universitaire.

Pendant un cours de psychanalyse, l'enseignant à l'occasion d'un aparté fait référence à un livre intitulé : ***Une logique de la communication*** **de Paul Watzlawick**.

C'est à ce moment précis que naît le professionnel que je suis devenu !

Irrésistiblement attiré par le contenu qui en est présenté, je me précipite dans la librairie la plus proche, et le livre en main, je le dévore comme le naufragé qui n'a rien mangé depuis des jours se précipite sur de la nourriture tant espérée.

C'est alors un coup de foudre intellectuel !

Je trouve des réponses concrètes à mes interrogations, je trouve des mots qui structurent mes intuitions d'enfance.

Je découvre la complémentarité subtile du verbal et du comportemental qui, lorsqu'ils véhiculent chacun des informations opposées, peut conduire à la folie, seule façon paradoxalement adaptée pour échapper à la fameuse double contrainte mise en évidence par **Grégory Bateson** et son équipe du **Mental Research Institute de Palo Alto** en Californie.

J'ai la révélation de l'Approche systémique et de la Thérapie familiale.

En parallèle à l'enseignement universitaire académique que je continue de suivre, j'ingurgite tout ce qui est traduit en langue française au sujet de l'Approche systémique et de la Thérapie familiale.

Nous sommes vers la seconde moitié des années 1970, les concepts de l'Approche systémique et de la Thérapie familiale arrivent sur le Vieux Continent.

AUX FRONTIÈRES DES POSSIBLES

Le cheminement

Un coup de cœur avec un formateur-thérapeute québécois

Mes études terminées, mon « permis » d'exercer comme psychologue clinicien en main, je m'empresse de trouver une formation à la Thérapie familiale systémique.

Je découvre alors, à côté d'un contenu théorique et pratique passionnant, un formateur-thérapeute québécois, **Gérard Duceppe**, collaborateur de **Virginia Satir**, qui, avec son accent chaleureux et sa profonde humanité, ouvre non seulement les esprits, mais aussi les cœurs.

Ce qui fait que ce genre d'expérience reste à jamais gravé dans la mémoire comme moment clef et fondateur dans une vie.

C'est un deuxième coup de foudre, au niveau du cœur cette fois.

Ici, mon utopie d'enfance de voir les êtres humains réaliser leur potentiel individuel et relationnel par l'ouverture du cœur devient réalité.

Je suis enthousiasmé par la capacité de ce thérapeute à colorer ses interventions professionnelles d'une humanité irradiante qui démultiplie les effets thérapeutiques des techniques mises en œuvre.

Je découvre et apprends comment aider à assainir la communication, les relations au sein d'un groupe familial.

Je suis au cœur des moyens possibles de résolution des préoccupations de l'enfant que j'étais, qui assistait impuissant aux conséquences des incompréhensions mutuelles des adultes entre eux !

Je fais reculer une première limite des possibles qui s'était installée dans l'enfance.

Je passe de :

« Les relations ne peuvent pas changer »
à :
« Les relations peuvent changer. »

Je travaille avec des familles, des couples, et je m'aperçois que bien des relations difficiles entre les personnes sont en lien non seulement avec des apprentissages de communication et des modèles parentaux, limitant « relationnellement », mais aussi avec des expériences passées douloureuses, des blessures dans l'enfance.

Les limites du travail autour de la communication et la prise en compte des blessures passées

Je fais le constat que l'assainissement de la communication entre les personnes par une sorte de rééducation à des communications plus saines a ses limites quand les blessures passées ne sont pas cicatrisées et se réveillent.

Apprendre à se parler autrement, prendre le temps de s'écouter, exprimer ses besoins plutôt qu'exprimer des reproches, prendre conscience de l'influence des modèles parentaux, appliquer les préceptes de la communication non violente, peut s'appliquer avec bonheur dans certains contextes et dans les contextes où les blessures sont réactivées, ces apprentissages récents ne sont plus opérationnels !

Comment accompagner les personnes pour identifier leurs blessures passées, enfouies dans les oubliettes de l'inconscient et qui leur rendent impossible de mettre en œuvre ce qu'elles ont appris récemment ?

La psychanalyse répondrait bien à ce cahier des charges, mais sa procédure est bien souvent longue et onéreuse, et surtout, j'ai pu constater que la seule prise de conscience d'un traumatisme passé en lien avec une difficulté présente n'est généralement pas suffisante pour dépasser cette difficulté ou résoudre le symptôme qui s'y est associé.

La rencontre avec la PNL et la barrière amnésique primaire des 2-3 ans

Je découvre alors dans les années 1980 la PNL (programmation neuro-linguistique) qui avec certains protocoles permet d'identifier **dans la mémoire accessible** les traumatismes en lien avec des limites ou des symptômes présents, avec, point remarquable, la possibilité d'un travail de résolution sur le traumatisme identifié.

La PNL s'avère être alors un outil précieux pour mes accompagnements thérapeutiques.

Je l'utilise donc pour permettre aux personnes accompagnées de retrouver le ou les traumatismes passés en lien avec leurs difficultés présentes.

Bien sûr, je fais ce travail avec « ma carte du monde » du moment, qui est aussi la carte du monde majoritairement en vigueur dans le milieu psy, à savoir une carte de la psyché héritée de mes études de psychologie et caractérisée par une limite de mémoire infranchissable, la limite de la barrière amnésique des 2-3 ans !

Limite validée, par ailleurs, par de nombreux témoignages de personnes en analyse, ainsi que les nombreux cas présentés dans les livres de psychanalyse de référence, à commencer par ceux de Freud, où les traumas retrouvés remontent et s'arrêtent à l'enfance vers 2-3 ou 4 ans.

Les personnes que j'accompagne alors s'arrêtent tout naturellement à cette frontière, comme si au-delà il n'y avait plus rien, plus de souvenirs, comme si la mémoire était inexistante en amont, comme si auparavant il n'y avait pas de traumatisme, ou du moins que des supposés traumatismes plus anciens n'avaient pas d'impact sur la vie présente.

Cela, même si le psychanalyste Otto Rank avait pourtant déjà mis en avant le traumatisme de la naissance dans son ouvrage publié en 1924 : *Le Traumatisme de la naissance*.

Cette vision était tellement novatrice et à l'opposé de la conception dominante de l'époque que cela a valu à Otto Rank d'être exclu de la communauté psychanalytique !

Les livres de l'époque de l'arrivée de la PNL en France (années 1980), comme le livre de **Josiane de Saint Paul** et **Alain Cayrol**, ***Derrière la magie, la PNL***, relatent des exemples de patients qui, avec des protocoles de l'exploration de la mémoire (comme le changement d'histoire de vie), s'arrêtent aussi dans leur exploration sur cette même limite de 4-5 ou 6 ans.

Cela pouvait laisser supposer que le traumatisme initial avait eu lieu à cet âge, ce que la PNL appelle l'« expérience de référence ».

Le franchissement de la barrière amnésique des 2-3 ans

Et puis un jour, une personne que j'accompagne a « l'audace » d'aller au-delà de cette limite et se met à me décrire ce qu'elle présente comme étant ses tout premiers jours de vie où le bébé nouveau-né qu'elle reconnecte se retrouve en couveuse.

Je pense alors dans un premier temps qu'elle affabule, qu'elle est victime de son imagination !

J'ai ensuite des éléments d'information qui me conduisent à penser qu'elle avait bien retrouvé des souvenirs stockés dans une mémoire bien présente en amont de la barrière amnésique.

À compter de ce jour, un nombre de plus en plus important de personnes ont l'audace de franchir cette barrière amnésique au cours de mes accompagnements !

Une nouvelle limite des possibles est repoussée !

Je passe de :

« Il n'y a pas de souvenirs en amont de la barrière amnésique des 2-3 ou 4 ans »

à :

« Il est possible de retrouver des souvenirs de traumatismes de nouveau-né et des traumatismes de la toute petite enfance et post-naissance qui ont des répercussions majeures sur la vie future. »

Je me pose alors la question suivante : mis à part ma propre croyance, « il n'est pas possible de retrouver des souvenirs en amont de la barrière amnésique », quelles différences y a-t-il entre les personnes qui ne retrouvaient plus de souvenirs au-delà des 2-3 ou 4 ans et les personnes qui ont franchi la barrière amnésique ?

Je m'aperçois alors que les personnes qui ont retrouvé des souvenirs en amont de la barrière amnésique avaient la capacité de se mettre spontanément dans un état de conscience particulier lors du déroulement du protocole, un léger état modifié de conscience, un léger état de transe hypnotique ou sophronique, par le fait d'avoir simplement les yeux fermés en suivant les consignes du protocole.

Après avoir franchi cette limite, je suis convaincu d'avoir atteint le bout du bout du monde explorable de la psyché humaine !

De toute évidence, retrouver des éléments de la naissance est franchement impossible.

Toute la science officielle de l'époque atteste bien que les capacités cognitives de ce qui est toujours le fœtus au moment de la naissance ne peuvent pas lui permettre d'engrammer une telle expérience.

D'ailleurs, la vie ne commence-t-elle pas à la naissance !

Je sais maintenant comment faciliter cet état de conscience particulier et un nombre de personnes de plus en plus important retrouvent des évènements traumatiques de leur toute petite enfance et de leur vie de nouveau-né.

Les symptômes et les difficultés pour lesquels les personnes sont venues consulter se résolvent parfois spectaculairement, mais pour certaines, des difficultés souvent moindres perdurent, quelques-unes voient réapparaître des manifestations anciennes qu'elles pensaient avoir résolues.

Le franchissement de la frontière de la naissance

Alors, avec ces personnes j'expérimente d'autres protocoles comme celui de la « Ligne du temps » (voir *Au cœur de nos émotions, un enfant intérieur : l'Enfant Gigogne*, éd. Trédaniel, p. 141), supposant qu'il serait peut-être plus adapté pour ces personnes, afin de leur permettre de retrouver des éléments de la petite enfance qu'elles n'auraient pas encore identifiés.

Et c'est en enseignant ce protocole, au cours de formations PNL pour des professionnels de la relation d'aide, qu'au cours de démonstrations, j'ai eu la surprise, presque la stupéfaction, que les personnes, volontaires accompagnées, se reconnectent à des moments qu'elles décrivent comme étant un moment difficile précis de leur naissance.

Le même doute que précédemment, avec le franchissement de la barrière amnésique, revient dans mon esprit.

Probablement avaient-elles le désir de bien faire, de faire plaisir, peut-être se sont-elles laissé emporter par leur imaginaire !

Mais après vérification auprès de leur entourage, des détails qui ne leur avaient jamais été livrés par leurs parents et qu'eux seuls connaissaient se sont avérés justes.

Cela semble donc possible !

Alors, avec cette nouvelle brèche dans ma ligne Maginot, qui sépare mon monde des possibles et le monde des impossibles, de plus en plus de personnes retrouvent en consultation des épisodes de leur naissance.

Le travail de résolution qui se fait sur ces traumas retrouvés apporte aux personnes des changements essentiels dans leur vie.

En cherchant à identifier de nouveau ce qui avait pu permettre à ces personnes de remonter jusqu'à leur naissance, alors qu'elles étaient elles aussi sous l'emprise des mêmes croyances au sujet de ce qui est possible et de ce qui ne l'est pas, j'ai constaté que ma propre croyance était déterminante !

Ne serait-ce que par le fait d'encourager la personne à poursuivre son exploration au-delà de la limite supposée, l'autre élément étant que la personne se trouve dans un état modifié de conscience particulier induit par une **profonde détente** et aussi, point essentiel, par une grande confiance accordée au thérapeute.

Ces découvertes qui me sont offertes par les personnes que j'accompagne me conduisent à poursuivre plus avant ma propre exploration intérieure. J'expérimente personnellement le **Rebirth**, qui est une technique de respiration en hyperventilation qui facilite, comme son nom anglophone l'indique, la reconnexion, entre autres, à la naissance et à la renaissance à soi-même, puis je poursuis mon exploration personnelle avec la **Respiration holotropique**.

Bien qu'avec ces reculs des limites des possibles et de mes propres expérimentations sur mon chemin de développement personnel et que mon mental avec ma vision du monde se soit assoupli, je considère quand même, à ce moment-là de mon cheminement professionnel et personnel, que j'ai atteint cette fois, avec les souvenirs et les marquages de la naissance, le bout du bout du bout du monde de ce qu'il est possible d'explorer de la psyché.

Le franchissement de la barrière de la vie intra-utérine

Dès lors, certaines personnes que j'ai déjà accompagnées et avec qui une grande confiance s'est installée, et suite aux changements importants qu'elles ont réalisés dans leur vie à partir du travail effectué, me sollicitent de nouveau pour résoudre des difficultés qu'elles n'avaient pas encore abordées.

Et là, non seulement certaines se propulsent dans des moments de leur vie intra-utérine, mais encore plus inattendu pour moi, elles connectent ce qu'elles nomment comme étant la perte d'un fœtus jumeau, parfois dans les tout débuts de la vie intra-utérine, à quelques semaines de vie embryonnaire où le stade dit « fœtal » n'est même pas encore atteint !

Là encore, dans un premier temps, je doute.

Comment cela peut-il être possible ?

Le système nerveux et les organes sensoriels ne sont pas encore développés. Comment pourrait-il y avoir des souvenirs ?

Comment pourrait-il y avoir le souvenir d'un fœtus ou embryon jumeau ?

Comment cela pourrait-il susciter autant d'émotions et laisser autant de traces, de nostalgie ?

Comment peut-il y avoir une mémorisation, donc une conscience, alors que le système nerveux commence à peine à se développer et qu'il n'est encore qu'un amas de cellules indifférenciées ?

Encore une fois, face aux répétitions, face aux vérifications entreprises qui attestent de la pertinence des éléments retrouvés et surtout face aux effets thérapeutiques incontestables qui s'ensuivent, il me faut assouplir encore plus mon mental qui trouve le moyen d'intégrer cette nouvelle réalité à l'intérieur de sa vision du monde purement matérialiste, en faisant appel à un concept émergent dans le monde psy, le concept de mémoire cellulaire.

Bien que ce concept laisse quelques zones floues quant à la capacité pour une cellule à enregistrer par exemple la vision précise du désarroi de la mère prenant conscience qu'elle est enceinte ! cette petite béquille permet à ma construction mentale du monde de s'en accommoder et de préserver un équilibre, quand même de plus en plus vacillant.

J'intègre donc qu'il est possible d'avoir des souvenirs traumatiques des tout débuts de la vie intra-utérine.

La frontière entre le monde des possibles et le monde des impossibles s'éloigne encore plus de mes références culturelles et professionnelles initiales.

Je suis vraiment persuadé cette fois d'avoir atteint « pour de vrai » les limites de l'univers des possibles.

Les difficultés et les symptômes pour lesquels les personnes sont venues me consulter se résolvent souvent de plus en plus spectaculairement et les témoignages qu'elles me rapportent des changements qu'elles vivent font que j'en suis parfois le premier surpris.

Le franchissement de la frontière du physique

Je reste installé confortablement dans cette vision très étirée du monde matériel tangible, jusqu'au jour où Carlos dont j'ai déjà évoqué l'histoire dans ***Tout se joue avant la naissance*** est venu me consulter pour ses ressentis de grande anxiété dans les moments de sexualité partagés avec sa compagne.

Dans ces moments-là, Carlos me dit se sentir destructeur et agresseur envers sa compagne et en ressentir une grande culpabilité, allant parfois jusqu'à ne pas pouvoir avoir de rapports sexuels.

À cette époque-là, fort de tout ce que les personnes que j'ai accompagnées m'ont appris, j'ai déjà mis au point les prémices de ce qui deviendra la méthode de la Thérapie Enfant Gigogne®.

J'accompagne alors la personne dans un état modifié de conscience spécifique, induit par une relaxation appropriée qui lui permet, à partir de ses difficultés ou de ses symptômes présents, d'explorer sa mémoire non consciente et d'identifier un ou des traumatismes en lien avec son problème présent.

Cela grâce au fil conducteur de l'état émotionnel de son problème qui le guide inconsciemment dans l'espace-temps de sa mémoire.

« En état de relaxation, guidé par ses impressions culpabilisantes d'être en train d'agresser sa compagne, Carlos se sent comme projeté dans un espace de grande luminosité, avec une impression particulière de flottement sans limites, une sorte de "sensation" de non-sensation corporelle.

Alors, peu à peu, comme à travers une brume qui se lève, Carlos perçoit d'abord deux jeunes adultes qu'il reconnaît comme allant devenir son père et sa mère.

Puis un décor s'installe et Carlos perçoit un lieu précis, et dans ce lieu précis, une scène de relation sexuelle entre ses futurs parents lui apparaît.

En percevant l'expression du visage de cette jeune femme qui allait devenir sa mère, Carlos ressent que cette jeune femme est en train de vivre ce rapport sexuel comme une contrainte, voire un viol. »

Carlos prend alors conscience que son existence s'est construite comme le symbole même incarné de la violence sexuelle destructrice vécue par sa mère.

La séance terminée, Carlos revient à un état de conscience ordinaire.

La scène qu'il vient de découvrir lui paraît d'une telle évidence et tellement significative de toute son histoire que je n'ose pas émettre le moindre doute, la moindre tentative pour relativiser.

J'apprends quelque temps plus tard qu'il a interrogé sa mère et qu'elle lui a confirmé avoir vécu « difficilement » ce rapport sexuel qui était son premier rapport, en lui précisant qu'à quiconque elle n'en avait jamais parlé.

Comment cela est-il possible !

L'évidence ressentie par Carlos, la résolution de ses difficultés, la vérification auprès de sa mère me font croire à l'authenticité de son expérience.

Mais là, non seulement il n'y a pas de système nerveux développé, mais il n'y a tout simplement aucune existence physique !

Comment Carlos peut-il se souvenir d'un moment où il n'était pas présent (physiquement) ?

La découverte de la Conscience extraneuronale

Comme pour terminer l'effondrement de mon édifice matérialiste du monde et de la réalité, quelque temps après, Fabien vient me consulter suite à un état dépressif après une rupture amoureuse.

En exploration, Fabien retrouve une situation douloureuse de séparation dans la petite enfance, puis au moment de la naissance, une séparation brutale d'avec sa maman, avec mise en couveuse.

Ensuite Fabien bascule dans la vie intra-utérine, quand sa maman prend conscience qu'elle est enceinte, alors que ce n'est pas du tout son projet à ce moment-là de sa vie.

Très satisfait professionnellement que mon « patient » ait pu remonter aussi loin dans son histoire et convaincu qu'il avait retrouvé la source traumatique fondamentale de sa dépression consécutive à la séparation amoureuse, je m'apprête à passer à l'étape suivante du protocole.

Contre toute attente, de lui-même, spontanément, il me dit qu'il se sent maintenant dans un autre état qui lui semble encore plus ancien, sans aucune sensation de corporalité et surtout dans un état profond de bien-être.

Ma surprise du moment fait que ses mots sont encore gravés dans ma mémoire :

« Je me sens relié avec le tout, j'ai l'impression de baigner dans l'Amour, un Amour divin… »

Après quelques instants pendant lesquels il reste connecté à cet état, Fabien s'exclame :

« Je me sens chuter, comme une chute vertigineuse, c'est de plus en plus vite, de plus en plus froid, de plus en plus dense… »

Pour terminer avec une profonde tristesse et avec ces paroles :

« Je me sens abandonné par la source divine. »

Pourtant je sais que Fabien n'est porté ni sur la religion ni sur la spiritualité.

Il me faut alors, au sens figuré comme au sens littéral, faire un saut quantique !

Il me faut m'interroger sur la nature de la conscience !

La conscience est-elle dépendante du fonctionnement du cerveau ? N'existe-t-elle qu'à cette condition ?

Je franchis la frontière entre le monde tangible avec lequel je suis familier et le monde invisible, le monde subtil que mon éducation et mes références universitaires m'avaient conduit jusque-là à ignorer ou plutôt à faire semblant d'ignorer, car une partie en moi « intuitionnait » bien l'existence de ce monde et l'intérêt essentiel qu'il représentait pour ma quête professionnelle et personnelle.

L'abolition des frontières. Les mémoires dites « de vies antérieures »

Tout ce cheminement au fil de mes expériences professionnelles et personnelles qui m'a amené à repousser de plus en plus loin mes représentations de la frontière entre le possible et l'impossible de l'existence humaine continue néanmoins de faire perdurer dans mon esprit l'existence supposée d'une frontière.

L'idée même de frontière cesse d'exister dans mon esprit, non sans quelques résistances, quand à plusieurs reprises des personnes que j'accompagne en état modifié de conscience retrouvent des scènes comme celle retrouvée par Katie.

Des scènes se déroulant en d'autres temps, en d'autres lieux.

Katie est déjà venue me consulter pour des crises d'angoisse dont elle s'est libérée, après avoir retrouvé et mis en paix une naissance difficile avec, entre autres, l'étranglement du cordon ombilical autour du cou, l'asphyxie, l'étouffement et la peur de mourir.

Encouragée par ce changement libérateur, Katie veut poursuivre son travail pour se libérer de pulsions boulimiques.

Elle retrouve alors une situation au cours de laquelle la petite fille qu'elle était subit une situation incestueuse, situation incestueuse refoulée jusque-là dans les « oubliettes » de l'inconscient.

Après avoir « secouru » la petite Katie, Katie la femme se sent plus libre dans son rapport à la nourriture mais se rend compte que son « besoin de se remplir » se trouve réactivé dans des circonstances très particulières, lorsqu'elle se rend dans des monuments anciens, églises, châteaux, édifices construits avec de grosses pierres de taille et où elle se sent angoissée.

Katie décide d'entreprendre une nouvelle exploration de sa mémoire.

Alors que dans mon for intérieur, j'imagine que Katie va sans doute retrouver une scène de son enfance semblable à la situation incestueuse retrouvée, mais cette fois dans le contexte d'un édifice ancien, Katie décrit la scène suivante :

« C'est bizarre, je me trouve comme sur un marché avec plein d'étals de fruits, de légumes... Je sens que j'ai très faim, comme si je n'avais pas mangé depuis plusieurs jours... Les gens sont habillés... C'est comme si on était au Moyen Âge...

Je suis vêtue de guenilles... je suis comme une mendiante... j'ai tellement faim que je vole un fruit sur un étal...

Je vois plein de gens autour de moi avec des regards hostiles...

Des hommes armés de lances m'entraînent dans un escalier de pierres, ils me jettent dans un cachot, une humidité froide, presque glaciale, suinte des grosses pierres... Ils me frappent en riant... ils me jettent au sol... je sens que je suis en train d'être violée...

Je reste là sans avoir la notion du temps qui passe...

Des hommes armés comme ceux qui m'ont enfermée ici viennent me chercher, ils me traînent dehors tellement je suis épuisée et me conduisent devant un gibet... Je vois une foule hostile et excitée...

On me passe une corde autour du cou... »

Bien qu'habitué à aller de surprise en surprise, ce genre de nouvelles scènes retrouvées par les personnes au cours de mes accompagnements me laisse perplexe.

J'avais bien entendu parler déjà depuis longtemps des histoires de vies antérieures. J'avais classé ces histoires dans la catégorie des histoires de personnes en mal de recherches de sensations ésotériques fortes ou bien de mécanismes de défense pour mettre plus de distance entre elles et des traumatismes qui, sans cette distanciation temporelle, seraient insupportables.

Mais une fois encore, des détails identifiés dans les scènes retrouvées par les personnes comme des détails vestimentaires, d'insignes très précis, dont les personnes n'avaient jamais eu connaissance et dont elles ont pu avoir la confirmation de leur existence à l'époque des faits retrouvés grâce à des recherches d'archives et des recherches sur Internet, me conduisent encore à réviser mes *a priori*.

L'élément le plus convaincant, *in fine*, étant le changement survenu après le travail et son maintien dans la durée.

Après ce travail, les angoisses et les résidus de pulsions boulimiques de Katie, générés par les vieux monuments, ont définitivement disparu.

Habité par toutes ces découvertes et les questions qui vont avec, je fais la rencontre de **Patrick Drouot** et de son travail dans le champ du subtil, de l'énergétique et des vies dites « antérieures ».

Il a publié entre autres *Des vies antérieures aux vies futures*, éd. Rocher.

Apprivoisé avec ce nouvel élément de connaissance qui enrichit ma cartographie de la psyché, j'adapte le protocole de Thérapie Enfant Gigogne® à l'exploration des vies antérieures, pour faire un protocole de « Thérapie des vies Gigognes ».

La découverte de la Conscience immatérielle

Je m'aperçois que le cadre conceptuel que j'utilisais jusque-là, pour appréhender le monde et les personnes, était un cadre conceptuel à l'intérieur duquel seule la dimension matérielle physique existe et est prise en compte.

Pourtant, je savais aussi intellectuellement que les avancées scientifiques contemporaines de la physique quantique avaient mis en évidence que la dimension matérielle physique que nos cinq sens sont en mesure de percevoir n'est pas la seule dimension existante comme composante de la réalité du « Monde ».

Cela correspond à un clivage de la pensée qui nous permet de faire coexister dans notre psyché des données totalement contradictoires, comme le fait de savoir intellectuellement que c'est la Terre qui tourne autour du Soleil et non pas l'inverse, mais nous continuons, sans que cela nous pose problème, à dire que le Soleil se lève à l'est, se couche à l'ouest et se déplace dans le ciel !

L'illusion perceptive de nos sens l'emporte sur le « bon sens » !

Ce cadre conceptuel limité à la dimension matérielle physique ne peut donc ni intégrer une autre dimension, la dimension disons immatérielle ou vibratoire, ni donner du sens à tout ce qui est hors de son champ.

Tout ce qui est hors de son champ ne peut apparaître qu'incompréhensible dans le meilleur des cas, ou, plus fréquemment, farfelu et déraisonnable, voire délirant dans la plupart des cas.

Pour comprendre la nature de certains phénomènes que je viens de décrire, rencontrés par certaines personnes lors de mes accompagnements, il me faut élargir mon cadre de référence.

Un cadre de référence où le monde, la réalité ne se réduisent pas à ce que nos cinq sens sont en mesure de percevoir, un cadre de référence où le monde, la réalité sont multidimensionnels.

Un cadre conceptuel où l'être humain ne se réduit pas à sa dimension matérielle physique et où il est, lui aussi, multidimensionnel.

Cela pose donc la question de la conscience : la conscience est-elle, elle aussi, multidimensionnelle ?

Est-ce le cerveau qui est à l'origine de la conscience ou bien le cerveau n'est-il qu'une interface, un récepteur de la conscience ?

Existe-t-il une conscience indépendamment du fonctionnement de notre cerveau et de notre vie physique biologique, comme tendent à le démontrer les recherches et les observations au sujet des expériences de mort imminente, EMI ?

Peut-on percevoir sans le recours à nos cinq sens ? Comme le démontrent les recherches menées par **Sylvie Déthiollaz** et **Claude Charles Fourrier** à l'Institut suisse des sciences noétiques, avec, entre autres, les observations menées sur « **Le cas Nicolas Fraisse** ». *Voyage aux confins de la conscience. Le cas Nicolas Fraisse*, éd. Trédaniel.

Si la conscience n'est pas seulement circonscrite à notre cerveau et à notre corps physique, si nous sommes multidimensionnels, alors il devient compréhensible que nous puissions reconnecter :

- des souvenirs d'avant notre conception, bien que nous n'existassions pas encore physiquement ;
- des souvenirs de la perte d'un fœtus ou embryon jumeau, bien que nous ne fussions qu'au stade d'une ébauche de corps physique ;
- des souvenirs des émotions et des gestes et expressions du visage de notre mère apprenant sa grossesse, bien que nous fussions physiquement dans sa matrice utérine.

Tout cela, avec ce cadre conceptuel élargi, apparaît beaucoup plus accessible et cohérent.

C'est donc à partir de tout ce cheminement personnel et professionnel, de la ferme de mon enfance au cabinet de ma pratique de psychothérapeute et aux groupes de formation et de développement personnel que j'ai animés, et aussi aux groupes de formation et de développement personnel auxquels j'ai participé à titre personnel, que s'est mise en place la **Thérapie Enfant Gigogne®**.

Alors bienvenue de l'autre côté du miroir !

LOIS QUANTIQUES
PSYCHOLOGIE
&
PSYCHOTHÉRAPIE

Élargir le cadre conceptuel

Les influences du matérialisme en psychologie

Avec les avancées scientifiques récentes de la physique quantique, l'Occident découvre scientifiquement que la dimension matérielle physique que nos cinq sens sont en mesure de percevoir n'est pas la seule dimension existante comme composante de la réalité du « Monde ».

Les traditions culturelles anciennes, comme les traditions chamanistes, et des approches comme celle de la culture traditionnelle chinoise avec sa médecine holistique et le taoïsme l'affirmaient depuis des millénaires par la voie de l'intuition et de la méditation.

En Occident, les sciences officielles dominantes du XIXe et du XXe siècle, avec le matérialisme, ont poussé à l'extrême les conclusions tirées à partir de la physique newtonienne, réduisant le monde, l'univers, le vivant, à de la matière physique.

Le matérialisme stipule que toute chose est composée de matière et d'énergie physique et que tout phénomène est la résultante d'interactions matérielles. Il définit par ailleurs la conscience comme étant la résultante de l'activité neuronale circonscrite à notre cerveau.

Cette vision s'est tout naturellement appliquée à la conception développée par la médecine dite « moderne » au sujet de la santé ou plutôt au sujet de la maladie, ne voyant dans la maladie que des dysfonctionnements des organes dus à des facteurs toujours physiques, chimiques, biologiques internes ou externes !

Cet « intégrisme » mécaniciste poussé à l'extrême a conduit à une vision schizoïde de la personne où corps et psychisme sont même devenus des entités séparées indépendantes l'une de l'autre !

Les approches psychologiques et psychothérapeutiques traditionnelles considèrent bien que la psyché, les pensées, les émotions, ont un rôle déterminant pour la santé, non seulement psychique ou mentale, mais aussi physique.

Cependant le cadre conceptuel dominant de ces différentes approches « psy » traditionnelles reste sous l'influence de cette vision culturelle physique et mécaniciste du monde.

Dès que l'on quitte l'espace du huis clos individuel pour aller vers la compréhension des interactions et des évènements des histoires de vie des personnes, c'est bien une vision mécaniciste qui est à l'œuvre.

Même l'approche systémique qui a été pourtant très novatrice s'est cantonnée à la prise en compte des interactions à partir des paramètres verbaux et comportementaux de la communication.

L'approche systémique n'a pas intégré les interactions subtiles énergétiques, ne serait-ce que celles des pensées et des émotions !

La vision culturelle dominante, y compris « psy » (psychiatrie, psychanalyse, psychothérapies classiques, psychologie universitaire), pose comme postulat que le monde physique que nous percevons avec nos cinq sens est extérieur à nous, indépendant de nous, et constitue une entité séparée de qui nous sommes.

Autrement dit, la vision culturelle dominante, y compris « psy », considère que nous subissons les lois de la physique newtonienne et de la biologie, et que le monde physique s'impose à nous et **non pas que nous sommes individuellement et collectivement créateurs de la réalité physique de ce monde** !

Cette dernière affirmation, pour l'immense majorité d'entre nous, paraît être non seulement une contrevérité, mais bien plus encore une affirmation délirante et déconnectée de la réalité !

Et si, avant de balayer une telle hypothèse d'un revers de main dédaigneux ou méprisant à l'égard d'idées aussi farfelues, nous prenions le temps d'écouter et de prendre en compte les enseignements des recherches sur l'infiniment petit, de prendre en compte les enseignements des lois quantiques issues des nombreuses recherches qui ont été récompensées par des prix Nobel de physique au cours des dernières décennies ?

« Ayant consacré toute ma vie à la science la plus rationnelle qui soit, l'étude de la matière, je peux vous dire au moins ceci à la suite de mes recherches sur l'atome : la matière comme telle n'existe pas !

Toute matière n'existe qu'en vertu d'une force qui fait vibrer les particules et maintient ce minuscule système solaire qu'est l'atome.

Nous devons assumer derrière cette force l'existence d'une conscience et d'un esprit intelligent.

Cet esprit est la matrice de toute matière. »

« Je considère la matière comme dérivant de la conscience.

Nous ne pouvons aller au-delà de la conscience. Tout ce dont nous parlons, tout ce que nous voyons comme existant, suppose la conscience. »

Max PLANCK – Physicien allemand
– Inventeur de la physique quantique –
Prix Nobel de physique en 1918.

« Le bon sens qui voudrait que les objets existent de manière objective, indépendamment de notre observation, devient obsolète lorsque l'on considère la physique quantique…

Toutes les choses que nous appelons réelles sont faites de choses qui ne peuvent pas être considérées comme réelles. »

Niels BOHR – Physicien danois
– Prix Nobel de physique en 1922.

« Les atomes ou particules élémentaires elles-mêmes ne sont pas réelles ; elles forment un monde de potentialités ou possibilités plutôt que des choses ou des faits. »

Werner HEISENBERG – Physicien allemand
– Prix Nobel de physique en 1932.

« La conscience ne peut pas être décrite en termes physiques, car la conscience est absolument fondamentale. »

Erwin SCHRÖDINGER – Physicien autrichien
– Prix Nobel de physique en 1933.

« L'étude du monde objectif nous mène à la conclusion scientifique que le contenu de la conscience est l'ultime réalité. »

Eugène WIGNER – Physicien hongrois
– Prix Nobel de physique en 1963.

« Indépendamment de l'observation, les particules existent en tant que fonction d'ondes de probabilité, cette dernière représente un ensemble de potentialités plutôt que des objets réels.

L'acte même de l'observation provoque l'effondrement de sa fonction d'ondes de probabilité sous forme de matière.

La conclusion est donc que la matière n'existe pas indépendamment de l'observation ou de la mesure. »

Max BORN – Physicien allemand (puis britannique)
– Prix Nobel de physique en 1954.

L'acte de mesure ou d'observation crée l'univers !

En 1982, le physicien **Alain Aspect**, Prix Nobel de physique en 2022, a réalisé une expérimentation qui a mis en évidence que, sans observation, les particules n'ont pas d'emplacement défini, elles sont partout à la fois, elles ne sont qu'un potentiel infini de possibles.

C'est l'acte d'un observateur conscient qui crée l'existence des objets physiques

La matière n'existe pas avant et, sans observation, seul existe donc un infini de possibles non localisés avant observation d'un observateur conscient.

C'est donc la conscience qui, parmi les possibles infinis, en matérialise physiquement un en particulier.

En résumé et dit autrement, le monde physique que nous percevons et dans lequel nous évoluons physiquement est une manifestation d'un des infinis possibles informationnels présents dans une autre dimension immatérielle et ondulatoire, possible spécifique sélectionné et créé physiquement par la conscience !

La conscience permet donc de manifester physiquement un possible parmi les possibles infinis informationnels du champ unifié immatériel.

Par la conscience, nous manifestons donc dans la matière les possibles que nous sélectionnons dans le champ unifié des infinis possibles informationnels.

Sauf que nous n'avons pas conscience des effets de la conscience !

« Nous créons et percevons notre monde simultanément et notre esprit s'en sort si bien que nous ne nous en rendons pas compte ! »

Propos de Dom Cobb – Leonardo DiCaprio
– dans le film *Inception.*

« Le réel n'est qu'un signal électrique interprété par notre cerveau. »

« Qu'est-ce que le réel ? Si tu veux parler de ce que tu peux toucher, de ce que tu peux goûter, de ce que tu peux voir et sentir, alors le réel n'est seulement qu'un signal électrique interprété par ton cerveau. »

Matrix.

Nous n'avons pas reçu le mode d'emploi !

Ce qui fait que nous avons l'illusion que les évènements de nos vies autres que nos actes sont extérieurs et séparés de nous-mêmes et indépendants de notre volonté.

Alors que, selon les enseignements des lois quantiques, c'est avec nos pensées et nos croyances que nous les créons en les sélectionnant parmi les infinis possibles du champ unifié, la « matrice » telle que l'appelait Max Planck.

Nos conditionnements éducatifs, nos traumatismes et les croyances pensées-émotions qui en ont découlé font que nous émettons les mêmes informations vers le champ unifié et sélectionnons toujours les mêmes possibles parmi les infinis possibles immatériels qui se manifestent et se « re-manifestent » toujours sous forme matérielle physique dans notre vie, renforçant ainsi nos croyances et l'illusion que nous subissons les évènements.

Autrement dit encore, de façon métaphorique, nos pensées-émotions sont des informations, comme les informations envoyées par l'ordinateur en wi-fi à une imprimante 3D qui va les manifester dans la matière physique.

Nos pensées-émotions émises par « wifi » entrent en résonance avec un des infinis possibles immatériels du champ unifié, qui se manifeste alors dans la matière physique.

Selon les lois quantiques, c'est notre être de conscience qui est à l'origine de la transformation de l'onde vibratoire (potentiellement partout) en particule de matière localisée en un endroit précis de l'espace-temps.

Ce qui veut dire que :
Nous sommes le créateur et la création en même temps !
La formule « la pensée est créatrice » n'est pas qu'une métaphore !
Elle est à comprendre de façon littérale !

Nous avons appris à essayer de résoudre nos problèmes :

- comme s'ils étaient extérieurs à nous (alors que nous les avons créés) ;
- et en voulant agir sur eux par une intervention physique (alors que c'est l'information initiale immatérielle des croyances pensées-émotions qui est à revoir !).

Un développeur en informatique concevant un objet virtuel en 3D sur son ordinateur et qui le fabriquerait ensuite avec une imprimante 3D, constatant que l'objet fabriqué présente un défaut, irait-il réparer le défaut sur l'objet fabriqué plutôt que de modifier sa réalisation virtuelle sur l'ordinateur ?

Ou bien une personne rédigeant un texte sur son ordinateur, l'imprimant et constatant des fautes les corrigerait-elle sur le papier au lieu de les corriger sur son application ?

C'est ce que nous faisons pour nos problèmes de vie !
Oubliant ou inconscients que nous sommes les concepteurs originels et permanents de ce que nous vivons dans la matière, nous voulons agir sur le « produit fini », alors que c'est l'étape même de la conception qui pose problème !

Donc en ce qui concerne la psychologie classique et les approches psychothérapeutiques qui en découlent, ces approches conçoivent bien que :

- nos pensées et nos croyances déterminent notre équilibre ou notre déséquilibre intérieur ;
- cet équilibre intérieur détermine notre santé psychique et physique ainsi que nos comportements avec notre environnement relationnel ;
- cela détermine en conséquence la qualité et la nature de nos relations avec les autres, relations intimes amoureuses et conjugales, familiales, amicales, sociales, professionnelles.

Mais elles restent circonscrites à une vision globale matérialiste de la personne qui globalement se limite à ce que nos cinq sens sont en mesure de percevoir et de constater.

En bref, les approches psychologiques et psychothérapeutiques classiques raisonnent et mettent en œuvre des moyens pour agir sur la « matière » de nos vies, les aspects psychologiques et émotionnels faisant partie de cette matière.

L'influence de nos pensées et de nos émotions est considérée comme limitée à l'espace intérieur personnel.
Nos émotions et nos pensées ne sont pas envisagées comme pouvant déterminer nos circonstances extérieures de vie !

Cette vision nous conduit donc toujours à considérer que l'immense majorité des évènements et situations, auxquels nous nous trouvons confrontés au cours de nos vies, sont indépendants de notre pouvoir et de notre responsabilité, et en conséquence, nous les vivons en les subissant, sans nous interroger sur le fait que subtilement et inconsciemment nous aurions pu les créer, comme tentent de nous l'enseigner tous ces illustres scientifiques mentionnés précédemment.

L'illusion générée par nos cinq sens : l'illusion de la séparation

Nos cinq sens qui appartiennent à notre dimension physique ne nous font percevoir que cette seule dimension physique.

Nous percevons les personnes, les êtres, les choses en tant que matières séparées par de l'espace que nous appelons « du vide ».

Nous nous percevons donc comme séparés les uns des autres, et indépendants les uns des autres, avec tout ce que cela peut induire psychologiquement.

Et au niveau des interrelations (agressivité, violence, meurtre, indifférence), nous ignorons que sur un autre plan, tout ce que nous faisons subir aux autres, nous le subissons en retour, car au-delà de l'illusion de la séparation, nous sommes tous reliés.

Nous sommes énergie, nous sommes tous reliés

La physique quantique a mis en évidence que là où nous percevons du vide, ce vide est plein d'énergie vibratoire.

Le vide physique est du plein d'énergie.

La matière elle-même que nous percevons comme compacte est constituée de vide entre les atomes, mais ce vide de matière est du plein d'énergie vibratoire.

Tout est vibratoire, la matière n'est que de l'énergie à basse vibration, visible par nos sens qui sont donc de même nature que cette dernière.

La réalité est faite à la fois d'ondes et de particules

Comme l'a mis en évidence **Alain Aspect**, un photon se comporte soit comme une onde, soit comme une particule en présence d'une conscience.

L'onde est immatérielle et délocalisée, invisible à nos sens et est présente en tous points de l'univers, hors du temps et de l'espace.

La particule, elle, est matérielle et localisée, et appartient à notre univers spatio-temporel.

Le monde est donc constitué de deux types de dimensions :

- Une dimension fondamentale, invisible (à nos yeux), vibratoire, énergétique, caractérisée par des ondes. Cette dimension informe et organise.
- Une deuxième dimension, constituée de matière avec des particules corpusculaires, le monde physique que nous connaissons et percevons avec nos cinq sens qui nous donnent l'illusion que lui seul existe.

Applications des lois quantiques à la psychologie et à la psychothérapie

Une rupture épistémologique !

À partir du constat quantique selon lequel notre Conscience crée la matière et donc crée ce que nous appelons la « réalité » (ce qui conceptuellement peut nous plonger dans des réflexions existentielles abyssales), il est peut-être tout de même possible, en restant à l'intérieur de ce nouveau et plus large cadre conceptuel, quitte à le simplifier, de concevoir que :

Nous évoluons donc dans deux dimensions complémentaires :

- **Une dimension immatérielle vibratoire** (par nature non visible à nos cinq sens), indépendante de l'espace et du temps, détentrice de l'information, la source, le champ unifié, dont il est dit que c'est la dimension constitutive du « **Je suis** ».

- **Une dimension de matière physique** avec l'espace-temps que cela implique et informée par la dimension immatérielle pour lui donner sa structure, sa forme, dont il est dit que c'est la dimension constitutive du « **Cela** ».

Cela s'applique donc aussi, bien sûr, à nous-mêmes, s'il est évident, pour nous tous, que nous avons un corps physique (sauf peut-être moins pour certaines personnes étiquetées comme « psychotiques »), **nous sommes aussi et surtout un corps immatériel, énergétique, vibratoire qui « alimente » notre corps physique et sans lequel ce dernier ne pourrait se maintenir en vie.**

La dimension immatérielle serait donc la matrice de tous les possibles virtuels, comme une banque de données infinies (l'onde immatérielle délocalisée qui n'est nulle part et partout à la fois, hors du temps et de l'espace).

Notre « Être-Conscience » serait l'interface qui, à partir de nos croyances pensées-émotions, sélectionnerait par résonance un possible spécifique de la banque de données et qui le manifesterait dans la matière physique de notre espace-temps (la particule qui devient matière localisée dans notre univers spatio-temporel, informée par la Conscience).

Les théoriciens quantiques disent que la particule (matière physique) est toujours accompagnée d'une onde nommée « psy », chargée de la renseigner sur son environnement énergétique, donc informationnel.

Ils disent que :

- Le champ magnétique est le support du « **Je suis** ».
- Le champ électrique est le support du « **Cela** ».

Selon les lois quantiques, c'est donc à partir de nos croyances pensées-émotions que nous créons la matière de nos vies, *via* le pouvoir de notre Conscience (dont nous n'avons pas conscience !).

La question clef est donc celle de la nature de nos croyances pensées-émotions, avec le défi de les identifier en en prenant conscience et de les changer pour créer la matière d'une vie que nous voulons vraiment vivre !

Si la formulation paraît simple, la réalisation qui pourrait l'être aussi ne l'est pas pour autant, car cela touche à toutes nos croyances, c'est-à-dire à toutes nos certitudes, pas seulement individuelles-personnelles, mais aussi nos certitudes collectives.

Cela touche à nos certitudes concernant nos limites face aux « lois physiques » qui, comme nous l'avons vu, nous conduisent à définir « la matière » comme séparée et indépendante de notre pouvoir de pensée et sur laquelle nous ne pouvons agir éventuellement que physiquement.

L'application des conclusions et des découvertes réalisées par tous les éminents chercheurs de l'approche quantique, cités précédemment, au domaine de nos vies quotidiennes est une véritable bombe épistémologique qui remet en question toute notre compréhension du monde, de nous-mêmes et de notre relation au monde.

L'ampleur du changement de vision à réaliser est immense, contre-intuitive et à « contresens » à tout point de vue.

Cela concerne tous les domaines de nos vies et en premier lieu, certainement le plus important et le plus déterminant, celui de la santé et donc de la maladie.

Cela concerne tout ce que nous considérons comme possible ou pas, au sujet de nos facultés de guérison.

- Peut-on se guérir des maladies dites « incurables » ?
- Peut-on régénérer un organe partiellement ou totalement détruit ?

Si l'on applique la loi quantique à ces questions, les réponses ne peuvent être qu'affirmatives !

Alors, quelle remise en question !

Bien que la remise en question soit difficile, nous avons pourtant régulièrement des exemples de guérison miraculeuse, de réalisations de choses impossibles, que, pour maintenir l'édifice de nos croyances et notre vision du monde en équilibre, nous rangeons dans des cases spéciales que nous appelons « hasards » ou « miracles ».

L'illusion de nos cinq sens et nos croyances-certitudes

Si tout ce que nous vivons nous le créons à partir de nos croyances-certitudes, alors il peut être utile de connaître comment nous les mettons en place et comment nous pouvons les changer pour les remplacer par des croyances-certitudes créatrices de ce que nous voulons vivre !

Deux grandes catégories de croyances-certitudes :

- **les croyances-certitudes conscientes ;**
- **les croyances-certitudes non conscientes.**

Les croyances-certitudes conscientes sont principalement tout ce que nous avons appris à considérer comme vrai à partir des enseignements familiaux, sociaux, culturels, scolaires et universitaires, transmis informellement ou formellement et, le plus souvent, admis par le plus grand nombre.

La croyance-certitude évoquée précédemment, qu'il n'est pas possible de se souvenir de sa naissance ou de sa vie intra-utérine, et encore moins de sa conception, en est un exemple.

Les croyances-certitudes non conscientes découlent en grande partie des conclusions que nous avons tirées inconsciemment de vécus traumatiques des débuts de notre vie incarnée, vie intra-utérine, naissance et petite enfance.

Une personne née avec l'aide des forceps qui lui ont enserré la tête peut avoir développé la croyance-certitude que le monde est dangereux, du fait de cette première expérience avec le monde extra-utérin.

Les croyances-certitudes conscientes sont, bien sûr, les plus faciles à identifier, mais sont certainement les plus difficiles à changer, car ce sont celles qui sont partagées par le plus grand nombre, qui correspondent aux enseignements académiques et aux « vérités scientifiques » dominantes.

Les croyances-certitudes non conscientes sont, par définition, plus difficiles à identifier, car elles se sont mises en place dans des périodes en amont de l'accès au langage.

Ce sont donc des croyances purement émotionnelles, non « sémantiques », par contre, elles sont peut-être plus faciles à changer, car plus subjectives et personnelles, donc la pression collective est moins forte ou inexistante.

C'est à partir d'un travail de développement personnel ou d'un travail psychothérapeutique comme celui de la Thérapie Enfant Gigogne®, en état modifié de conscience, que l'on peut les identifier et les changer.

Comment avec nos croyances-certitudes émotionnelles du passé nous nous créons notre présent et déterminons notre futur

Les vécus traumatiques

L'accompagnement de personnes en état modifié de conscience m'a permis de constater que la période de la vie intra-utérine et de la naissance est la période fondatrice de l'essentiel des croyances-certitudes émotionnelles non conscientes, à tel point que la façon dont se déroule la naissance est déjà une répétition des marquages de la vie intra-utérine.

L'« Être-fœtus », conscience mi-incarnée, mi-immatérielle, se trouve particulièrement perméable aux émotions de la mère et se les approprie ou s'identifie à elles, ou bien encore se vit comme en étant la cause.

Les plus fréquentes croyances-certitudes émotionnelles qui se mettent en place au cours de la vie intra-utérine (traduites du ressenti en mots) touchent à l'identité et à la légitimité d'être aimé et accepté suivant que l'« Être-fœtus » se sent désiré ou pas comme enfant, attendu ou pas pour son sexe, attendu pour remplir une mission impossible (remplacer un enfant ou un adulte décédé).

Ces premières empreintes vont déterminer les conditions mêmes de la naissance (en les renforçant) et déterminer la construction de l'estime de soi.

Ces empreintes initiales qui se renforcent au fur et à mesure des répétitions de vécus et de situations semblables correspondent à des charges émotionnelles fortes qui ne peuvent pas être évacuées (faute d'informations et de compréhension de la situation vécue) et s'enkystent donc dans la sphère psycho-émotionnelle.

Métaphoriquement on peut dire que ces émotions enkystées vont agir comme des aimants très puissants.

L'enfant, et plus tard l'adulte, attirera à lui des situations et des personnes semblables aux conditions de ces marquages initiaux et sera lui-même attiré aussi vers des situations et des personnes semblables aux conditions de ces premiers marquages.

Si l'on applique les principes de base des lois quantiques, la métaphore utilisée peut aussi être comprise littéralement.

Un aimant émet un champ électromagnétique invisible par nos cinq sens mais que l'on peut et sait mesurer, il peut ainsi attirer des objets métalliques.

Les recherches ont mis en évidence que nos pensées-émotions se traduisent sur un plan non physique par un champ électromagnétique mesurable lui aussi.

Les pensées-émotions enkystées qui résultent des vécus traumatiques émettent donc, sur ce plan non physique, un champ électromagnétique permanent.

C'est ce champ électromagnétique généré par nos pensées-émotions enkystées qui :

- d'une part, entre en interaction avec les champs électromagnétiques de même nature émis par d'autres personnes, ce qui fait que ce sont ces catégories de personnes que nous rencontrons de façon privilégiée et répétitivement ;
- d'autre part, ce champ électromagnétique entre en résonance avec le possible correspondant de la banque de données des infinis possibles immatériels de la « Matrice » de Planck et qui va se manifester et se « re-manifester » dans la matière de notre vie tant qu'il sera actif !

C'est l'information envoyée par wi-fi à l'imprimante 3D universelle !

Sachant, par ailleurs, que ce champ électromagnétique s'intensifie au fur et à mesure des répétitions physiques qu'il induit et renforce les croyances pensées-émotions qui le sous-tendent.

Pour utiliser une autre métaphore plus triviale, c'est comme si, dans les tout débuts de notre vie, nous avions glissé sur une peau de banane et que nous la ramassions en la jetant devant nous, pour quelques pas plus loin reglisser dessus, la ramasser de nouveau et la rejeter devant nous, et ainsi de suite.

Ce qui illustre la répétition des mêmes schémas de problèmes dans la vie de beaucoup de personnes.

Littéralement, dans ces situations, les personnes revivent leur passé en le répétant inlassablement comme un disque vinyle rayé qui rejoue la même séquence à chacune de ses révolutions sur le plateau du « tourne-disque ».

Manifestement, même si une personne tente par la raison et le mental de penser consciemment de façon plus positive, tant que ses croyances pensées-émotions traumatiques non conscientes ne sont pas désamorcées, le champ électromagnétique qu'elles émettent reste actif et continue de contribuer à la manifestation des mêmes évènements de vie sur le plan physique.

C'est un peu comme si l'on désinfectait la partie superficielle d'une blessure au niveau de l'épiderme tandis que la partie profonde sous-cutanée n'est pas traitée et reste infectée.

L'ENFANT GIGOGNE®

La psyché en métaphore

Le concept de l'Enfant Gigogne®

L'Enfant Gigogne® est un concept métaphorique que j'ai créé dans les années 1990 pour désigner comment existent en chacun de nous des nous-mêmes blessés du passé, enfant, petit enfant, nourrisson, nouveau-né, bébé fœtus, comme la plus grande poupée d'une poupée russe contient en elle de plus petites poupées.

(*Au cœur de nos émotions, un enfant intérieur : l'Enfant Gigogne*, éd. Trédaniel.)

L'existence de ces Enfants Gigognes® est donc directement liée à des expériences traumatiques très anciennes qui remontent aux tout débuts de la vie, vie intra-utérine, naissance, toute petite enfance.

Ensuite, ces traumatismes dont nous n'avons pas le souvenir conscient aimantent au cours de notre enfance de nouvelles expériences de même nature qui, à leur tour, vont générer un vécu traumatique.

Un premier Enfant Gigogne® peut se créer par exemple à l'occasion de la naissance, le bébé restant bloqué dans le passage de la filière pelvienne.

Plus tard, au cours de la toute petite enfance, un deuxième Enfant Gigogne® pourra apparaître, par exemple à l'âge de quelques mois, quand ce même enfant glisse et reste prisonnier en étouffant sous les couvertures d'un grand lit.

Puis dans l'enfance, un autre Enfant Gigogne® peut apparaître de nouveau, aimanté par le précédent à l'occasion d'un jeu avec des camarades, au cours duquel cet enfant se retrouve enfermé dans un placard.

À l'adolescence, un nouvel Enfant Gigogne® peut se créer de nouveau, quand cet enfant adolescent se retrouve en voiture, peut-être bloqué dans un embouteillage à l'intérieur d'un tunnel.

Puis, quelque temps plus tard, cette même personne peut développer une phobie des ascenseurs, des petits espaces clos, des tunnels et ainsi de suite.

Ce processus à l'œuvre a une configuration semblable à celle de l'emboîtement des poupées russes.

En cela, le concept d'Enfant Gigogne® se différencie du concept classique d'enfant intérieur, dans la mesure où l'Enfant Gigogne® est exclusivement la résultante d'une **pétrification psycho-émotionnelle** due à une expérience traumatique, alors que le concept d'enfant intérieur renvoie, de façon plus générale, à la partie enfant en chacun de nous, sans limitation exclusive à une référence traumatique.

Définition d'une expérience traumatique

Une expérience traumatique est une expérience vécue avec une charge émotionnelle négative ou douloureuse intense, en lien avec **un choc aussi bien psychique que physique**.

La palette des émotions concernées va de la peur à la terreur, de la tristesse au désespoir, en passant par la colère et le dégoût.

Si, dans une certaine mesure, la nature de l'expérience entre en ligne de compte, c'est principalement la façon dont elle est vécue subjectivement qui va déterminer le caractère traumatique de l'expérience.

Le philosophe grec Épictète disait :
« Ce ne sont pas les évènements qui affectent l'homme mais le sens que l'homme leur donne. »

Une expérience traumatique présente toujours, *a minima*, les caractéristiques suivantes :

1) Une charge émotionnelle importante relative au type d'émotions citées précédemment ou bien des émotions moindres qui se répètent.
2) Un manque d'informations ou des informations fausses, au sujet de l'expérience vécue, qui la rendent encore plus insupportable, de par les émotions que ces informations manquantes ou fausses induisent.
3) L'impossibilité d'une abréaction émotionnelle, c'est-à-dire d'une libération des charges émotionnelles induites par l'expérience.
4) L'impossibilité de pouvoir verbaliser l'expérience auprès d'une personne de confiance.
5) L'impossibilité de pouvoir demander et recevoir du réconfort verbal et physique et des explications de la part d'une personne de confiance.

C'est donc en grande partie en fonction de la subjectivité avec laquelle l'évènement est vécu qu'il est traumatisant ou pas, de par l'intensité de la charge émotionnelle que cette subjectivité induit.

Cette charge émotionnelle dépend directement des capacités d'adaptation, de compréhension, de distanciation et d'autoprotection de la personne concernée, ainsi que, après coup, des capacités de verbalisation du vécu de l'expérience.

Il est bien évident que plus une personne est jeune, bébé intra-utérin, bébé nouveau-né et nourrisson, moins elle dispose des capacités et des ressources pour surmonter le stress de nombreuses situations.

En fait, cela concerne plus particulièrement toute la période de vie avant l'apparition du langage verbal suffisamment structuré.

Ce n'est peut-être pas par hasard si cette période, de plus grande vulnérabilité aux traumatismes, se trouve correspondre à toute la période en deçà de la barrière amnésique primaire qui se situe en moyenne aux alentours de 2 ans.

C'est donc toute cette période, en amont de la barrière amnésique primaire, qui est plus particulièrement favorable aux traumatismes les plus importants et les plus déterminants pour la vie future.

Les conséquences et les effets d'une expérience traumatique

Les premiers effets d'une expérience traumatique vont être un marquage au niveau psycho-émotionnel.

Les charges émotionnelles non évacuées s'enkystent sur différents plans de la sphère psycho-émotionnelle et énergétique.

Le vécu psycho-émotionnel de l'instant de l'expérience traumatique et des moments qui suivent est comme pétrifié, c'est ce qui crée cette sorte d'entité psycho-émotionnelle que j'ai appelée l'« Enfant Gigogne® ».

Lorsqu'une expérience traumatique est vécue avant la barrière amnésique primaire, cette expérience est archivée dans la mémoire non consciente.

Lorsqu'une expérience traumatique est vécue après la barrière amnésique primaire,

- soit elle peut être archivée dans la mémoire consciente et s'y maintenir, si cette expérience n'est pas trop déstabilisante pour l'enfant ;
- soit elle va être archivée dans la mémoire non consciente du fait que son souvenir conscient serait trop perturbant pour l'enfant et son développement, c'est ce que l'on appelle habituellement un « refoulement ».

Dans les deux cas, un Enfant Gigogne® est bien présent au sein de la personne.

Cet Enfant Gigogne® porteur d'un « kyste émotionnel » va, à partir de là, agir comme un aimant, qui va attirer et créer en quelque sorte des évènements, des situations, des rencontres, des problèmes, des difficultés de vie, de nature ou de structure semblable à l'expérience traumatique initiale, pour souvent recréer de nouveaux vécus traumatiques qui se répètent ainsi au fil du temps dans la vie.

Les émotions enkystées de l'Enfant Gigogne®, tant qu'elles restent enkystées, aimantent et créent donc, tout au long de la vie de la personne, des situations et des évènements semblables à l'expérience traumatique initiale.

Bien souvent, ces situations, ces problèmes, qui se répètent, deviennent de plus en plus intenses et difficiles à vivre, comme si leurs finalités étaient d'attirer l'attention consciente de la personne.

Métaphoriquement, c'est comme si l'Enfant Gigogne®, par ces répétitions dérangeantes, **appelait à l'aide** et devait appeler de plus en plus fort pour être entendu et secouru.

Malheureusement, la plupart du temps, plus l'Enfant Gigogne® appelle fort à l'aide, plus nous avons peur de ses manifestations que nous ne comprenons pas et que nous voulons faire taire, soit, simplement, en ne les écoutant pas, soit en les anesthésiant et en les étouffant mentalement ou avec des médicaments.

Le fait que les expériences traumatiques très violentes soient archivées dans la mémoire non consciente afin d'éviter que le souvenir conscient de l'expérience soit trop dévastateur pour le devenir de l'enfant est très utile et écologique pour l'enfant dans un premier temps.

Plus tard, devenu adulte, ces émotions enkystées agissent comme un poison émotionnel qui se distille lentement, l'oubli qui avait été bénéfique pour l'enfant dans un premier temps devient alors néfaste pour l'adulte.

Il est donc vital, à un moment donné de la vie de la personne, lorsque sa structure psychique est devenue suffisamment forte pour pouvoir gérer intérieurement la réalité de l'expérience traumatique passée, que ces émotions enkystées puissent être évacuées en remontant à la surface de la conscience avec les éléments de l'expérience traumatique vécue.

C'est donc dans ces circonstances que l'Enfant Gigogne®, après avoir passé des années en sommeil, peut se réveiller soudainement à l'occasion d'un évènement de vie semblable à l'expérience traumatique initiale.

Cet évènement de vie peut être aussi bien considéré comme déclencheur du réveil des mémoires émotionnelles de l'Enfant Gigogne®

que comme généré subtilement par lui-même avec l'énergie d'aimantation de son foyer émotionnel en sommeil.

Donc, à l'occasion d'un évènement important et fort de la vie de la personne, le décès d'une personne proche, une séparation, une perte d'emploi, etc., cette personne peut être alors submergée par un tsunami émotionnel qui lui paraît totalement décalé par rapport à sa situation présente.

Le plus souvent, elle ne fait pas le lien entre ce tsunami émotionnel et une expérience très douloureuse du passé, comme : une mise en couveuse à la naissance, une longue séparation suite à une hospitalisation, un abandon, le décès de la maman pendant ou après la naissance, un abus sexuel dans la petite enfance.

Généralement, il est dit à cette personne qui présente ce genre d'envahissement émotionnel qu'elle fait une dépression.

La dépression étant définie comme une maladie et la personne ne comprenant pas les raisons de cet envahissement émotionnel, elle se définit alors comme malade. Cela contribue à la déprimer encore plus !

Plutôt que d'avoir seulement à gérer les remontées de mémoires émotionnelles du traumatisme passé, viennent s'y rajouter les émotions négatives de culpabilité et le sentiment d'anormalité, qui découlent du fait de ne pas comprendre et d'être persuadé d'être malade.

Ce qui est appelé habituellement « dépression » et défini comme une maladie peut donc être pris en compte comme une tentative d'autoguérison spontanée d'une expérience traumatique passée à un moment de la vie où la structure psychique de la personne est potentiellement prête pour assumer la confrontation à la réalité de cette expérience passée.

L'ignorance et l'incompréhension concernant ce processus d'autoguérison qui se met en place le rendent particulièrement douloureux.

En effet, la personne est alors le théâtre de deux courants de forces antagonistes :

- la force de libération des émotions de l'expérience traumatique ; et
- la force de résistance et d'empêchement de cette libération générée par la peur et l'incompréhension. Cette force de résistance et d'empêchement est très souvent amplifiée par le recours aux médicaments comme seul moyen de traitement.

Les manifestations symptomatiques de l'Enfant Gigogne®

Après une expérience traumatique forte, les émotions enkystées de l'Enfant Gigogne® concerné peuvent rester très longtemps en sommeil dans les oubliettes de l'inconscient, tout en agissant subtilement comme un aimant qui attire de nouvelles expériences de même nature.

Si l'oubli de l'expérience traumatique est nécessaire à l'enfant pour pouvoir poursuivre son développement sans être trop perturbé, les émotions enkystées sont néanmoins comme un poison émotionnel qui se distille lentement au fil des années.

L'oubli bénéfique pour l'enfant devient néfaste pour l'adulte.

Alors, pour notre équilibre et notre santé, lorsque notre structure psychique est devenue suffisamment forte pour pouvoir gérer intérieurement la réalité de l'expérience traumatique passée, vient un jour où nos Enfants Gigognes® doivent être secourus et libérés.

Ils se réveillent alors et sortent parfois de longues années de sommeil, et se manifestent par les émotions de leurs expériences traumatiques.

Nous devenons ainsi le théâtre de leurs remontées de mémoires émotionnelles et mettons en œuvre des comportements dont nous disons :

« C'est plus fort que moi, j'peux pas m'en empêcher ! »,
sans pouvoir comprendre les raisons de ces réactions tant nous avons oublié ces enfants que nous avons été au fond de nos oubliettes intérieures.

Ce commentaire si fréquent au sujet de ce que nous vivons : « C'est plus fort que moi, j'peux pas m'en empêcher ! » est un premier indice de la manifestation d'un Enfant Gigogne® en nous.

Ensuite, la plupart des symptômes et des difficultés qui amènent à vouloir consulter en psychothérapie peuvent être considérés comme des manifestations et des appels au secours d'un Enfant Gigogne®.

Voici quelques exemples non exhaustifs qui font partie des manifestations que l'on peut attribuer à un Enfant Gigogne® :

Toutes les phobies :

- claustrophobie (peur panique des petits espaces fermés) ;
- agoraphobie (peur panique de la foule et du dehors) ;
- thanatophobie (peur panique de la mort) ;
- acrophobie (peur panique des hauteurs) ;
- aichmophobie (peur panique des objets pointus) ;
- bélonéphobie (peur panique des aiguilles) ;
- zoophobie (peur panique de certains animaux) ;
- arachnophobie (peur panique des araignées) ;
- nosophobie (peur panique d'être malade, d'être sali) ;
- géphyrophobie (peur panique des ponts) ;
- phobie des tunnels (peur panique de s'engager dans un tunnel) ;
- glossophobie (peur panique de prendre la parole en public) ;
- éreutophobie (peur panique de rougir en public) ;
- anthropophobie (peur de la relation avec autrui) ;
- etc.

Divers symptômes :

- le manque de confiance en soi ;
- les troubles obsessionnels compulsifs (TOC) ;
- les crises d'angoisse ;
- les crises de panique ;
- la boulimie ;
- l'anorexie ;
- la frigidité ;
- l'impuissance ;
- l'éjaculation précoce ;
- les dépressions ;

- la bipolarité ;
- etc.

L'origine traumatique des troubles et symptômes, les plus fréquemment rencontrés, se situe le plus souvent au cours de la vie intra-utérine, de la naissance et de la petite enfance, mais peut se situer, comme nous l'avons vu, encore plus en amont de la vie intra-utérine, descente dans l'incarnation, « vies antérieures ».

C'est ce qui explique les difficultés longtemps rencontrées concernant l'étiologie des troubles psychologiques et psychosomatiques, c'est-à-dire l'étude des causes de ces troubles.

Pendant longtemps, il a fallu se contenter des souvenirs conscients des patients pour identifier les causes traumatiques possibles de leurs symptômes, ce qui amenait à faire remonter ces causes au plus loin aux alentours de la période des 2 ans, c'est-à-dire à la période de l'amnésie primaire.

Les différentes techniques qui permettent d'accéder à des états de conscience dits « modifiés » ont permis de mettre en évidence que les périodes de la vie intra-utérine, de la naissance et de la toute petite enfance sont aussi mémorisées, mais avec une mémoire inconsciente et non directement accessible en état de conscience ordinaire.

Par ailleurs, manifestement, nous pouvons être porteurs d'informations traumatiques assimilées en dehors de notre vie présente, comme dans les exemples de reconnexion à des mémoires dites « de vies antérieures ».

En état modifié de conscience (EMC), état de relaxation, état hypnotique, état sophronique, il est possible d'accéder à ces archives mémorielles très anciennes et inaccessibles en état de conscience ordinaire et donc de pouvoir, aussi, identifier les causes traumatiques des difficultés et des symptômes du présent.

Les périodes de la vie favorables au réveil des Enfants Gigognes®

Certains évènements de la vie favorisent plus particulièrement le réveil de nos Enfants Gigognes® en souffrance :

- Il y a **le mariage** qui, de par le fait que chacun des membres du couple accède au statut officiel de conjoint, vient réveiller les marquages du modèle de nos parents en tant que couple.
- Il y a **la naissance des enfants** qui, de par le fait que chacun des membres du couple accède au statut de parent, vient réveiller les vécus douloureux en lien avec ses propres parents et plus particulièrement avec le parent de sexe opposé.

Le partenaire, en accédant au statut de parent, devient un stimulus puissant de réveil des mémoires émotionnelles en lien avec le parent de sexe opposé.

Par ailleurs l'enfant qui naît devient un stimulus très puissant de réveil des mémoires émotionnelles en lien avec les traumatismes des Enfants Gigognes® de chacun des membres du jeune couple parental.

- Il y a **les séparations**, les ruptures amoureuses, les divorces, le décès de quelqu'un de proche, qui sont des stimuli très puissants de réveil des mémoires émotionnelles des vécus douloureux traumatiques de la petite enfance, tels que la naissance et toutes les séparations après la naissance : mise en couveuse, hospitalisation, abandon, placement en institution, entrée à l'école, etc.

Ce sont aussi nos Enfants Gigognes® qui, très subtilement, nous font choisir nos partenaires de vie pour mieux révéler plus tard, dans le quotidien relationnel, les manques et les empreintes traumatiques de l'enfance.

Ce sont encore et toujours nos Enfants Gigognes® non libérés qui nous font aimanter des évènements, des histoires de vie qui se répètent et se répètent encore jusqu'à l'eurêka de notre rencontre avec eux.

Intérêt du concept d'Enfant Gigogne®

Le concept métaphorique de l'Enfant Gigogne® s'adresse à l'inconscient.

Cette métaphore, comme toute métaphore, fait appel à l'intelligence intuitive de l'inconscient et est donc accessible à toutes les personnes quel que soit leur niveau d'études ou intellectuel.

De nombreuses personnes, confrontées à diverses difficultés de vie et qui ne sont pas particulièrement familières des concepts psy et de développement personnel, disent avoir été aidées par cette vision et cette compréhension de leurs difficultés.

Cela amène à penser qu'elle touche une réalité humaine universelle en chacun de nous.

Beaucoup de personnes, confrontées à des envahissements émotionnels ou bien à des comportements qu'elles ne peuvent contrôler et dont elles disent : « C'est plus fort que moi, j'peux pas m'en empêcher ! », ressentent une grande culpabilité et un profond malaise à se considérer comme anormales, voire folles, victimes d'une fatalité arbitraire, en étant dans l'incapacité de comprendre ce qu'elles vivent et d'en donner un sens positif qui offre des perspectives d'avenir constructives.

Le simple fait de s'entendre dire les paroles suivantes est, pour beaucoup de personnes, rassurant et déculpabilisant en donnant du sens à ce qu'elles vivent :

« Nous avons tous vécu au cours de notre enfance des situations qui ont été traumatisantes parce qu'elles ont été trop violentes ou incompréhensibles pour les enfants que nous étions.

Ces expériences traumatisantes font qu'une partie en nous s'est figée, s'est pétrifiée.

C'est comme si nous continuions de grandir avec cet enfant traumatisé et ses émotions enkystées à l'intérieur de nous.

Un jour, cette partie pétrifiée en nous, l'Enfant Gigogne®, appelle à l'aide en produisant des symptômes, pour attirer notre attention et être libérée. »

Certes, après une telle explication, l'expérience traumatique n'est pas pour autant identifiée et résolue.

Cependant, le fait que la personne conçoive que ce qu'elle vit est normal et qu'elle est en train d'essayer inconsciemment de se guérir et de se libérer d'un traumatisme passé est rassurant et déculpabilisant.

Cela permet aussi à la personne d'envisager quoi faire, à savoir aller à la recherche de cet Enfant Gigogne® et de l'expérience traumatique qu'il a vécue, puis faire un travail spécifique pour le mettre en paix.

Mettre en paix cet Enfant Gigogne® consistera à dissoudre les charges émotionnelles qui se sont enkystées au cours de cette expérience traumatique et le dégager des schémas de fonctionnement qui se sont mis en place à cette occasion.

Ce cadre conceptuel éclaire aussi bien le professionnel dans son rôle de guide que le patient qui peut regarder son « problème » non pas comme un problème, mais comme **une solution pour se libérer d'un traumatisme de la prime enfance**, en allant à la rencontre de l'Enfant Gigogne® concerné pour le mettre en paix.

Le concept métaphorique de l'Enfant Gigogne® permet de mieux communiquer avec soi-même.

Spontanément, la plupart des personnes qui ont identifié dans leurs recherches introspectives des expériences traumatisantes au cours de leur enfance ne se différencient pas de l'enfant qu'elles ont été.

Elles sont donc dans l'incapacité de pouvoir établir une communication avec cet enfant et de répondre à ses besoins.

Elles continuent de vivre les émotions des moments « **C'est plus fort que moi, j'peux pas m'en empêcher !** » comme appartenant à leur dimension présente.

En se plaignant de tout ce qu'elles ont vécu par le passé, elles dépossèdent en quelque sorte l'Enfant Gigogne® en elles de son identité propre et le privent de la reconnaissance dont il a besoin.

Ainsi, l'Enfant Gigogne® en elles ne peut se sentir reconnu et compris, puisque c'est la personne dans sa dimension présente qui reçoit toute l'attention sur elle en exprimant sa plainte et sa souffrance.

C'est cette relation indifférenciée entre la dimension présente de la personne et la dimension de l'Enfant Gigogne® qui rend impossible sa mise en paix.

Cela rend donc impossible aussi le changement profond de la personne qui restera toujours parasitée, à un moment ou à un autre, par la souffrance de son Enfant Gigogne®.

Imaginez ce que ressentirait un enfant dont la maman aurait une relation tellement fusionnelle avec lui que chaque fois qu'il se ferait mal, sa mère pleurerait autant que lui.

Il ne se sentirait pas réconforté bien sûr, ni sécurisé par sa maman. Maman qui, par ailleurs, attirerait sans doute sur elle toute l'attention des personnes alentour, laissant ainsi l'enfant dans une profonde solitude et un grand isolement.

LA THÉRAPIE
ENFANT GIGOGNE®

La mise en pratique

Définition

La Thérapie Enfant Gigogne® est une méthode psychothérapeutique d'identification et de résolution des vécus traumatiques que j'ai élaborée, comme on vient de le voir, au fil de mes années de pratique et qui a pris sa forme aboutie dans les années 2000.

Elle s'inscrit dans une vision holistique de la personne qui est appréhendée comme un être émotionnel, physique, social et spirituel.

Cette vision globale de la personne prend en compte ses composantes périnatales, biographiques, transpersonnelles et énergétiques.

Cette approche considère que les symptômes, les maux, qui sont les mots du corps, qu'ils soient émotionnels, psychiques, comportementaux ou somatiques, sont l'expression de l'inconscient, dont le langage est un langage analogique et métaphorique.

Ainsi, avec les symptômes et les maux, l'inconscient manifeste ce qui n'a pas pu se dire en son temps avec des mots, au sujet de vécus traumatiques qui sont survenus principalement pendant la période de développement psychocorporel, de la conception jusqu'à la puberté.

Cette impossibilité de dire avec des mots est en lien avec des vécus qui sont survenus :

- soit avant l'apparition du langage (les périodes de vie intra-utérine, de naissance et de la toute petite enfance) ;
- soit après la mise en place du langage, mais toujours indicibles, parce qu'ils ont été trop douloureux et inacceptables pour être conservés dans la mémoire consciente sans dommage pour l'équilibre intérieur.

Ainsi, pour que l'enfant puisse continuer de grandir sans être trop perturbé par le souvenir de l'expérience traumatique, il lui est nécessaire de refouler ce souvenir dans la mémoire non consciente.

C'est pour cela que la Thérapie Enfant Gigogne® ne cherche pas à agir sur le symptôme et donc encore moins à vouloir l'éliminer, le faire disparaître, puisque **le symptôme est regardé comme porteur d'un message émis par l'inconscient**.

Il ne s'agit donc pas de tirer sur le facteur parce qu'il nous apporte une nouvelle qui nous dérange !

Ou bien de casser le voyant du tableau de bord de la voiture parce qu'il clignote pour nous alerter du manque d'huile dans le moteur !

Le cadre conceptuel de la Thérapie Enfant Gigogne® considère que le symptôme, qu'il soit répertorié comme psychologique, psychosomatique ou somatique, constitue **un panneau indicateur** dont il est important de lire les informations et bien sûr dont il est important de tenir compte.

L'information, donnée par ce panneau indicateur, indique qu'une charge émotionnelle liée à un vécu traumatique n'a pas été évacuée et est restée enkystée.

Cet enkystement émotionnel favorise ainsi le plus souvent d'abord une perturbation émotionnelle, puis une perturbation somatique qui peut endommager peu à peu les différentes fonctions organiques, métaboliques et les défenses immunitaires.

C'est ce qui peut entraîner alors une moindre capacité à résister aux agressions extérieures, pollutions chimiques, agressions microbiennes et virales, etc., et favoriser donc l'apparition de maladies.

Sur un plan métaphorique, on peut considérer que :
le symptôme est un appel à l'aide d'un enfant intérieur blessé, l'Enfant Gigogne® qui appelle au secours.

Il appelle à l'aide pour être libéré des oubliettes dans lesquelles il a été enfermé et aussi pour que ses émotions enkystées puissent être dissoutes.

La Thérapie Enfant Gigogne® écoute et utilise donc le symptôme pour identifier la ou les expériences traumatiques qu'il indique, puis dans un deuxième temps, la Thérapie Enfant Gigogne® libère et met en paix l'enfant qui les a vécues.

Si la fonction principale du symptôme est d'alerter de la présence d'un **Enfant Gigogne®** en souffrance pour qu'il soit libéré et pour que soient dissoutes les émotions enkystées, alors quand cette libération est réalisée, le symptôme ayant accompli sa mission n'a plus de raison d'être et a ainsi la possibilité de disparaître de lui-même.

La Thérapie Enfant Gigogne® n'est donc pas une méthode de traitement symptomatique, ni une méthode de traitement de substitution à un traitement médical.

Elle n'est ni substitut ni antagoniste vis-à-vis d'un traitement médical.

En fonction du libre arbitre des personnes concernées et éclairées par leur référent médical, elle ne peut être que complémentaire.

Pour des affections graves, comme des tumeurs cancéreuses, **la Thérapie Enfant Gigogne® peut aider à comprendre la genèse et les facteurs psycho-émotionnels historiques** qui existent aussi dans ce type d'affection, en parallèle bien sûr à d'autres facteurs de nature différente.

Cela permet ainsi **de rétablir un terrain psycho-émotionnel assaini** qui favorise les processus d'autoguérison et les processus de guérison par traitements médicaux qui sont, par nature, hors du champ d'intervention, d'action, de compétences et de responsabilité du praticien de la Thérapie Enfant Gigogne®.

La Thérapie Enfant Gigogne® propose

1) Un cadre conceptuel, qui permet de comprendre la genèse des troubles et symptômes qui motivent les demandes de consultation, la logique des choix de vie, la logique du choix du partenaire, la logique des dépressions et des différents symptômes que l'on est amené à rencontrer en consultation.

Cela permet au patient de comprendre et de donner un sens positif et constructif à ses troubles et ses symptômes, plutôt que de rester dans le constat démoralisant de l'illusion de leurs apparences et de leurs manifestations.

2) Un cadre méthodologique, qui permet de savoir comment orienter le questionnement dans l'entretien pour obtenir les informations pertinentes nécessaires pour la mise en œuvre des protocoles techniques et de savoir par exemple identifier la structure du problème présent, ce qui va permettre de poser des hypothèses sur la structure du traumatisme passé, comme nous l'aborderons plus loin.

3) Un cadre technique qui propose **deux grands protocoles standards** :

- Le premier protocole **conduit le patient**, toujours acteur et conscient, **en un état de conscience non ordinaire approprié à l'introspection et à l'exploration de la mémoire non consciente.**

Cela va lui permettre d'identifier le vécu traumatique passé et l'Enfant Gigogne® concerné, en lien avec son « problème » présent, et lui permettre aussi de commencer à dissoudre les charges émotionnelles enkystées liées à l'expérience traumatique.

- Le deuxième protocole **permet au patient de résoudre cette expérience traumatique** grâce à une technique d'intervention spécifique qui finit de dissoudre les charges émotionnelles qui se sont enkystées au cours de cette expérience traumatique et qui le libère aussi des schémas de fonctionnement qui se sont mis en place à cette occasion.

Déroulement pratique d'une Thérapie Enfant Gigogne®

Pour une difficulté bien spécifique et dans le meilleur des cas, la thérapie se déroule en trois temps :

1) **Un entretien** dont les objectifs sont :

- faire connaissance ;
- recueillir les informations concernant le motif de la demande de consultation ;
- permettre à la personne qui consulte de comprendre et de donner un sens positif et constructif à ses troubles ou ses symptômes ;
- présenter à la personne qui consulte le travail qu'il est possible de lui proposer avec les protocoles mentionnés précédemment.

2) **Une intervention technique d'exploration de la mémoire non consciente**, avec dans le meilleur des cas une séance ou bien plusieurs.

Au cours de la ou des séances nécessaires, grâce à un état de conscience non ordinaire, le patient est guidé pour identifier l'expérience traumatique passée, consciente ou inconsciente, en lien avec son « problème » présent.

Cette étape permet aussi de commencer à dissoudre les charges émotionnelles liées à l'expérience traumatique.

Rappelons que ce déroulement concerne un problème bien précis, auquel cas ce premier temps nécessite généralement une séance d'environ une heure trente. Quand la méthode convient bien à la personne, parfois deux ou trois séances peuvent être nécessaires.

3) **Une résolution de l'expérience traumatique** par une technique d'intervention spécifique de « **Mise en paix** », qui finit de dissoudre les charges émotionnelles qui se sont enkystées au cours de cette expérience traumatique et qui libère aussi la personne qui consulte des schémas de fonctionnement qui se sont mis en place à cette occasion.

Le travail de mise en paix relatif à une expérience traumatique nécessite généralement une séance d'une heure trente à deux heures ou bien alors deux séances d'environ une heure peuvent être nécessaires.

À ce stade, le foyer émotionnel traumatique retrouvé et dissous, s'il est véritablement en lien avec le symptôme de la personne qui consulte, cette dernière va ressentir une libération par rapport au problème traité.

Thérapie Enfant Gigogne® et thérapie comportementale ?

La Thérapie Enfant Gigogne® est une technique qui permet un travail d'identification et de prise de conscience de la source originelle du problème et un travail pour sa résolution en profondeur.

Les thérapies comportementales ont comme démarche principale de trouver la solution au problème de la personne dans le présent de ses actions en utilisant les moyens de l'apprentissage et du conditionnement.

La Thérapie Enfant Gigogne® considère que le problème de la personne qui consulte est la manifestation d'une expérience traumatique passée qui resurgit dans son présent.

Pour la Thérapie Enfant Gigogne®, la solution n'est pas à chercher dans le présent des actions de la personne, elle est dans la dimension virtuelle de l'expérience traumatique passée, stockée dans sa mémoire.

À aucun moment le travail fait en Thérapie Enfant Gigogne® ne cherche à intervenir directement sur le symptôme présenté par le patient.

Le symptôme est pris en compte comme source d'informations pour identifier l'expérience traumatique qui en est à l'origine.

C'est le travail de mise en paix, réalisé sur l'expérience traumatique de l'Enfant Gigogne® concerné, qui va permettre la résolution spontanée du symptôme.

Thérapie Enfant Gigogne® et hypnose ?

Le terme « hypnose » recouvre des pratiques extrêmement différentes et variées, en passant de l'hypnose de cabaret à l'hypnose thérapeutique, et est associé à beaucoup de fantasmes.

Dans le domaine de l'hypnose thérapeutique, l'hypnose va correspondre à un état de conscience particulier, un état modifié de conscience ou non ordinaire, particulier, appelé dans le jargon de l'hypnose « transe ».

Il existe donc en hypnose différents stades de transe, allant des transes légères jusqu'à des transes profondes, qui vont correspondre à des états de conscience différents.

Après avoir expérimenté une transe profonde et aussi suivant les suggestions faites, une personne peut ne pas se souvenir consciemment de l'expérience vécue ou remémorée pendant la transe profonde lorsqu'elle revient à l'état de conscience ordinaire, comme lorsque nous dormons et que nous rêvons, généralement nous ne nous souvenons pas de nos rêves.

Les différentes pratiques en hypnose thérapeutique utilisent des techniques spécifiques pour accompagner le patient dans divers niveaux de transe, elles peuvent recourir à des techniques de suggestion de résolution.

La Thérapie Enfant Gigogne® n'a pas recours à des suggestions de résolution.

C'est la personne elle-même qui trouve ses propres solutions, après avoir été mise en contact avec toutes ses potentialités.

Donc, si la Thérapie Enfant Gigogne® permet d'identifier l'expérience traumatique passée grâce à un état de conscience non ordinaire, un état modifié de conscience, le protocole qui est mis en œuvre dans la Thérapie Enfant Gigogne® ne relève pas des techniques habituelles utilisées en hypnose.

L'état de conscience non ordinaire, qui permet au patient d'identifier l'expérience traumatique passée, est induit par un protocole de guidance de relaxation spécifique et standardisé, qui permet au patient de rester toujours **acteur et conscient** et lui permet de **garder le souvenir conscient du travail effectué**, ainsi que **le souvenir de l'expérience traumatique retrouvée**, lorsqu'il revient à la conscience ordinaire.

Le fait que le patient soit acteur du processus d'identification consciente de l'expérience traumatique présente plusieurs avantages.

Contrairement à certaines techniques de psychothérapie, pour lesquelles c'est le thérapeute qui procède à l'identification d'un évènement du passé en relation avec le problème présent, ici, c'est la personne qui consulte qui découvre elle-même l'expérience traumatique passée, y compris si cette expérience traumatique est antérieure à la barrière amnésique infantile classique des 2-3 ans ou bien si elle a engendré une amnésie de refoulement après cette barrière des 2-3 ans.

Cela présente l'avantage que le thérapeute court beaucoup moins le risque de « violer » les défenses que la personne qui consulte aurait pu mettre en place pour préserver une structure mentale qui serait encore trop fragile pour gérer la nature du traumatisme subi.

La personne qui consulte n'accède généralement à l'expérience traumatique que si sa structure mentale présente est en mesure d'en gérer le contenu.

Néanmoins, par principe de précaution, le protocole d'exploration de la mémoire non consciente n'est pas utilisé avec des personnes mineures et des personnes avec des structures psychiques qui relèvent des maladies mentales psychiatriques lourdes d'ordre psychotique.

Le fait de rester consciente, tout en étant dans un état de conscience non ordinaire, permet à la personne qui consulte de conserver la mémoire consciente de l'expérience traumatique qu'elle retrouve.

Cela offre la possibilité de faire par la suite, au cours d'une séance suivante, le travail de mise en paix de l'Enfant Gigogne® concerné par l'expérience traumatique, travail qui dans le cadre de cette méthode s'avère indispensable pour la résolution et le dépassement du traumatisme passé.

Caractéristiques de l'état de conscience particulier pour retrouver l'Enfant Gigogne®

La plupart des évènements traumatiques en lien avec les troubles et les difficultés qui amènent les personnes à consulter :

- remontent à des évènements de la vie intra-utérine, de la naissance et de la toute petite enfance, ils sont donc antérieurs à la période de la barrière de l'amnésie infantile des 2-3 ans et ne sont donc mémorisés que dans la mémoire non consciente ; ou bien
- ces évènements traumatiques remontent à des évènements postérieurs à cette période de la barrière amnésique infantile, mais la plupart du temps, leur intensité traumatique a fait qu'ils ont été eux aussi amnésiés et donc refoulés dans la mémoire non consciente.

La plupart du temps, la recherche de l'Enfant Gigogne®, avec l'expérience traumatique vécue, ne peut donc pas se faire dans la mémoire consciente et en état de conscience ordinaire.

L'exploration de la mémoire non consciente dépend de l'accès à un état de conscience et à une activité cérébrale spécifiques.

Suivant les moments, veille, sommeil et différents états dans lesquels nous nous trouvons, l'activité électrique de notre cerveau est variable.

En état de conscience ordinaire, notre cerveau présente une activité électrique spécifique de 14 cycles et plus par seconde environ appelée « ondes **Bêta** ».

Dans cet état de conscience ordinaire, avec cette activité électrique en ondes Bêta, le néocortex bloque, en quelque sorte, l'accès aux zones cérébrales plus anciennes, au niveau desquelles les premières expériences de la vie et les expériences traumatiques de l'enfance semblent être plus particulièrement enregistrées.

Allongé, les yeux fermés et en état de relaxation, notre cerveau passe à une activité électrique plus lente, 7 à 14 cycles par seconde environ, appelée « ondes **Alpha** ».

Plus on se rapproche de 7 cycles par seconde, plus on est dans un état de relaxation profonde et à la frontière du sommeil léger.

Lorsque notre cerveau passe à une activité de 4 à 7 cycles par seconde, c'est-à-dire en ondes **Thêta**, nous sommes en état de sommeil léger et nous n'avons donc plus conscience.

En dessous de 4 cycles par seconde, notre cerveau est en ondes **Delta** et nous sommes en état de sommeil profond.

Parmi ces différents états de conscience, il en est un qui est plus particulièrement intéressant pour notre travail d'exploration de la mémoire non consciente, c'est celui qui correspond à l'activité électrique du cerveau en ondes Alpha et plus exactement à la frontière entre Alpha et Thêta.

Avec cette activité en ondes Alpha, aux alentours de 7 cycles par seconde, nous ne sommes plus en état de conscience de veille habituel, le néocortex relâche alors son contrôle sur les régions plus archaïques, ainsi plus faciles d'accès.

Nous ne sommes pas non plus dans un état de non-conscience, comme dans le sommeil ou dans une transe hypnotique profonde, ce qui permet donc non seulement d'accéder consciemment à ces zones de mémoires anciennes ou traumatiques, mais aussi d'en conserver le souvenir conscient, lorsque l'on revient à l'état de conscience ordinaire.

La recherche de l'Enfant Gigogne® va donc se faire avec le patient dans un état de conscience caractérisé par une activité cérébrale Alpha proche de Thêta, induite par une relaxation préliminaire.

Dans cet état de conscience particulier, le patient est ensuite invité à se remémorer une des dernières fois au cours de laquelle il a été confronté à son « problème », il est donc aussi reconnecté aux émotions et au vécu de ce problème, lesquels sont en lien avec l'expérience traumatique initiale.

Ces émotions vont donc être le fil conducteur inconscient qui va permettre au patient de reconnecter l'Enfant Gigogne® et l'expérience traumatique qu'il a vécue, comme « l'odeur d'un vêtement donnée à sentir à un chien policier » va lui permettre de remonter la piste du propriétaire du vêtement.

Cet Enfant Gigogne® retrouvé, les premiers secours lui sont alors, en quelque sorte, immédiatement prodigués pour le materner et le sécuriser.

C'est le patient, dans sa dimension présente ici maintenant, que l'on guide pour prodiguer ces soins à cet Enfant Gigogne®, grâce à la différenciation entre lui, adulte, et l'Enfant Gigogne®, différenciation induite par un travail de guidance approprié et le concept même de l'Enfant Gigogne®.

C'est ce premier temps qui demande le plus d'expertise dans l'accompagnement du patient, car si l'on utilise un protocole très précis, la créativité et la finesse de perception et de compréhension du psychothérapeute font, à ce stade, toute la différence pour accompagner le patient dans les méandres de sa mémoire non consciente.

Cela nécessite donc plus particulièrement un apprentissage spécifique des processus en jeu pour cette guidance.

À qui s'adresse la Thérapie Enfant Gigogne® ?

La Thérapie Enfant Gigogne® met en œuvre deux protocoles complémentaires.

Le premier protocole consiste à explorer la mémoire inconsciente pour identifier l'expérience traumatique de l'Enfant Gigogne® concerné, en lien avec le problème présent.

Le deuxième protocole consiste à mettre en paix l'Enfant Gigogne® retrouvé en lui apportant les ressources dont il a besoin et en dissolvant les charges émotionnelles enkystées.

Le premier protocole d'exploration de la mémoire non consciente offre donc à la personne qui consulte la possibilité de retrouver des vécus antérieurs à la barrière amnésique primaire ou bien de retrouver des vécus postérieurs qui ont été refoulés et amnésiés.

Nous savons que le phénomène d'amnésie et de refoulement d'expériences traumatiques trop douloureuses est un moyen écologique nécessaire et indispensable pour permettre à l'enfant de pouvoir poursuivre son développement sans être trop perturbé par l'expérience traumatique.

En conséquence, tant que l'appareil psychique de la personne n'est pas suffisamment structuré et solide, il ne serait pas écologique d'aller à l'encontre de cette amnésie ou du refoulement que la personne a mis en place pour se protéger.

Cela implique que le premier protocole d'exploration de la mémoire non consciente ne sera utilisé ni avec des enfants ni auprès de personnes avec des structures psychiques qui relèvent des maladies mentales psychiatriques lourdes d'ordre psychotique.

Par contre, le deuxième protocole de **mise en paix de l'Enfant Gigogne®**, avec l'apport de ressources et la dissolution de l'expérience traumatique, pourra être utilisé avec bonheur auprès d'enfants qui ont un souvenir conscient d'une expérience traumatique passée, sous réserve, bien sûr, qu'ils soient pleinement volontaires pour cette démarche et de l'adhésion de leurs parents.

La Thérapie Enfant Gigogne® s'adresse donc à toutes les personnes majeures et conscientes de leurs souffrances affective, émotionnelle, relationnelle, comportementale, sociale, professionnelle, avec toutes les manifestations et les symptômes qui s'y rapportent, et qui présentent les conditions fondamentales suivantes :

1) Avoir parfaitement conscience de ses souffrances et de leurs manifestations dans la vie quotidienne.
2) Vouloir se sentir mieux et libre, en ayant conscience que le changement ne peut venir que de soi et non pas des autres.
3) Avoir conscience que le travail d'exploration de la mémoire non consciente peut faire remonter à la conscience des vécus douloureux relatifs à la vie intra-utérine, la naissance et la petite enfance, dont la nature peut être susceptible de remettre en question la représentation que l'on se fait de notre histoire et de nos relations passées avec nos proches.

4) Avoir la conscience, le libre arbitre, l'autonomie, la motivation suffisants pour faire la démarche personnelle, en totale indépendance, pour prendre rendez-vous et entreprendre le travail de Thérapie Enfant Gigogne®.

Ces conditions circonscrivent l'indication de la Thérapie Enfant Gigogne® aux profils de personnalité habituellement répertoriés dans le champ classique des problématiques névrotiques et des états limites légers.

Cela exclut donc tout le champ des maladies mentales psychiatriques lourdes, d'ordre psychotique, pour lequel les personnes, le plus souvent, n'ont pas accès à la conscience de leur état.

LES TRAUMAS

&

LEURS CONSÉQUENCES

Des repères

Structures des expériences traumatiques passées et structures des problèmes du présent

Ma découverte de l'approche systémique et de la thérapie familiale systémique, au cours des débuts de ma pratique professionnelle comme psychologue clinicien, m'a familiarisé à porter une attention particulière à la forme et pas seulement au contenu sur lequel nos conditionnements éducatifs, scolaires et culturels nous ont incités et appris à nous focaliser.

Au cours des accompagnements auprès des personnes en consultation, je me suis « tout naturellement » intéressé, à côté du contenu des difficultés pour lesquelles elles venaient consulter, à la structure de leurs difficultés et de leurs symptômes.

Après d'innombrables accompagnements de ces personnes en état modifié de conscience, afin d'identifier les vécus traumatiques passés à l'origine de leurs difficultés et de leurs symptômes présents, j'ai pu constater que la structure des expériences traumatiques passées qu'elles retrouvaient était la même que celle de leur problème présent, alors que les éléments de contenu des deux situations pouvaient être de nature totalement différente et donner l'impression de n'avoir aucun point commun.

J'en ai donc conclu qu'il s'agit là d'une loi universelle du fonctionnement de la psyché et des processus traumatiques, qui sont à l'origine de la plupart des motifs pour lesquels les personnes viennent consulter.

À savoir : les expériences traumatiques passées périnatales et biographiques génèrent des symptômes et des difficultés dans la vie présente qui ont la même structure que ces expériences traumatiques passées.

En conséquence de quoi :

La structure du problème présent nous indique la structure du traumatisme passé !

Quelle est l'utilité d'une telle connaissance ?

L'intérêt et l'objectif d'une telle connaissance ne sont pas d'informer la personne de la nature du traumatisme qui est à l'origine de sa difficulté de vie ou de son symptôme.

Tout simplement déjà parce que l'on sait que ça ne sert à rien ! voire que dans le processus thérapeutique cela peut être contre-productif en générant des défenses, et surtout parce que connaître la structure du traumatisme passé ne permet pas de savoir quelle en a été la nature précise !

Par contre :

- Cela peut aider la personne à faire sa propre démarche de recherche et l'aider à établir des liens entre son problème présent et des évènements passés, toujours présents dans sa mémoire consciente, qui ont la même structure.
- Cela peut aider à donner du sens à ce qui, souvent, n'en a pas pour les personnes. Sachant que ne pas pouvoir donner de sens à ses symptômes a tendance à rajouter du mal-être au mal-être.
- Cela permet aussi au thérapeute, plus particulièrement dans les accompagnements en EMC, de vérifier si la situation retrouvée par la personne présente bien la même structure ou pas, et de s'assurer de la pertinence de l'accompagnement.
- Enfin, comme pour le guide de haute montagne qui se doit de pouvoir gravir plus haut que là où il accompagne ses apprentis alpinistes, il est intéressant pour le thérapeute de savoir, à l'avance, vers quelle catégorie de destination son « patient » est susceptible d'aller, à partir de son problème présent.

Par exemple, si la structure du problème présent indique que le contenu possible d'une situation passée de structure semblable pourrait être une situation incestueuse, alors que la personne n'a pas de souvenir conscient d'une telle histoire, il est utile de s'interroger pour savoir si elle dispose des capacités psychologiques et émotionnelles pour gérer une telle information refoulée et enfouie, jusque-là, dans la mémoire non consciente.

Les expressions métaphoriques pour décrire les difficultés

Très souvent, pour décrire ce que nous vivons et encore plus pour décrire ce qui nous est difficile à vivre, nous utilisons des métaphores comme « voir le bout du tunnel », « faire face à un mur », « être passé sous un rouleau compresseur », etc.

Rappelons-nous que nous communiquons à partir de deux sources principales qui sont :

- le conscient avec le langage verbal (les mots avec leurs significations logiques) ; et
- l'inconscient avec le langage du corps et aussi les significations métaphoriques de certains mots.

Lorsque nous évoquons ce qui nous est difficile à vivre, ces deux sources sont à l'œuvre.

Le langage métaphorique réussit la prouesse de réunir les deux sources en même temps.

Avec la métaphore :

- **Nous disons ce dont nous sommes conscients au sujet de nos difficultés en lien avec le présent.**
- **Nous disons littéralement ce dont nous ne sommes pas conscients d'avoir vécu.**

La métaphore parle souvent littéralement du vécu de l'Enfant Gigogne® concerné par le problème.

Si bien qu'il est toujours intéressant d'avoir **une double écoute** :

- **L'écoute de la personne** ici maintenant, qui présente ce qui lui est difficile et dont elle a conscience.
- **L'écoute de l'Enfant Gigogne®**, avec le langage métaphorique qui s'avère être du littéral par rapport au vécu de l'Enfant Gigogne®.

Je pense à toutes ces personnes accompagnées qui exposent leurs difficultés en ces termes :

« Chaque fois que j'entreprends quelque chose dans ma vie, que j'ai un projet, que je veux mettre quelque chose en place, il y a toujours un obstacle qui se présente, qui m'empêche… j'ai l'impression de me cogner contre un mur… c'est épuisant… »

Ici, la personne parle de façon métaphorique de son problème présent, nous comprenons qu'elle rencontre des difficultés liées à des circonstances extérieures pour réaliser ses projets.

Si l'on traduit ce langage métaphorique en langage littéral pouvant concerner le vécu d'un Enfant Gigogne®, cela ressemble étrangement à la description de la première étape d'une naissance :

(« Chaque fois que j'entreprends quelque chose dans ma vie, que j'ai un projet ») où le bébé s'est épuisé (« C'est épuisant ») en butant sur un col d'utérus insuffisamment ouvert pour permettre son passage (« Il y a toujours un obstacle qui se présente, qui m'empêche… j'ai l'impression de me cogner contre un mur »).

Comment identifier la structure d'une situation problème

Définition de la structure

La structure d'une situation problème, comme son nom l'indique, correspond à l'organisation de la situation indépendamment de ses éléments de contenu.

C'est le squelette de la situation.

Par exemple, deux personnes peuvent avoir leurs squelettes très semblables alors que leurs apparences physiques extérieures, couleur de peau, traits du visage, etc., peuvent être très différentes.

C'est la trame de la situation, deux tapis peuvent avoir la même trame et présenter des motifs très différents.

C'est ainsi que l'on peut dire que la structure du problème présent d'une personne révèle la structure du traumatisme passé qu'elle a vécu.

Les éléments à repérer pour identifier la structure

1) Identifier les protagonistes et leur statut en lien avec le problème.
2) Identifier les éléments de l'environnement (formulés en termes génériques).
3) Identifier l'action (formulée en termes génériques).
4) Identifier le vécu émotionnel.
5) Identifier les éléments métaphoriques.
6) Repérer les deux niveaux de langage :
   - la métaphore pour la personne qui consulte ;
   - le littéral de la métaphore pour l'Enfant Gigogne®.

Exemple

Une personne présente une phobie des tunnels.

Chaque fois qu'elle s'engage dans un tunnel routier, elle ressent une grande panique l'envahir, avec des sensations d'étouffement et une peur panique de mourir.

Nous avons :

- Le protagoniste : **la personne**.
- L' environnement : dans un **passage dont elle ne peut pas voir l'issue**.
- L' action : **lorsqu'elle s'engage**.
- Les émotions : **étouffement et peur de mourir**.

C'est donc aussi la structure de l'expérience traumatique passée vécue par la personne.

On peut, dès lors, constater qu'une expérience humaine universelle, comme celle de la naissance, avec un blocage à l'étape de l'engagement dans la filière pelvienne, présente cette même structure.

LES TRAUMAS
DE « VIES ANTÉRIEURES »
OU DE « VIES PARALLÈLES »
&
LEURS CONSÉQUENCES

Au-delà (de l'entendement)

Des vies d'autres temps, d'autres lieux

Il arrive de temps en temps qu'au cours d'une exploration avec le protocole de Thérapie Enfant Gigogne®, au lieu de se reconnecter à une scène périnatale ou biographique, les personnes se retrouvent propulsées dans la « peau » d'une personne différente d'elles-mêmes, qui peut aussi ne pas être du même sexe, et à laquelle, pourtant, elles s'identifient.

Cette personne « reconnectée » vit à une autre période de l'histoire de l'humanité, en un lieu de la planète inconnu de la personne accompagnée.

Le moment de sa vie, retrouvé spontanément, peut aussi bien être l'enfance que l'adolescence, l'âge adulte ou la vieillesse.

Ce moment retrouvé est généralement un évènement traumatique violent, scène de guerre, de viol, de meurtre, de violence, avec une fin de vie caractérisée par des émotions douloureuses, de regret, de culpabilité, de colère, d'amertume, d'injustice.

Ce fut le cas avec l'accompagnement de Katie, que j'ai évoqué précédemment.

Katie qui est venue me consulter, dans un premier temps, pour des crises d'angoisse et des comportements boulimiques.

En lien avec les crises d'angoisse, elle retrouve une naissance difficile avec le cordon ombilical qui l'étrangle.

Et, en lien avec les comportements boulimiques, elle retrouve des viols incestueux.

Libérée des crises d'angoisse et des comportements boulimiques, il lui reste cependant un malaise persistant lorsqu'elle doit se rendre dans des lieux tels que des églises, châteaux, etc.

Au cours de l'exploration qu'elle décide de faire pour se libérer de ce résidu de malaise, elle est directement propulsée dans la peau d'une jeune femme **mendiante affamée**, qui vole de la nourriture sur un marché au Moyen Âge, suite à quoi elle est **emprisonnée** dans un cachot aux **pierres de taille froides et suintantes d'humidité**, **violée par les soldats**, et condamnée à être **pendue**.

J'ai pu observer, pour ces cas que j'ai accompagnés, que les conditions émotionnelles avec lesquelles ces personnes ont commencé leur vie présente sont des émotions semblables aux émotions avec lesquelles le personnage « qu'elles étaient » dans cet autre temps a terminé sa vie au moment précis de sa mort.

De la même façon, les évènements dramatiques vécus par « l'*alter ego* », au cours de « la vie antérieure » ou de « la vie parallèle » retrouvée, sont du même ordre que les traumatismes vécus par la personne au cours des tout débuts de sa vie présente.

Pour Katie :

- Vie présente : coincée dans l'utérus avec la peur de mourir étranglée par le cordon ombilical.
- Vie passée : enfermée dans un cachot et condamnée à mort par pendaison.
- Vie présente : viols incestueux.
- Vie passée : viols par les soldats (représentants de l'autorité).
- Vie présente : boulimie.
- Vie passée : affamée.

L'état émotionnel ressenti au moment du décès semble être une étape importante d'empreintes traumatiques potentielles, déterminantes pour des vies futures, qu'on les imagine successives ou parallèles, à l'instar de la naissance dont le déroulement oriente, de toute évidence, la vie après la naissance.

Beaucoup de questions se posent. S'agit-il de vies antérieures, de vies parallèles, d'informations transgénérationnelles ?

Le concept de vies antérieures

La référence aux vies antérieures et à la réincarnation est particulièrement présente et développée dans la tradition de la pensée hindoue, avec l'hindouisme, le jaïnisme et le bouddhisme.

Cette appellation, si elle est très répandue et sans doute pratique parce que connue, est conceptuellement ambiguë, du moins dans sa traduction occidentale.

La compréhension occidentale appréhende le concept de vies antérieures à partir de son cadre conceptuel mécaniciste physique, puisque « vie antérieure » se réfère à une notion de temps linéaire, vie qui serait donc relative à un temps passé par rapport à cette vie présente.

À l'intérieur de ce cadre conceptuel matérialiste physique, un tel concept est un paradoxe, puisque ne sont censées pouvoir être mémorisées que les expériences contemporaines au fonctionnement du cerveau.

Comme pour les références aux mémoires de la vie intra-utérine, ce concept est incompréhensible à l'intérieur du cadre conceptuel matérialiste physique, il n'a de sens que dans le cadre plus large du concept énergétique comme celui de la physique quantique.

Or dans le cadre énergétique quantique, espace et temps n'existent pas.

Einstein n'a-t-il pas dit :

« La distinction entre le passé, le présent et le futur n'est qu'une illusion bêtement persistante » ?

Les informations retrouvées relatives aux vies dites « antérieures » s'inscrivent dans une dimension purement énergétique où la notion de temps n'a pas de sens.

Passé, présent, futur n'ont de sens que dans la dimension matérielle physique dans laquelle nous nous inscrivons dans cette vie présente.

D'un point de vue énergétique, il n'y a pas de temps et d'espace, il serait donc préférable de parler de « vies parallèles ».

Différents points de vue sur les vies dites « antérieures » ou « parallèles »

- Empreintes-traces, ramenées de vies autres, liées à sa propre conscience supérieure ou Âme ?
- Empreintes-informations, appartenant aux archives akashiques (mémoires universelles), « récupérées » par l'âme au moment de la descente dans l'incarnation au niveau énergétique Astral ?
- Empreintes-informations transgénérationnelles, transmises génétiquement ?

Pour la tradition hindoue, l'homme, mais aussi tout être vivant, traverse un cycle sans fin de naissance, mort et réincarnation, connu sous le nom de « samsara » (à ne pas confondre avec les *samskaras*).

Karma et *samskaras*

Le karma

Pour la tradition hindoue, le karma renvoie aux « actions » au sens large, il correspond à des actes, mais aussi à des pensées et des émotions, c'est-à-dire toutes les expériences et les tous les choix faits dans une vie qui sont considérés comme ayant un impact sur les vies futures.

Les actions et les émotions vécues au cours de vies antérieures influenceraient donc directement la vie présente.

Une lecture quantique du karma peut concevoir que chaque « action », acte, pensée, émotion, émet un champ vibratoire qui se propage dans l'univers et s'amplifie (comme avec le processus des ondes scalaires, qui plus elles se propagent, plus elles s'amplifient, contrairement aux autres types d'ondes).

Ce champ vibratoire revient en boomerang à la personne, soit dans la même vie, soit surtout dans ses vies « futures ».

Les actions « positives » génèrent un boomerang positif.

Les actions « négatives » génèrent un boomerang négatif.

Le karma est un processus externe

Les actes, pensées et émotions génèrent un champ énergétique qui se propage dans l'univers en s'amplifiant et revient dans la même vie ou dans les vies « futures » en boomerang en générant, dans la matière de la vie de la personne, des évènements de nature semblable aux actes, pensées et émotions passés.

Les *samskaras*

Samskara est un terme sanskrit de la philosophie hindoue qui désigne des traces ou empreintes laissées dans l'esprit par des traumatismes passés, des cicatrices de l'esprit.

Selon la tradition hindoue, ce sont des traces, des empreintes émotionnelles dans l'astral, laissées par des expériences traumatiques vécues dans une vie parallèle, qui influenceraient la vie présente et les réponses émotionnelles de cette vie présente.

Les *samskaras* sont des processus « internes »

Ce qui fait que cela pourra aussi entretenir le karma !

Cette vision de la philosophie hindoue rappelle étrangement l'intrication quantique mise en évidence par **Alain Aspect** (Prix Nobel de physique en 2022), à savoir que deux particules ou objets quantiques séparés forment un tout indivisible.

Une action sur l'un entraîne les mêmes effets sur l'autre, instantanément, quelle que soit la distance qui les sépare !

L'influence, dans la vie présente, des traumas vécus au cours de situations d'autres temps, d'autres lieux, par un autre soi-même, qui sont reconnectés au cours d'exploration en EMC, semble correspondre aux *samskaras* de la tradition hindoue.

La conscience

Aborder la question des mémoires ou des empreintes de vies dites « antérieures », qui influencent la vie présente, est du même ordre que d'aborder la question de l'influence des tout débuts de la vie fœtale ou de la conception.

Cela est nécessairement absurde à l'intérieur du cadre conceptuel culturel dominant qui envisage la conscience humaine comme résultante de l'activité neuronale du cerveau.

Donc, pas de cerveau, pas de conscience, pas de mémoires, pas d'empreintes...

Et pourtant !

Les innombrables descriptions faites par des personnes revenues de morts cliniques dites « expériences de mort imminente » (EMI) ou *Near Death Experience* (NDE) et les expériences faites en état modifié de conscience sont la démonstration d'une réalité autre, de plus en plus admise scientifiquement.

La conscience n'est plus envisagée circonscrite au corps physique et au cerveau.

C'est comme si nous considérions que notre téléviseur produisait les programmes que nous y regardons !

Le téléviseur n'est qu'une interface qui nous permet de percevoir des programmes qui viennent d'une autre source.

Si notre téléviseur est en panne ou éteint, la source des programmes ne s'interrompt pas pour autant.

Le cerveau n'est, semble-t-il, qu'un médiateur de la conscience.

Deux niveaux de conscience

- **La conscience ordinaire cérébrale** circonscrite au corps physique.

C'est la conscience analytique neuronale décrite par **Jean Jacques Charbonnier**, médecin anesthésiste.

Ce type de conscience est celle à laquelle s'intéresse le Psy de base !

- **La Conscience supérieure** de l'état modifié de conscience, la conscience indépendante du corps physique et de son fonctionnement.

C'est **la Conscience extraneuronale présentée par J. J. Charbonnier** dans *La Conscience intuitive extraneuronale* aux éditions Trédaniel.

C'est la conscience à laquelle s'intéresse le Psy transpersonnel.

Cette conscience, la Conscience avec un grand C, transcende, dépasse les limites spatio-temporelles du corps physique.

Cette Conscience supérieure est celle concernée par les mémoires « non conscientes » d'autres vies.

Le point de vue du thérapeute !

Au-delà de l'intérêt intellectuel et de recherche scientifique, philosophique et spirituelle que représentent les différentes hypothèses sur les vies dites « antérieures », si aucune des hypothèses citées ne peut être actuellement validée, en tant que thérapeute, nous pouvons constater que ces matériaux, autres que biographiques et périnataux, sont bien présents au niveau de la psyché humaine et que leur gestion comme empreintes traumatiques conduit à des résultats thérapeutiques nets et parfois spectaculaires.

Explorer directement le champ des « vies antérieures »

Il arrive parfois que des personnes présentent certains symptômes comme une douleur en une partie précise du corps et que les examens médicaux, qui sont réalisés, s'avèrent négatifs, ils ne révèlent aucune forme de pathologie médicale connue.

Parfois, le travail pourtant complet d'exploration effectué en Thérapie Enfant Gigogne® permet une amélioration de la douleur ou bien du symptôme comportemental présenté par la personne, mais la douleur ou le symptôme, certes moindre, reste encore suffisamment dérangeant pour que la personne désire un meilleur confort.

Dans ce cas de figure, j'ai pu constater qu'une exploration spécifique du champ des vies dites « antérieures » s'avère généralement très intéressante, comme pour Judith dont voici le parcours.

JUDITH ET LA PAGE BLANCHE

Judith travaille comme documentaliste dans une bibliothèque municipale, elle est passionnée par la littérature et les ouvrages anciens.

Judith est venue me consulter pour des crises d'angoisse fréquentes dans le contexte d'une relation conjugale difficile, dont elle dit que son compagnon, plus âgé de vingt ans, lui rend la vie impossible en lui imposant « ses quatre volontés ».

Elle voudrait se séparer « mais elle n'y arrive pas » !
Elle se plaint aussi d'une nette tendance à la procrastination.
Quelques explorations avec le protocole de « Thérapie Enfant Gigogne® » lui permettent d'identifier :

- une vie intra-utérine gémellaire avec la disparition du fœtus jumeau dans une sorte d'entonnoir abyssal ;
- une naissance difficile après terme avec la peur de mourir ;
- des différents moments de viols incestueux avec son père.

Judith fait les liens entre ces éléments traumatiques des tout débuts de sa vie et les difficultés qu'elle rencontre dans sa vie présente.

Elle réalise, selon elle :

- Que le dépassement du terme pour la naissance est lié à la peur d'emprunter le même chemin que celui pris par son fœtus jumeau,

lorsqu'il a disparu dans « l'entonnoir abyssal » du col de l'utérus pendant la vie intra-utérine.
- Que sa tendance à la procrastination découle de ce dépassement du terme pour se protéger de l'anéantissement engendré par toute situation nouvelle et inconnue.
- Que le choix d'une relation de couple avec un homme de vingt ans plus âgé et abusivement autoritaire est lié à l'empreinte laissée par son père incestueux.
- Que sa difficulté à se séparer est liée à la douleur du départ du fœtus jumeau.

Après avoir dissous les charges émotionnelles de ces différentes empreintes et les croyances qui allaient avec, Judith retrouve l'usage de son libre arbitre de femme.

Seule persiste la tendance à la procrastination, et seulement dans le contexte bien particulier de son travail pour une tâche bien spécifique, celle de la rédaction de documents pour présenter les nouvelles acquisitions de livres au sein de la bibliothèque.

En effet, Judith, chaque fois qu'elle doit rédiger un document présentant un nouveau livre, soit repousse à la dernière limite la rédaction dudit document, soit reste comme paralysée devant sa feuille blanche pendant des heures ! dit-elle.

L'exploration de la vie intra-utérine et de la naissance réalisée par Judith me semble avoir été suffisamment complète.

La liberté de vie qu'elle a retrouvée par rapport à ses difficultés et ses symptômes initiaux en est la démonstration.

Cela me conduit à envisager une exploration au niveau de mémoires dites « de vies antérieures », afin de résoudre cette dernière difficulté au sujet de la production d'écrits de présentation de nouveaux ouvrages, en sachant, par ailleurs, que Judith n'éprouve aucune difficulté pour écrire un banal courrier dans d'autres contextes.

Propulsée dans cet autre espace-temps de sa mémoire, Judith se retrouve dans « la peau » d'un homme assis devant ce qui lui semble être un bureau, en train d'écrire sur du parchemin avec une plume d'oie qu'il trempe régulièrement dans un encrier.

Le temps passé à écrire, la quantité de feuilles de parchemin indiquent la rédaction d'un ouvrage conséquent.

Cet ouvrage semble traiter de sujets et de questions interdits par les autorités religieuses de cette époque.

Cet écrivain paraît être sur ses gardes afin de ne pas être vu en train d'écrire, il semble redouter d'être dénoncé.

Son ouvrage terminé, le visage dissimulé, il le confie à une personne, elle-même avec le visage dissimulé.

Dans la scène suivante retrouvée par Judith, des hommes armés d'épées font irruption dans son domicile et l'entraînent dans un lieu inconnu.

Ces évènements semblent se dérouler pendant la période de l'Inquisition.

L'*alter ego* de Judith est torturé, puis brûlé vif, dans d'atroces souffrances.

Il meurt avec le regret de s'être infligé de telles souffrances en ayant voulu braver les interdictions religieuses pour transmettre ses connaissances.

Les indications et les réserves au sujet d'une exploration en direct du champ des vies antérieures

Comme dans le cas de Judith, lorsqu'un travail conséquent a déjà été mené avec des résultats probants, mais que subsiste une limite, ou bien qu'une douleur sans cause médicale identifiée est présente, l'exploration du champ des vies antérieures m'est apparue pertinente et efficace.

Cependant, compte tenu du fait que les évènements dramatiques vécus par l'*alter ego* dans une autre vie « semblent avoir induit des traumatismes » de structure semblable dans les débuts de cette vie présente, il me semble important de façon générale de s'occuper **prioritairement** de cette vie présente, par la dissolution de ses empreintes traumatiques en lien avec les symptômes qui s'y manifestent.

Ainsi, lorsque cette vie présente paraît suffisamment nettoyée de ses scories émotionnelles traumatiques, alors il peut être pertinent, si certains symptômes persistent, d'aller explorer le champ des vies antérieures.

Dans le cas contraire, l'exploration privilégiée du champ des vies antérieures, sans s'occuper de la vie présente, peut s'avérer être un moyen d'évitement et de fuite, un mécanisme de défense, par rapport aux traumatismes des débuts de cette vie présente.

Cela semble plus facile, pour le mental, d'accepter qu'un *alter ego* ait pu vivre des traumas dans une autre vie que d'accepter d'avoir vécu soi-même le même type de traumas au cours des débuts de la vie présente.

Ce mécanisme de défense se retrouve d'une façon semblable par le recours au « transgénérationnel » que certaines personnes mettent en avant pour justifier un symptôme, dont la cause traumatique se situerait au niveau d'une génération précédente, sans que cela se soit accompagné d'une conséquence traumatique dans leur propre vie.

Certes, certains traumatismes particulièrement violents semblent pouvoir se transmettre informationnellement aux générations suivantes, *via* l'ADN.

C'est ce que l'épigénétique transgénérationnelle semble avoir mis en évidence.

Des études ont pu mettre en évidence que cela pouvait impacter l'ADN des descendants.

Cependant, il m'est apparu que cette information transmise génétiquement ne se limite pas à générer seulement un symptôme chez le descendant, cette information transmise contribue à aimanter dans la vie du descendant le même type de traumatisme que son aïeul traumatisé.

Nota bene

Les descriptions relatées des différents cas présentés n'ont pas vocation à vouloir démontrer la réalité de tel ou tel phénomène extérieur à la psyché humaine, comme la réalité de vies antérieures, la réalité de la descente de l'incarnation, etc.

Une seule chose est sûre et réelle, c'est qu'elles existent au sein de la psyché humaine, qu'il est possible de les identifier et que leur identification consciente dans la psyché s'avère être particulièrement thérapeutique.

Il en est de même pour la réalité des contenus traumatiques attribués à la vie intra-utérine, la naissance, la petite enfance et l'enfance, et plus particulièrement pour les différents contenus de traumas sexuels.

Les éléments retrouvés ne prouvent rien de ce point de vue quant à leurs réalités factuelles passées.

Les explorations en état modifié de conscience réalisées en psychothérapie ne constituent en aucune façon une enquête policière censée apporter la preuve de faits passés.

Néanmoins, lorsque les éléments retrouvés sont corroborés par certains symptômes bien spécifiques comme ceux décrits dans les prochains chapitres, l'hypothèse qu'ils aient été réellement vécus devient une certitude.

Dans le champ psychothérapeutique, la seule démonstration objective que ce genre de travail apporte, c'est que ces éléments sont présents au niveau de la psyché de la personne qui les retrouve, et qu'ils sont en lien avec les symptômes qui l'ont conduit à consulter.

La mise en lumière de ces éléments dans la psyché et leur traitement par des techniques spécifiques permettent des changements thérapeutiques notables.

LES TRAUMAS
DE LA DESCENTE
DANS L'INCARNATION

LES TRAUMAS
DE LA RELATION SEXUELLE
FÉCONDATRICE
&
LEURS CONSÉQUENCES

Descente de l'au-delà (dure est la chute)

Les empreintes traumatiques de la descente dans l'incarnation et leurs conséquences

Si cette catégorie de reconnexion n'est pas la plus fréquente parmi les matériaux retrouvés au cours des explorations en Thérapie Enfant Gigogne®, elle se rencontre cependant plus particulièrement chez des personnes dont le chemin de vie est jalonné d'évènements particulièrement difficiles.

Ces évènements de vie commencent avec une vie intra-utérine marquée par une mère pour qui la grossesse est un problème, qui se surajoute à d'autres, qu'elle a déjà du mal à surmonter.

Cette vie intra-utérine de coupure d'avec la mère se poursuit la plupart du temps avec une naissance difficile, souvent avec une intervention médicale qui a recours à des forceps, une ventouse ou à une extraction manuelle.

L'empreinte de croyance qui en découle est que le monde est dangereux, « méchant » et rejetant.

Les évènements de vie qui suivront seront la confirmation de cette toute première croyance, violences physiques et sexuelles subies, harcèlement, etc.

Certaines personnes avec des parcours de vie ainsi douloureux connectent, au cours de l'exploration de l'espace-temps de leur mémoire, un vécu qu'elles identifient comme précédant la vie intra-utérine.

Quand elles connectent cette étape,

- soit elles décrivent un état de bien-être absolu sans manifestation de corporalité, puis cet état est rapidement remplacé par un vécu de chute vertigineuse, accompagnée d'une sensation de froid et de densification de plus en plus intense comme décrit précédemment par Fabien ;
- soit c'est la chute vertigineuse qui est directement ressentie avec la même impression de froid et de densification.

Le plus souvent dans les deux cas, un fil de lumière est perçu pendant la chute vertigineuse et « l'atterrissage » se fait dans un utérus qui peut être décrit comme une grotte froide et inhospitalière.

Le vécu émotionnel est l'impression d'avoir été « abandonné par la source divine » avec un sentiment profond et désespéré de solitude.

Rappelons-nous l'expérience de Fabien :

« Je me sens relié avec le tout, j'ai l'impression de baigner dans l'Amour, un Amour divin… »

Après quelques instants pendant lesquels il reste connecté à cet état, Fabien s'exclame :

« Je me sens chuter, comme une chute vertigineuse, c'est de plus en plus vite, de plus en plus froid, de plus en plus dense… »

Pour terminer avec une profonde tristesse et avec ces paroles :

« Je me sens abandonné par la source divine. »

Les empreintes traumatiques de la relation sexuelle fécondatrice et leurs conséquences

CARLOS ET LE SOUVENIR DE SA CONCEPTION

Rappelons-nous de Carlos qui est venu consulter pour ses ressentis de grande anxiété dans les moments de sexualité partagés avec sa compagne.

Dans ces moments-là, Carlos me dit se sentir destructeur et agresseur envers sa compagne et en ressentir une grande culpabilité, allant parfois jusqu'à ne pas pouvoir avoir de rapports sexuels.

En état de relaxation, guidé par ses impressions culpabilisantes d'être en train d'agresser sa compagne, Carlos se sent comme projeté dans un espace de grande luminosité, avec une impression particulière de flottement sans limites, une « sensation » de non-sensation corporelle.

Alors, peu à peu, comme à travers une brume qui se lève, Carlos perçoit d'abord deux jeunes adultes qu'il reconnaît comme allant devenir son père et sa mère.

Puis un décor s'installe et Carlos perçoit un lieu précis, et dans ce lieu précis, une scène de relation sexuelle entre ses futurs parents lui apparaît.

En percevant l'expression du visage de cette jeune femme qui allait devenir sa mère, Carlos ressent que cette jeune femme est en train de vivre ce rapport sexuel comme une contrainte, voire un viol.

Carlos prend alors conscience que son existence s'est construite comme le symbole même incarné de la violence sexuelle destructrice vécue par sa mère.

LISA ET SA PHOBIE DES CHATS

Lisa, âgée d'une trentaine d'années, vient me consulter pour une peur panique irrépressible des chats.

Lisa m'explique que cette peur des chats a commencé vers la fin de son adolescence.

Auparavant, elle ne se souvient pas d'avoir eu de problème particulier avec la gent féline.

Quand je l'invite à se rappeler les évènements particuliers contemporains ou précédant immédiatement le début de sa peur des chats, Lisa prend conscience que cette peur est apparue quelque temps après sa première relation sexuelle avec son petit ami de l'époque, relation dont elle ne garde pas un très bon souvenir.

Lisa dit avoir eu cette relation sexuelle plus pour faire plaisir à son petit ami que par véritable désir.

Actuellement, Lisa est amoureuse d'un jeune homme, ce dernier a un chat auquel il est très attaché !

Cette situation rend les rencontres chez le jeune homme très compliquées !

Lisa m'expose brièvement son contexte familial.

Fille unique, elle a grandi avec sa maman et son beau-père qui l'a reconnue et dont elle porte le nom.

Lisa ne connaît pas son père biologique, ni son identité.

Sa maman n'a jamais voulu lui dire plus à ce sujet que le fait qu'il s'agissait d'une rencontre d'une nuit.

Lisa ne comprend pas les raisons de cette peur irrationnelle des chats, pas plus, dit-elle, que la réticence de sa mère à lui dire plus au sujet de son père biologique.

Lisa veut se libérer de cette peur des chats et pouvoir aller en toute tranquillité chez son amoureux.

Informée du déroulement de la Thérapie Enfant Gigogne® et des possibilités qu'un tel travail puisse la confronter à des souvenirs enfouis, susceptibles de remettre en question l'histoire personnelle et familiale officielle, Lisa est déterminée et affirme préférer découvrir n'importe quel passé plutôt que de continuer à vivre ce présent compliqué.

Guidée par la peur induite par la vision d'un chat pour remonter dans l'espace-temps de sa mémoire, Lisa est replongée dans le moment de sa première relation sexuelle, à l'âge de 17 ans.

Malgré les vérifications faites au sujet des conditions de cette relation, pas de présence d'un chat ! Ni physiquement ni symboliquement !

Je l'invite alors à laisser sa conscience se diriger vers un évènement beaucoup plus ancien, un évènement qui est la cause de cette terreur envers les chats.

Lisa se sent alors avec un corps de petite fille de 4 ans, elle joue seule dans une chambre qu'elle ne reconnaît pas, mais un motif du papier peint sur les murs de la chambre attire son attention, le motif du papier peint qui se répète à l'infini est fait de chats.

Lisa se crispe sur la table de relaxation sur laquelle elle est allongée.

Elle reconnaît la chambre chez la nounou, chez qui sa maman la laissait, pour aller travailler.

Associée à la petite fille, elle dit : « J'ai peur. »

Je l'invite à laisser sa conscience se diriger vers l'évènement précis qui est la cause de cette peur.

Alors Lisa se voit de nouveau dans cette même chambre, allongée sur le lit, la lumière qui filtre à travers les interstices des persiennes lui fait dire que ce doit être l'heure de la sieste.

Lisa se crispe de nouveau, la porte de la chambre s'ouvre doucement, elle voit le mari de la nounou entrer, s'approcher et s'asseoir sur le bord de son lit.

Le mari de la nounou glisse sa main sous le drap.

Lisa est terrorisée, pétrifiée par les caresses qui lui sont imposées.

Elle fait semblant de dormir et tente de s'évader en regardant les petits chats sur le papier peint du mur de la chambre.

Je pense alors que Lisa est arrivée au terme de son exploration et qu'elle a identifié la cause de sa phobie des chats.

Mais spontanément, Lisa se propulse vers un autre espace-temps de sa mémoire :

Je me sens comme rapetissée… comme si je flottais… Je me sens… Je me vois comme un tout petit fœtus… Je suis dans le ventre… j'ai peur… Je sens des coups autour de moi… Je me blottis au fond…

J'invite Lisa à conduire sa conscience à l'extérieur du ventre maternel et à observer ce qui est la cause de ces coups.

Lisa perçoit sa maman assise à même le sol, adossée au mur de ce qui semble être sa chambre, en pleurs, se tenant le ventre entre ses mains et le frappant en sanglotant.

Lisa en conclut que sa maman vient de prendre conscience qu'elle est enceinte et que cette réalité la plonge dans un profond désarroi.

L'intensité de ce désarroi me conduit à l'inviter à conduire sa conscience à la cause de ce désarroi profond ressenti par sa maman.

Après un court moment de silence, Lisa s'exclame :

Je ne sais pas où je suis !

Je lui demande d'identifier la taille de son corps pour en connaître l'âge...

Elle me répond :

Je n'ai pas de corps.

Puis Lisa se met à décrire l'environnement qu'elle perçoit en même temps que cette non-sensation de corps physique.

Peu à peu, comme un brouillard qui se lève un matin d'hiver, le décor devient de plus en plus précis.

Lisa voit d'abord une jeune femme, assise à même le sol, adossée à un mur, son visage est figé, elle semble pétrifiée, des traces de larmes sur les joues, sa robe est déchirée.

Soudain, Lisa s'exclame :

C'est maman, je la reconnais... Elle est comme sur les photos que j'ai vues, quand elle était jeune... avant qu'elle soit enceinte...

J'invite alors Lisa à laisser sa conscience accueillir la cause de l'état émotionnel et physique de sa maman dans cet instant.

Lisa perçoit alors sa maman en compagnie d'un jeune homme, ils semblent venir d'un bâtiment où il y a de la musique, beaucoup de personnes dansent.

Puis le visage de Lisa s'assombrit, elle reste silencieuse en serrant les poings.

Je l'invite à me décrire ce qu'elle perçoit.

Lisa me répond que ce n'est pas possible, qu'elle est en train d'inventer.

J'insiste, et Lisa me décrit une scène de viol.

Le visage blême, Lisa perçoit sa mère contrainte par l'homme qu'elle a vu l'accompagner au-dehors.

Lisa réalise qu'elle est née de ce viol subi par sa mère, par cet homme inconnu.

Dans un dernier flash, comme à partir de ce qui s'impose aux yeux de sa mère dans cette position, Lisa perçoit une tête de chat sur le tee-shirt au niveau de la poitrine du violeur de sa mère !

LES TRAUMAS
DE LA VIE INTRA-UTÉRINE
&
LEURS CONSÉQUENCES

Ça baigne (ou pas)

La vie intra-utérine, fondation du futur

Même si au cours des explorations en EMC, comme nous venons de le voir, certaines personnes découvrent des empreintes traumatiques en amont de la vie intra-utérine, cette période qu'est la vie intra-utérine constitue manifestement le berceau de la vie incarnée et les fondations de tout l'édifice de vie qui se construit à partir de là.

Si les fondations d'un bâtiment sont solides et stables, ce dernier le sera aussi, si ses fondations sont fragiles, il le sera aussi.

De toute évidence, il en va de même pour la construction que représente la vie incarnée des êtres humains.

Tous les évènements vécus objectivement ou subjectivement comme menaçants par l'Être-fœtus, tout au long de la vie intra-utérine, peuvent être à l'origine d'empreintes traumatiques, qu'ils soient :

- de l'ordre de la menace vitale (accidents, maladies, tentatives d'avortement, perte gémellaire) ; ou
- de ressentis de non-reconnaissance (pas désiré ou pas attendu comme enfant, pas attendu pour son genre, trop attendu pour remplir une mission impossible, comme remplacer un enfant mort-né, ou un enfant décédé en bas âge, ou un adulte décédé).

En plus de la symbiose physiologique, le bébé fœtus se trouve dans une étroite interdépendance émotionnelle avec la mère, pendant toute cette période qu'est la vie intra-utérine.

Le bébé fœtus vit, en quelque sorte, comme une éponge qui absorbe toutes les émotions ressenties par la mère, il s'en imprègne et se les approprie à partir d'un processus fusionnel et égocentrique total.

La mère est une interface entre le bébé et tout l'environnement, y compris en partie avec le père, tant les émotions ressenties par la mère à l'égard du père biologique sont déterminantes pour le vécu du bébé fœtus dans sa « relation » au père.

Donc, à chaque moment de la vie intra-utérine, selon les vécus difficiles de la mère, ses états émotionnels douloureux avec les différents aléas de sa vie quotidienne personnelle et professionnelle, le bébé fœtus peut être sujet à des empreintes traumatiques.

Il existe, par ailleurs, des moments et des évènements clefs universels qui sont déterminants pour son devenir non seulement pour sa vie après naissance, mais aussi pour le déroulement même de sa naissance.

Indépendamment de facteurs physiques évidents qui facilitent ou compliquent la naissance, comme la taille du bébé et celle du bassin de la mère, entre autres, les vécus émotionnels du bébé fœtus, tels que de ne pas s'être senti attendu, désiré pour son sexe, menacé d'élimination, vont orienter la naissance et aimanter des naissances difficiles qui pourront être de nouvelles empreintes traumatiques qui influenceront, elles aussi, toute la vie future.

La prise de conscience de la grossesse

Le premier de ces évènements clefs est la prise de conscience par la mère de sa grossesse.

L'état émotionnel de la mère induit par la découverte qu'elle se trouve enceinte est de toute évidence déterminant, quant à la nature des empreintes émotionnelles et des croyances émotionnelles qui vont imprégner le bébé fœtus.

Cela va conditionner, en grande partie, son estime de soi future et sa capacité à s'accepter ou non tel qu'il a choisi d'être initialement.

Ce moment est de fait primordial, car il « officialise » la rencontre de la mère et du bébé fœtus.

Jusque-là, sa présence était en quelque sorte clandestine à la conscience de la mère.

Jusque-là, la non-conscience par la mère d'être enceinte avait épargné au bébé l'impact émotionnel qui peut découler de la découverte par la mère de sa grossesse.

En quoi cette toute première rencontre officielle est-elle aussi déterminante ?

Tous les accompagnements qu'il m'a été donné de réaliser auprès de personnes en consultation et aussi en formation m'ont mis en évidence une réalité humaine que je peux qualifier d'« universelle », le besoin primordial de se sentir aimé, accepté, apprécié, compris et reconnu.

Les explorations en état modifié de conscience mettent de la même façon en évidence ce même besoin de se sentir aimé, encore plus essentiel pour l'Être-fœtus, et plus particulièrement au moment de cette rencontre, quand la mère prend conscience qu'elle est enceinte.

Si la vie intra-utérine ne se résumait qu'à une question de construction et de développement du corps physique, alors il n'y aurait certainement pas autant de larmes, de cris, de souffrances, de désespoirs vécus et ressentis par les personnes en EMC quand elles « atterrissent » au cœur d'épisodes de leur vie intra-utérine, comme lorsque la mère prend conscience qu'elle est enceinte, alors que ce n'était pas son projet.

L'universalité de ce besoin de se sentir aimé, aussi important, primordial et aussi difficile et délicat à être réalisé, dès le début de la vie intra-utérine, interroge.

Pour quelles raisons ce besoin est-il aussi important ?

Quelles hypothèses peut-on avancer ?

Si l'on se réfère, une fois encore, à ce que certains reconnectent au cours d'exploration en état modifié de conscience, à savoir l'état qui précède

« la descente dans la matière », ces personnes décrivent toujours un état absolu de bien-être, de fusion avec une énergie d'Amour indicible, jamais connue ni approchée au cours de la vie incarnée, comme le décrivent aussi les personnes qui témoignent d'expériences de mort imminente, EMI ou NDE.

La descente dans la matière est très régulièrement décrite comme une séparation d'avec cet Amour absolu, voire comme un abandon de la part de cette source d'Amour absolu.

Alors, la Conscience immatérielle qui perdure dans ce nouvel état, ce nouvel environnement qu'est la matrice maternelle, semble bien « ressentir » une immense nostalgie de cet état d'Amour absolu précédent et perdu, d'où ce besoin primordial et quasi insatiable de se sentir aimé par cet hôte qu'est la mère, dans un premier temps, puis de chacun après la naissance, dans un deuxième temps.

Aussi important que puisse être l'amour maternel, au moment de la prise de conscience de la grossesse, il est probable qu'il apparaisse bien terne, comparé au ressenti de l'état d'Amour absolu précédent.

Ce vécu est peut-être renforcé par les conditionnements culturels matérialistes qui font que si la mère est « heureuse d'apprendre qu'elle est enceinte », sa joie est culturellement « égoïste », car elle est tournée vers elle-même et non pas vers la conscience d'un Être qu'elle accueille en son sein, puisqu'à ce stade, culturellement et légalement, l'Être-fœtus n'existe pas.

Si ce n'était pas le cas, l'expression la plus courante pour nommer cette joie, lorsqu'elle existe, ne serait pas « être heureuse d'être enceinte » mais « être heureuse d'accueillir ». Être heureuse d'accueillir qui ?

En l'occurrence, « qui » n'existe pas, du fait qu'il n'y a pas de mot spécifique pour le désigner et qu'il n'a pas d'existence légale comme je viens de l'évoquer !

Qu'en est-il alors du ressenti du bébé fœtus lorsqu'il est confronté à une mère dont les émotions, par ailleurs tout à fait légitimes dans sa situation, sont le désarroi, la peur, la tristesse, lorsqu'elle apprend qu'elle est enceinte ?

C'est sans doute pour cela que la mémoire consciente de l'« avant-incarnation » est amnésiée, de la même façon que la mémoire consciente de la naissance est amnésiée aussi.

Les souvenirs conscients de ces périodes nous seraient certainement plus handicapants qu'aidants dans un premier temps, tant que notre structure psychique n'est pas suffisamment étayée pour accueillir, sans trauma supplémentaire, la nature douloureuse de ces évènements passés.

Les principales empreintes traumatiques en lien avec les émotions « négatives » de la prise de conscience de la grossesse et leurs conséquences

Très fréquemment, des personnes qui consultent pour « manque de confiance en soi », autodévalorisation, autosabotage, culpabilité... retrouvent, dans leurs explorations en EMC, ce moment particulier de prise de conscience d'une grossesse qui était ni attendue ni désirée.

Pas attendu(e), pas désiré(e)
« Je ne suis pas comme il faut pour mériter d'être aimé(e) »

En exploration, ces personnes se perçoivent ou se ressentent comme un embryon, souvent décrit comme un haricot.

Elles décrivent des ressentis de grande solitude, de vide, de froid, d'incompréhension.

Invitées à identifier la cause de ces ressentis, elles accèdent à l'état émotionnel de la mère qu'elles ressentent souvent désespérée, abattue, angoissée.

Lorsqu'elles sont invitées à conduire leur conscience au-dehors de l'enveloppe embryonnaire et au-dehors de la matrice utérine, elles perçoivent très fréquemment leur mère, jeune femme, seule, assise au bord d'un lit ou sur une chaise, les mains sur le ventre, en pleurs et dans un grand désarroi.

L'empreinte qui se crée alors au niveau de l'entité embryonnaire est :
« Je ne suis pas comme il faut pour mériter d'être aimé(e). »

Bien sûr, cette empreinte n'est pas organisée en mots, c'est une empreinte émotionnelle, énergétique, informationnelle, non sémantique, totalement analogique.

Lorsque l'exploration se poursuit pendant la même séance ou au cours d'autres séances, ce type d'empreinte fait généralement suite à une « descente dans l'incarnation » vécue difficilement avec le ressenti d'abandon par la source, évoqué précédemment.

Dans la plupart des cas, la « perspective d'avenir » qu'offre « Je ne suis pas comme il faut pour mériter d'être aimé(e) » conduit à une naissance difficile physiquement et émotionnellement.

D'un point de vue symbolique, la perspective de la confrontation au regard « jugeant » des parents semble conduire le bébé fœtus à aborder la naissance « à reculons », d'où les naissances difficiles et d'où, peut-être aussi, les naissances par le siège !

Les conditions de cette naissance vont être à l'origine de nouvelles empreintes qui vont renforcer la première et orienter le chemin de vie de la personne, en particulier, en créant un terrain psycho-énergétique propice aux actes subis de harcèlement et d'intrusions d'ordre sexuel, entre autres.

Je suis conscient que ce lien entre le terrain psycho-énergétique propice aux actes subis d'intrusions d'ordre sexuel et l'empreinte intra-utérine « Je ne suis pas comme il faut pour mériter d'être aimé(e) » puisse interroger.

Ce lien m'est d'abord apparu factuellement.

Certes, il résulte d'une étude statistique limitée, sans ambition de recherche scientifique, celle de centaines d'accompagnements.

Cependant, j'ai pu observer que l'immense majorité des personnes ayant subi des viols, incestes, attouchements, au cours de leur enfance, avait une empreinte intra-utérine de l'ordre de « Je ne suis pas comme il faut pour mériter d'être aimé(e) ».

Comment expliquer ce lien, quelle hypothèse peut-on avancer ?

L'empreinte « Je ne suis pas comme il faut pour mériter d'être aimé(e) » conduit à une naissance souvent difficile, voire très difficile.

Cette première expérience de rencontre avec le monde extérieur vient valider et renforcer l'empreinte initiale, avec la variante « Le monde ne m'aime pas, car je ne suis pas comme il faut ».

Les débuts de la vie extra-utérine sont ainsi marqués par le manque de confiance en soi, mésestime de soi, besoin exacerbé de se sentir aimé, avec une très grande peur de ne pas l'être (puisque « Je ne suis pas comme il faut pour mériter d'être aimé(e) »).

Le manque de confiance en soi et la peur de ne pas être aimé conduisent à l'impossibilité énergétique, verbale et comportementale de pouvoir dire « non », par peur d'être rejeté.

L'alchimie du besoin exacerbé de se sentir aimé et l'impossibilité de pouvoir dire « non » créent ce terrain propice à l'envahissement et à l'intrusion.

L'enfant avec ce profil, lorsqu'il est en contact avec un adulte ou un enfant plus grand que lui, qui lui porte de l'intérêt, passe du temps avec lui, l'accompagne dans des activités, va surinvestir affectivement cet adulte.

Il lui devient, alors, quasiment impossible de pouvoir, énergétiquement, verbalement, comportementalement, dire « non » à une intrusion, tant est importante sa peur de perdre l'intérêt de cet adulte, s'il s'opposait à ce qu'il cherche à lui imposer.

Par ailleurs, il est notoire que les adultes ou plus grands enfants, qui commettent des intrusions sexuelles (viols, incestes, attouchements), ont majoritairement été, eux-mêmes, victimes de ces passages à l'acte dans leur enfance, avec le même type d'empreintes de mésestime de soi et qu'à ce titre, ils sont aimantés vers des profils énergétiques et émotionnels semblables.

Ne dit-on pas que ces « prédateurs » ne ciblent pas n'importe quel enfant !

Ils savent au minimum intuitivement reconnaître la vulnérabilité des enfants qui seront leurs victimes.

Je dérange – Je suis mauvais(e) – Je suis en trop – Je ne devrais pas existed

Les personnes qui consultent pour un grand manque d'assertivité, une tendance « maladive » à l'effacement, à la transparence, à tout mettre en œuvre pour surtout ne pas se faire remarquer, pour passer inaperçues, retrouvent souvent en exploration une mère qui cherchait à cacher sa grossesse à son entourage après le désarroi de sa découverte.

L'état émotionnel de la mère qui cherche à cacher sa grossesse imprime ainsi à l'embryon-fœtus qu'il ne doit pas être vu, que pour exister il doit se cacher, voire que pour exister, il ne doit pas exister !

Alors le seul espoir qui reste à la personne avec cette empreinte est d'espérer que si elle se montre la plus discrète possible, si elle passe totalement inaperçue, peut-être qu'elle pourra être acceptée et peut-être aimée !

Cette toute première injonction est de nature paradoxale, similaire à une double contrainte, comme celle vécue, nous le verrons, par l'enfant qui est attendu pour remplacer un bébé précédemment décédé, sur qui les émotions parentales continuent d'être dirigées.

Cette empreinte relève parfaitement des fonctionnements que Virginia Satir a appelés « **modes de survie** », qui correspondent chacun à un moyen différent, pour faire face au sentiment de ne pas se sentir accepté et de se sentir rejeté.

Les empreintes traumatiques de la vie intra-utérine et le concept des modes de survie de Virginia Satir

Virginia Satir, pionnière de la thérapie familiale systémique et à l'origine du courant dit « humaniste », a orienté son action thérapeutique auprès de la cellule familiale, en y détectant les communications interindividuelles dysfonctionnelles, pour y rétablir des communications « saines » et fonctionnelles.

Selon Virginia Satir, nous avons à gérer en permanence trois paramètres fondamentaux :

- **Soi ;**
- **l'Autre ;**
- **le Contexte.**

Ce que Virginia Satir appelle la « Congruence » est la capacité à prendre en compte, de façon équilibrée et harmonieuse, ces trois paramètres, ce qui est relatif à Soi et ce qui est relatif à l'Autre, en tenant compte du Contexte dans lequel la transaction se déroule.

Lorsqu'une personne présente une estime de soi défaillante, l'un ou l'autre de ces paramètres, ou deux, ou les trois, peuvent ne plus être pris en compte.

Ainsi, une personne peut :

Mode de survie « Soumis »

Ne prendre en compte que l'« Autre » et le « Contexte », en oubliant « Soi » totalement :

« C'est de ma faute, je ne fais pas comme il faut ! »

C'est le mode de survie « Soumis ».

Se nier, se culpabiliser d'exister et se sentir responsable des problèmes des autres.

Pour espérer être aimé ou du moins accepté, compte tenu que l'on est intrinsèquement mauvais, il ne faut pas déranger l'Autre, ne pas s'affirmer, ne pas créer de conflit.

Sans l'Autre et surtout sans son jugement négatif, je n'existe plus.

C'est un mécanisme de défense généré par l'empreinte

Pas attendu(e) – Pas désiré(e),

qui génère la conclusion-croyance

Je dérange – Je suis mauvais(e) – Je suis en trop – Je ne devrais pas exister – Je ne suis pas comme il faut.

Éviter tout conflit est le moyen pour espérer être aimé ou au moins être accepté.

C'est le moyen pour se protéger de la menace du rejet.

C'est le stéréotype du harcelé.

Mode de survie « Blâmeur »

Ne prendre en compte que « Soi », en oubliant l'« Autre » et le « Contexte » :

« C'est de ta faute, tu ne fais jamais comme il faut ! »

C'est le mode de survie « Blâmeur ».

Cette adaptation au vécu de rejet, voire de persécution, se manifeste par la tentative de cacher sa vulnérabilité et le sentiment d'échec, en se montrant fort et agressif pour impressionner l'autre et lui faire peur.

Ce mécanisme de défense peut être en lien avec le vécu d'une naissance difficile avec forceps, ou une tentative d'avortement qui a généré la conclusion-croyance « **Le monde est dangereux, la vie est un combat, il faut être le plus fort** ».

Ici, on tente de cacher la vulnérabilité, la mésestime de soi et le sentiment d'échec en se montrant fort, en rejetant la faute sur l'autre et en le culpabilisant.

C'est le stéréotype du dictateur.

Mode de survie « Super raisonnable »

Ne prendre en compte que le « Contexte », en oubliant « Soi » et l'« Autre » :

« Tout cela s'explique scientifiquement, il faut analyser rationnellement ! »

C'est le mode de survie « Super raisonnable ».

Ce mode de survie est caractérisé par l'absence d'émotions relatives à soi-même et relatives aux autres, pour se protéger de la menace du rejet, en faisant comme si elle n'était pas dangereuse.

C'est un mécanisme de défense qui dans le jargon de la psychopathologie et de la psychiatrie est appelé « dissociation ».

C'est le stéréotype du scientifique cartésien.

Mode de survie « Hors de propos »

Ne prendre en compte aucun des trois, ni « Soi », ni l'« Autre », ni le « Contexte » :

« Yop la boum... tcha-tcha... !!! »

C'est le mode de survie « Hors de propos ».

Ici, le moyen de se protéger de la menace du rejet est de se mettre en dehors, de faire comme si elle n'existait pas.

Ce mécanisme de défense peut découler d'une expérience traumatique, qui s'est accompagnée d'une sortie de corps, pour se protéger de la trop grande violence de la situation.

C'est fondamentalement une difficulté d'incarnation.

C'est le stéréotype de l'artiste évaporé, artistiquement fou.

Aimantations Soumis-Blâmeur

Les personnes avec le mode de survie « **Soumis** », caractérisé par la conclusion-croyance « **C'est de ma faute, je ne suis pas comme il faut** », et les personnes avec le mode de survie « **Blâmeur** », caractérisé par la conclusion-croyance « **Le monde est dangereux, la vie est un combat, il faut être le plus fort** », vont s'aimanter très facilement et fonctionner de façon très complémentaire, pour gérer leurs souffrances respectives.

Elles ont en commun le fait de s'être **senties ni attendues ni désirées**.

Mais les unes (Soumis) ne se sont pas senties menacées et se sentent **dépendantes et redevables**, les autres (Blâmeurs) se sont senties menacées et ont dû **se battre** pour survivre, d'où les conclusions différentes et les moyens différents de gérer le fait de ne pas se sentir aimées.

KEVIN NE FAIT JAMAIS BIEN !

Extraits de consultation

Kevin est âgé d'une trentaine d'années, il est marié depuis huit ans et est père de deux enfants.

Je viens parce que c'est compliqué… En fait, c'est que j'ai du mal à prendre des décisions, à prendre des initiatives… J'ai du mal à me positionner… Au travail, j'ai du mal à me faire respecter… Avec mes collègues, c'est… Je crois que j'ai du mal à m'intégrer… Et puis avec les enfants, je ne sais pas toujours… comment m'y prendre… Je veux toujours que ça se passe bien, alors j'ai du mal à leur dire non… Aussi, je ne suis pas assez présent avec les enfants ! Je devrais m'en occuper plus…

Je demande : Qui dit ou pense cela ?

Ben… c'est surtout ma femme, Élodie, c'est elle qui m'a dit de venir vous voir… Elle dit que je suis mou et que je ne prends jamais d'initiatives…

Et vous, qu'est-ce que vous en pensez ?

Eh bien, c'est compliqué, parce que quand j'en prends, la plupart du temps, ça ne lui convient pas ! Si je ne fais rien, ça ne va pas… et si je prends une initiative, ce n'est pas ce qu'elle aurait voulu que je fasse et ça ne va pas non plus.

Alors, je ne sais pas trop comment faire… J'essaye de faire de mon mieux pour qu'il n'y ait pas d'histoires, mais il y en a quand même !

En venant ici, qu'est-ce que vous attendez de moi ?

Eh bien, je ne sais pas, trouver un moyen pour que ça se passe mieux avec ma femme, parce que c'est vrai ça devient compliqué. Je crois qu'on a du mal à se comprendre…

Pour cela, c'est indispensable que je vous rencontre tous les deux, ensemble.

Ah, oui, je lui ai bien proposé de voir quelqu'un ensemble, mais elle ne veut pas, elle dit que c'est moi qui ai un problème et que c'est moi qui dois changer !

Pour vous aider à mieux vous comprendre dans votre couple, le travail que je peux vous proposer nécessite le point de vue de chacun de vous deux, sans votre compagne, je ne peux rien faire qui puisse vous permettre de résoudre les difficultés relationnelles que vous avez ensemble.

Oui mais, si c'est de ma faute, si c'est à cause de moi qu'on a des difficultés ?

C'est vraiment ce que vous pensez ?

Avec un léger sourire.

Non pas vraiment, c'est ma femme qui dit cela.

Très bien, je vous propose de prendre le temps d'en reparler avec votre compagne.

Prenez le temps de lui expliquer ce que je vous ai dit, pour qu'une consultation puisse améliorer les relations dans un couple, il est nécessaire que les deux membres du couple soient présents.

Quelles que soient les difficultés que rencontre un couple, le couple est une alchimie de deux éléments, pour modifier l'alchimie, il est nécessaire d'impliquer les deux éléments.

Quelques semaines plus tard, Kevin reprend rendez-vous pour une démarche, dont il précise qu'elle est personnelle.

Kevin m'explique que sa compagne est totalement opposée à une consultation en couple mais qu'il a pris le temps de réfléchir après notre premier entretien.

Je me suis rendu compte qu'en cherchant toujours à vouloir arrondir les angles, je finissais par obtenir ce que je voulais justement éviter... Je veux toujours faire plaisir pour éviter les disputes, même si ça me conduit à faire des choses que je n'ai pas vraiment envie de faire.

C'est comme si affirmer ce que je voulais me faisait peur, comme si j'avais peur de ne pas être accepté.

Et ça, c'est aussi bien avec ma femme qu'avec mes enfants et au travail aussi...

Alors qu'est-ce que vous attendez de moi par rapport à cela ?

Je voudrais que vous m'aidiez à ne plus avoir peur de dire ce qui est important pour moi.

Très bien, et que voulez-vous ressentir à la place d'avoir peur ?

Je veux me sentir libre et tranquille, sentir que j'ai le droit de dire ce qui est juste pour moi !

Très bien, c'est un très bel objectif !

Que pensez-vous que cela pourra changer dans votre vie ?

Je crois que je me sentirais beaucoup mieux, je me sentirais moins tiraillé, à vouloir toujours ménager la chèvre et le chou et que le résultat final, c'est que le chou est mangé, malgré tout, et que la chèvre est malade de l'avoir mangé ! Je me sentirais plus moi-même !

Qu'est-ce que cela pourrait changer, aussi, dans vos relations avec les gens que vous connaissez ?

Ça risque de les surprendre dans un premier temps... peut-être ça pourrait les déranger, mais de toute façon, comme c'est déjà compliqué, peut-être ça ferait un tri !

Et avec votre compagne ?

Ah oui ! Je ne suis pas sûr que ça lui conviendrait bien, elle a beau me reprocher d'être mou, si je lui disais « non », je ne suis pas vraiment sûr qu'elle serait très contente !

De toute façon, continuer comme en ce moment, on va dans le mur, alors ça passe ou ça casse !

Vous vous sentez prêt à prendre le risque ?

Ça ne sera peut-être pas facile, mais je vois bien que je ne peux plus continuer comme ça ! Je veux vraiment me libérer de cette peur de ne pas être accepté et qui me pourrit la vie !

Kevin adhère à l'hypothèse que sa peur de ne pas être accepté peut être en lien avec une empreinte du passé.

Je lui propose de suivre le fil conducteur que représente l'émotion ressentie quand il n'ose pas affirmer ce qu'il veut vraiment, par peur d'être rejeté, en partant de la dernière situation la plus représentative de cette difficulté.

La dernière fois, quand cela s'est produit, c'est tout récent... Ma femme et moi, on a chacun un bureau dans la maison, où on gère nos affaires professionnelles et ce que l'on a à gérer, chacun, à titre personnel.

Pendant l'hiver dernier, il y a eu une fuite d'eau, et les murs et le plafond de mon bureau ont été tachés.

Je dois refaire la peinture des murs et la déco de mon bureau.

Alors, j'ai choisi des couleurs et une déco qui me plaisaient, et quand ma femme a vu ce que j'avais choisi, elle m'a dit que c'était démodé et moche, que ça n'allait pas du tout avec le style de la maison et que ce serait beaucoup mieux avec les produits et la déco à la mode de son choix.

Pour ne pas faire d'histoires, j'ai accepté de l'écouter, alors que ce qu'elle voulait ne me plaisait pas du tout, pour me sentir bien dans mon bureau.

Avec la relaxation Kevin accède à l'état émotionnel lié à ce moment récent et nous débutons l'exploration de la mémoire consciente et non consciente.

Kevin reconnecte, en premier, un petit garçon de 6 ans qui rentre de l'école avec un dessin qu'il a réalisé à l'école pour la fête des Mères. Tout heureux et fier de son œuvre, le petit garçon offre son cadeau-dessin.

C'est le dessin de la fleur préférée de sa maman, une rose. Après avoir jeté un œil sur le dessin, elle affiche une grimace sur son visage.

Quand t'appliqueras-tu Kevin, tu as encore débordé ! En plus je n'ai jamais vu de roses avec de telles couleurs !

Elle dépose négligemment le cadeau-dessin sur la table.

La fierté et la joie qui animaient, jusque-là, le petit Kevin à la pensée de ce moment se transformèrent brutalement en honte, dévalorisation, déception et sidération.

Après avoir accueilli et reconnu les émotions du petit garçon, j'invite Kevin à laisser sa conscience se diriger vers un évènement plus ancien, cause de cet état de sidération.

Je me sens tout petit, un tout petit bébé... ça bouge... ça appuie sur ma tête... ça me serre... (Kevin grimace.) *ça m'écrase partout... j'étouffe... j'ai peur... je ne vais pas y arriver... Je crois que je suis en train de naître... Oui, je vois de la lumière... Je sens des mains qui m'emportent... Je vois les yeux de maman, ses yeux... ils sont déçus...*

Je l'entends... Elle dit... Je ne sais pas ce qu'elle dit... Je crois qu'elle dit : « Mon Dieu, qu'il est laid ! » Pourquoi je suis là ? Je ne devrais pas être là !

J'invite, de nouveau, Kevin à laisser sa conscience se diriger vers un moment encore plus ancien à l'origine du sentiment « Je ne devrais pas être là ».

Je me sens tout petit, comme si je flottais, c'est froid... J'ai l'impression de me trouver dans une immense grotte... Ah oui... Je vois un fœtus à peine formé... Je suis dans le ventre... Je n'ai pas envie d'être là... C'est triste et froid...

Qu'est-ce qui est triste et froid ?

Je ne sais pas... Je crois que c'est à cause de moi...

J'invite Kevin à placer sa conscience à l'extérieur de l'enveloppe du bébé fœtus et du ventre maternel.

Je vois maman... elle est jeune... elle pleure... elle est assise... Ça a l'air d'être une salle de bains... Elle tient quelque chose dans les mains... Elle regarde ce truc, l'air hébété... J'ai l'impression que c'est un test de grossesse ! Elle ne veut pas...

Trois semaines après cette exploration, Kevin revient pour le travail de résolution, le travail de mise en paix du petit bébé fœtus qui s'est senti en trop et du petit Kevin nouveau-né ainsi que du petit Kevin avec son dessin.

Suite à quoi, Kevin, libéré de cette peur de ne pas être accepté et de la difficulté à dire non qui l'accompagnait, décide de ramener au magasin les produits achetés sur insistance de sa compagne et achète à la place les produits de décoration dont il avait envie.

Lorsque Kevin revient avec les produits de décoration qu'il désire pour son bureau, il est confronté à la colère de sa compagne qui n'accepte pas que son compagnon puisse faire un choix contraire à son avis personnel.

Ensuite, malgré les pressions qu'exerce Élodie sur Kevin, ce dernier « tient bon » et réalise la décoration de son bureau, telle qu'il la désirait.

Après deux mois environ, Élodie me contacte pour prendre rendez-vous.

Elle désire faire un travail pour se sentir mieux, car, dit-elle :

Depuis une dispute avec mon compagnon, j'ai l'impression que tout s'écroule autour de moi, je n'arrête pas de pleurer pour un rien, je me sens fragile et vulnérable, j'ai même envisagé de me séparer… mais je crois que cette idée me fait encore plus peur ! Mon médecin me dit que je fais une dépression, mais je ne veux pas prendre de médicaments !

Les tentatives d'avortement

La confrontation à une tentative d'avortement compte parmi les vécus de la vie qui laissent les empreintes traumatiques les plus fortes et les plus difficiles.

C'est l'expérience de vie la plus paradoxale que l'être humain peut être amené à rencontrer.

Quoi de plus paradoxal et douloureux que « l'être » qui nous porte et nous donne la vie nous menace de nous l'enlever !

Nous sommes dans un processus semblable au syndrome de Stockholm avec une inversion chronologique de la dépendance et de la menace.

Pour les otages, c'est la dépendance qui fait suite à la menace vitale.

Pour le fœtus confronté à la tentative d'avortement, c'est la menace vitale qui fait suite à la totale dépendance.

Dans un cas comme dans l'autre, une association « contre nature » s'établit entre amour, dépendance et menace vitale.

Ce lien va pouvoir engendrer d'autres associations pathogènes dans la vie des personnes, comme associer l'Amour et le rejet.

Par exemple, être attiré amoureusement par des personnes qui seront vécues comme maltraitantes physiquement ou psychologiquement dans un deuxième temps, tout en étant dans un attachement morbide envers ces personnes.

Ce type d'empreinte pourra aussi générer une grande méfiance à l'égard d'autrui et à l'égard du monde extérieur, des difficultés à faire confiance et paradoxalement en même temps être dans une recherche quasi fusionnelle avec l'autre, principalement donc, dans le contexte des relations amoureuses.

Cette empreinte de menace vitale initiale, qui est souvent suivie de traumas sexuels au cours de la petite enfance et de l'enfance, peut conduire d'autres personnes à mettre en place un mécanisme de défense qui consiste à vouloir tout contrôler dans leur vie et plus particulièrement les personnes avec qui elles sont en relation.

Contrôler est le moyen inconscient qu'elles ont trouvé pour se protéger du danger potentiel que représente l'autre.

Nous allons voir plus loin que cela a été le cas pour Élodie, la compagne de Kevin.

Les tendances paranoïdes et les comportements paranoïaques semblent bien aussi en relation avec de telles empreintes de menaces vitales au cours de la vie intra-utérine, soit que la mère ait eu des fantasmes d'avortement, soit qu'elle ait réellement fait une tentative.

Ces tendances paranoïdes vont, très souvent, être validées par des situations familiales, conjugales et professionnelles, de harcèlements autant psychologiques que physiques.

Bien sûr, cette empreinte de menace vitale venant de la mère ne favorise pas une image de soi positive !

Cette empreinte va pouvoir générer un rapport à soi d'autodévalorisation, de culpabilité existentielle.

Lorsque cette culpabilité est réactivée et amplifiée ensuite par un évènement de vie, lui-même aimanté par ce foyer émotionnel latent, cela peut générer un état dépressif profond qui, dans certains cas, peut conduire à des tendances suicidaires, voire au suicide.

La nature des moyens mis en œuvre pour les tentatives d'avortement apporte aussi une touche particulière à l'empreinte globale de menace vitale.

Le recours aux aiguilles à tricoter, très fréquent, avant la légalisation de « l'interruption volontaire de grossesse » est souvent à l'origine de :

- **la bélonéphobie** ou phobie des aiguilles ; et
- **l'aichmophobie** ou phobie plus générale des objets pointus.

Parfois, la menace vitale vécue par le fœtus n'est pas en lien avec une telle intention de la part de la mère.
Une amniocentèse peut générer le même vécu de menace vitale et générer plus tard cette peur panique des aiguilles et des objets pointus.

Les praticiens de santé de cet examen médical seraient bien inspirés d'accompagner et de guider les mamans pour parler à leur bébé afin de l'informer de l'objectif et du déroulement de l'examen (voir *Tout se joue avant la naissance*, p. 182).

Les personnes qui retrouvent ces vécus intra-utérins de menace vitale décrivent très souvent un fœtus qui se recroqueville au plus loin dans la cavité utérine, pour échapper à quelque chose perçu et ressenti comme menaçant, parfois sans perception spécifique dans un premier temps, puis l'identification de l'objet vient dans un deuxième temps, aiguille, curette, etc.
J'ai reçu en consultation de nombreuses personnes victimes de fractures et d'accidents à répétition.

Ces personnes ont retrouvé au cours de leurs explorations en EMC des vécus de tentatives d'avortement, soit par des coups portés sur le ventre, soit par des chutes volontaires ou des exercices physiques violents, en vue de faire « se décrocher » l'embryon.

D'autres fois, ce sont des perceptions de « tsunamis » intra-utérins, menaçant d'engloutir et d'emporter le fœtus dans un tourbillon apocalyptique.

Au cours de ces explorations, en invitant la conscience à se placer à l'extérieur, ce sont alors des scènes de tentatives d'avortement avec des poires à lavements qui sont décrites.

FRANCINE ET LA MENACE DE MORT

Francine est assistante sociale, elle intervient dans le cadre de la protection de l'enfance.

Elle est plus particulièrement chargée de mener des enquêtes sociales, dans les situations de suspicion de danger pour les enfants.

Au cours de l'une de ses dernières enquêtes au domicile de parents ayant fait l'objet d'une « information préoccupante » pour suspicion d'inceste, Francine a été prise à partie par le père et séquestrée, sous la menace d'une arme blanche.

Bien qu'ayant pu repartir du domicile sans dommage physique, après avoir réussi à ramener le père à la raison, le choc émotionnel a été tel que Francine n'a pas pu reprendre son travail et est confrontée depuis à des manifestations dépressives post-traumatiques, selon le diagnostic de son médecin traitant.

C'est à partir de ces évènements que Francine vient me consulter.

Habituée à des situations difficiles dans son travail, elle ne comprend pas l'ampleur de ses manifestations émotionnelles qui lui semblent disproportionnées.

Francine veut comprendre, donner du sens à ce qui n'en a pas pour le moment et surtout pouvoir reprendre son travail, car elle a le sentiment d'y remplir une mission importante.

Francine est déterminée.

Je veux faire un travail avec la Thérapie Enfant Gigogne®.

Convaincu de sa motivation et de ses capacités à pouvoir faire un tel travail d'exploration, je l'informe, néanmoins, que les personnes qui font ce travail peuvent être confrontées à retrouver des éléments qui peuvent remettre profondément en question leur histoire familiale officielle.

Des évènements douloureux passés peuvent avoir été totalement oubliés et des proches ont pu aussi y être impliqués.

Pour aller à la rencontre du ou des foyers émotionnels traumatiques qui ont pu être réveillés, je propose à Francine de se laisser guider par l'émotion ressentie au cours des menaces de mort proférées par ce père soupçonné d'inceste envers une de ses filles.

Lorsque l'état modifié de conscience approprié induit par la relaxation est installé, Francine connecte une première situation.

Hum… Je n'imaginais pas me retrouver là… Je revois la chambre d'hôtel en Belgique où j'étais venue pour me faire avorter, j'avais 18 ans à peine.

À l'époque, j'avais un petit ami, si on peut l'appeler comme ça, car un soir on est allés en boîte de nuit. Il avait trop bu et au retour il m'a forcée à avoir une relation sexuelle.

Le mois suivant je n'avais pas mes règles, j'ai fait un test et j'étais enceinte.

Je n'ai rien dit à ma mère, par peur de sa réaction.

Des amies, un peu plus âgées qui avaient déjà été en Belgique pour avorter, m'avaient donné un contact.

À cette époque, l'IVG n'était pas encore légalisée en France.

Et puis là, dans cette chambre sordide, j'avais rendez-vous avec un médecin qui devait pratiquer l'avortement.

Quand il est arrivé, il m'a demandé l'argent, c'étaient toutes mes économies.

Il m'a dit de me déshabiller, m'a dit que pour pratiquer l'opération, il fallait préparer et agrandir le passage, il a enlevé son pantalon et il m'a violée.

Après, je ne sais plus ce qui s'est passé… Quand je me suis réveillée, il y avait plein de sang sur le lit, j'étais toute seule, il était parti.

Je n'en avais jamais parlé à personne jusque-là (sanglote Francine en se frottant les yeux).

Entraînée par son émotion, Francine poursuit spontanément :

C'est bizarre, ça vient de changer, maintenant je vois… c'est la chambre chez mes grands-parents où j'allais souvent en vacances. Ça me fait drôle…

J'ai l'impression… Je me vois… J'ai 8 ans… Je reconnais la petite robe à fleurs, c'est la même que sur des photos… Je suis sur le lit, ça doit être en été, j'ai juste cette petite robe… Ça doit être l'heure de la sieste parce qu'il ne fait pas nuit…

Je me sens inquiète… Je ne suis pas tranquille… comme si je sentais que quelque chose allait arriver…

J'entends la porte grincer doucement, je fais semblant de dormir pour ne pas attirer l'attention… mais les pas se rapprochent… quelqu'un s'assoit sur le bord du lit… Je reconnais l'odeur… C'est l'odeur de mon grand-père. Il me caresse le visage, la poitrine et puis sa main vient entre mes cuisses… Il me dit que je suis mignonne, que je suis sa préférée… Il me prend la main et la glisse contre lui… contre son sexe…

Il me retourne… Non je ne veux pas… C'est pas possible… pas ça !

Francine en larmes, crispée, décrit ensuite une scène de viol, au cours de laquelle elle dit avoir l'impression qu'elle va mourir.

En quittant la chambre, le grand-père chuchote à l'oreille de la petite fille :

C'est un secret entre nous, un secret, il ne faut jamais le dire car sinon, ça peut faire mourir.

Francine identifie et comprend les liens entre sa dépression, suite à la séquestration qu'elle a subie comme professionnelle, et les deux scènes retrouvées.

La situation professionnelle avec la séquestration et la menace vitale proférée par le père soupçonné d'inceste est venue réactiver les émotions de l'épreuve de l'avortement et du viol simultané des 18 ans (viol partiellement oublié ou voilé et remis à la lumière de la conscience par l'exploration en EMC).

La jeune Francine se trouvait dans une chambre seule et à la merci du médecin violeur.

Puis c'est le viol de la petite fille de 8 ans qui est réactivé et qui se déroule avec des caractéristiques semblables, dans une chambre seule et à la merci du grand-père violeur qui profère une menace de mort « subtile » si la petite Francine parle :

« … un secret, il ne faut jamais le dire car sinon, ça peut faire mourir. »

Après le travail de mise en paix de la petite fille de 8 ans et de la jeune femme de 18 ans, les manifestations post-traumatiques, comme l'état dépressif, l'hypervigilance, l'anxiété et la reviviscence de la séquestration, ont progressivement disparu.

Cependant, durant les semaines qui suivent, à plusieurs reprises, pendant son sommeil, Francine s'est réveillée après avoir fait un rêve-cauchemar où elle se sentait menacée.

À chaque fois, je me réveille en sursaut, comme si quelqu'un voulait pénétrer dans la chambre et me faire du mal, me tuer... En fait, j'ai l'impression que dans mon rêve, je suis en train de dormir et que là où je suis, quelqu'un veut entrer et me tuer... Et quand je me réveille, je ne sais pas vraiment si c'était un rêve ou bien si quelqu'un avait réellement essayé de rentrer. Mais en fait, après, je me rends bien compte que j'avais rêvé.

Encouragée par l'amélioration de son état, Francine veut comprendre l'origine et le sens de ce rêve récurrent. « Ce rêve n'est pas là par hasard ! » dit-elle en demandant à faire une nouvelle exploration de sa mémoire non consciente.

J'explique à Francine qu'il est possible que la libération du foyer émotionnel traumatique de la petite fille de 8 ans ait pu permettre à un foyer émotionnel, plus ancien, de commencer à remonter à la surface de la conscience ordinaire.

Il est donc possible aussi, comme pour la première exploration, que des évènements oubliés encore plus anciens lui apparaissent et puissent bouleverser sa vision d'elle-même, de sa propre histoire et de celle de sa famille.

Déterminée, Francine me répond :

Je préfère marcher en étant éclairée, plutôt qu'avancer dans l'obscurité, il y a moins de risque de se cogner !

Je propose donc à Francine de se laisser guider par l'émotion ressentie dans son rêve récurrent.

Je me sens toute petite... toute petite... C'est ça, je suis dans le ventre... à peine formée... C'est froid... Oh là là... C'est pas la joie... Je sens des coups sourds comme dans une caverne, ça fait tout bouger... J'ai peur d'être emportée comme dans une tempête... Je me sens pétrifiée...il y a quelque chose qui s'approche... je me sens en danger...

J'invite Francine à diriger sa conscience à l'extérieur pour observer ce qui est en train de se passer.

Je vois maman… Oui, c'est bien ça, elle a 18 ans… Elle est assise sur les toilettes… Elle pleure… Elle se frappe le ventre… Elle prend un truc allongé… comme une grande aiguille… une aiguille à tricoter !

Oh ! c'est… c'est terrible… elle écarte les jambes et rentre l'aiguille… C'est ça que j'ai vu qui s'avançait…

Elle crie et puis elle jette l'aiguille, j'ai l'impression qu'elle dit « salaud »…

Elle a les yeux rouges de colère et d'impuissance… C'est comme si je voyais dans ses pensées… Je vois une chambre… C'est la chambre chez mon grand-père… c'était la chambre de maman… Je la vois là dans sa chambre, elle a le même âge, elle a 18 ans… Elle n'est pas toute seule… il y a grand-père, il est tout jeune, c'est son père…

Non ! C'est pas possible !

Non, je suis en train d'inventer !

Je vois ce qui s'est passé… Mon grand-père l'a violée, elle est tombée enceinte et elle a voulu avorter…

En larmes, Francine s'écrie :

Mon grand-père, c'est mon père !

Revenue à la conscience ordinaire Francine rassemble les éléments de son puzzle.

Même si je me demande si je n'ai pas tout inventé pour le viol de ma mère, je comprends pourquoi tout le monde dit que je ressemble à mon grand-père.

J'ai toujours eu l'impression que ma mère portait un secret.

En fait, tout ça, c'est choquant pour ma tête, mais au fond de moi, je crois que je le savais…

En tout cas, je crois que je pourrais presque dire merci à cet homme qui m'a menacée avec son couteau.

C'est à cause de lui ou grâce à lui, je ne sais pas encore très bien, que je vais peut-être pouvoir avancer sans trop me cogner avec ce qui a été éclairé !

Le couteau de cet homme, l'aiguille à tricoter, la menace de mort, la menace de la tentative d'avortement, la suspicion d'inceste sur cet homme, les incestes subis par ma mère et moi, l'inceste subi par ma mère à 18 ans, le viol que j'ai subi au même âge par mon copain… C'est fou !

ÉLODIE ET LE « NON » DE KEVIN

Élodie est la compagne de Kevin, dont j'ai présenté l'histoire « Kevin ne fait jamais bien », dans la partie « Pas attendu(e), pas désiré(e) ».

Kevin avait peur de ne pas être accepté s'il s'affirmait et, suite à son travail, avait réussi à affirmer son désir pour la décoration de son bureau personnel, malgré l'avis divergent et les pressions de sa compagne Élodie.

Quelque temps après l'acte d'assertivité de Kevin, rappelons-nous, Élodie prend rendez-vous.

Depuis une dispute avec mon compagnon, j'ai l'impression que tout s'écroule autour de moi, je n'arrête pas de pleurer pour un rien, je me sens fragile et vulnérable, j'ai même envisagé de me séparer... mais je crois que cette idée me fait encore plus peur... Mon médecin me dit que je fais une dépression, mais je ne veux pas prendre de médicaments !

Depuis ce jour que Kevin s'est imposé, alors que je me plaignais souvent de sa mollesse, j'ai l'impression que quelque chose s'est cassé en moi.

Avant je me sentais forte et là, c'est comme si j'étais à nu, que plus rien ne me protégeait, comme si une armure s'était volatilisée et me laissait sans défense... Je ne me reconnais pas !...

Informée par son compagnon de la méthode utilisée pour le travail qu'il a réalisé, Élodie souhaite suivre la même démarche tant, dit-elle, elle a l'impression que son compagnon est tellement transformé !

Élodie choisit le moment quand elle a vu son compagnon se préparer pour retourner peintures et accessoires au magasin, comme moment le plus représentatif de l'état émotionnel d'effondrement qu'elle ressent depuis cet instant.

En état modifié de conscience et guidée par cette émotion, Élodie plonge directement dans la période de la vie intra-utérine.

Comme c'est souvent le cas, sa conscience se pose d'abord en périphérie du moment de l'expérience traumatique qui va être retrouvée.

Je me sens et me vois en même temps, petit fœtus, peut-être de 2 mois.

C'est confortable, j'ai de la place... Je me sens bien... J'ai l'impression d'être chez moi... C'est tranquille...

J'invite Élodie à laisser sa conscience avancer dans le temps, comme au ralenti.

Son visage se crispe et s'assombrit, son corps tout entier se contracte. Je l'interroge.

Que se passe-t-il ?

Je ne sais pas ce qui se passe... ça secoue... C'est comme des vagues immenses qui veulent m'emporter... J'ai peur... Je tourne dans tous les sens... Je vais être aspirée... Il faut que je m'accroche... Non j'veux pas !...

J'invite Élodie à conduire sa conscience à l'extérieur du ventre maternel et observer ce qui est en train de se passer.

Je vois maman, elle n'arrête pas de sauter... Elle se tient le ventre avec ses mains... Elle a l'air désespérée... Elle tape très fort avec ses pieds... Elle a les jambes un peu écartées... Comme si elle voulait faire tomber quelque chose du bas de son ventre !... Mais c'est moi qu'elle veut faire tomber !...

Élodie se sent alors envahie par un grand désespoir. Elle se recroqueville en position fœtale et dit :

C'est mon monde qui s'effondre... Je me sens trahie...

M'adressant à Élodie femme, je lui demande si elle souhaite identifier la cause du comportement de la maman de ce tout petit bébé fœtus.

Désireuse d'en identifier la cause, Élodie reconnecte une scène de dispute entre la maman et le père biologique qui, apprenant la nouvelle de la grossesse, décide de quitter cette dernière.

Alors que jusque-là, la jeune maman acceptait sa grossesse, le départ de son « amour récent » la plonge dans un grand désespoir et tente de faire « passer le bébé » en sautant pour le faire se décrocher.

Attendu pour l'autre sexe

Quand la grossesse est attendue et désirée par la mère et par le père, mais qu'ils attendent un enfant du sexe opposé, on pourrait penser que les possibilités et les probabilités d'empreintes, telles que « Je ne suis pas comme il faut pour mériter d'être aimé(e) », soient nettement moindres, voire inexistantes !

D'un point de vue extérieur, les conditions peuvent paraître plus favorables, mais du point de vue direct de l'embryon-fœtus, la situation n'est pas aussi simple.

C'est ce que révèlent les explorations menées en EMC, avec les personnes dont la mère ou le père désirait bien avoir un enfant, mais un enfant de l'autre sexe.

Toujours à partir des reviviscences des personnes en EMC, l'embryon-fœtus qui se sent attendu pour le sexe qu'il n'a pas semble être confronté à une très grande peur de décevoir !

La peur de décevoir paraît être proportionnelle à l'intensité du désir de la mère ou du père, voire des deux parents, d'avoir un enfant de l'autre sexe.

La conclusion de l'embryon-fœtus, traduite en langage « extra-utérin », est :

« Je ne suis pas comme il faut pour mériter d'être aimé »,

avec les déclinaisons :

« Je vais décevoir – Je ne suis pas à la hauteur de ce que l'on attend de moi. »

La première conséquence la plus fréquente de ce marquage va se produire au moment de la naissance.

Comme dans le cas précédent, la perspective de la confrontation aux regards maternel et paternel est redoutée, ce qui conduit facilement à une naissance potentiellement difficile.

Mais surtout, c'est dans la phase finale de la naissance, le moment de la sortie, le moment du premier regard porté sur l'enfant, qu'une nouvelle empreinte s'opère.

De fait, à ce moment, du point de vue du bébé nouveau-né, la réalité de sa défaillance à ne pas être du sexe attendu (même si une échographie l'a déjà révélée) s'impose à tous !

Le nouveau-né est confronté au jugement premier !

Son empreinte est de ne pas être comme il faut aux yeux des autres !

Plus tard, devenu enfant à l'école ou adulte au travail, lorsqu'il devra prendre la parole devant une assistance, sous le regard des personnes, l'empreinte sera réactivée inconsciemment et les manifestations symptomatiques de cette empreinte seront des difficultés à s'exprimer, de la tachycardie, des sueurs de stress, des rougissements incontrôlables.

LA PEUR DE ROUGIR D'AMANDINE

Extraits de consultation

La situation d'Amandine illustre parfaitement les manifestations liées à cette empreinte.

Lorsque Amandine vient me consulter, elle exerce la profession d'assistante sociale et se trouve confrontée à des troubles d'éreutophobie, peur de rougir, avec rougissements irrépressibles pour prendre la parole en groupe.

Depuis toute petite… aussi longtemps que je me souvienne, déjà à l'école primaire, lorsque j'étais interrogée et encore plus si je devais passer au tableau pour dire une récitation devant toute la classe, j'avais la peur au ventre et je devenais toute rouge.

Parfois j'étais incapable de sortir un mot, et la maîtresse me punissait pour ne pas avoir appris ma récitation, alors qu'à la maison je savais la réciter parfaitement bien.

J'ai malgré tout réussi à suivre une scolarité normale, mais au prix de bien des humiliations.

Mon travail d'assistante sociale m'a jusque-là protégée de ce handicap, c'est un peu comme si mon statut, face à ces personnes, était une protection.

Mais depuis peu, de nouvelles orientations au niveau du service où j'interviens me demandent de participer à des commissions, où siègent des élus et des responsables administratifs, pour présenter les situations qui sont débattues.

Depuis ce changement dans ma fonction, c'est l'enfer pour moi.

Deux jours avant la date de la commission où je dois prendre la parole, j'ai la boule au ventre, je n'arrive pas à dormir, j'angoisse.

Amandine veut se libérer de ces manifestations, avant et pendant les réunions de cette commission, et pouvoir prendre la parole devant les différentes personnalités, membres de cette commission.

Très motivée, Amandine est déterminée pour aller explorer sa mémoire non consciente et identifier l'empreinte traumatique qui génère ces rougissements qu'elle ne supporte plus.

Extraits de l'exploration en EMC

En EMC et guidée par l'émotion de la dernière situation de prise de parole devant l'auditoire de personnalités politiques et administratives, Amandine se trouve propulsée en classe de CP, au moment de la rentrée scolaire.

Le maître fait l'appel.

À l'énoncé de leur nom, les enfants doivent se lever et répondre présent.

Au fur et à mesure de l'avancée sur la liste, la petite Amandine sent son cœur qui bat de plus en plus vite.

Quand, dans une sorte de résonance lointaine, elle entend son nom, elle se lève et sent ses petites jambes vaciller sous son poids.

Rouge de peur et de honte de se montrer ainsi, elle bafouille un « présente » qui lui vaut tous les rires de la classe.

Après avoir permis l'accueil des émotions de la petite Amandine et leur libération au travers du corps d'Amandine en EMC, j'invite cette dernière à laisser sa conscience se diriger vers un évènement plus ancien, cause de l'état de panique de la petite Amandine de 5 ans, au moment du rituel de l'appel des élèves.

Je me sens tout écrasée, j'ai la tête comme dans un étau… Ça me serre… Je ne sais pas ce qui se passe… J'ai un tout petit corps… C'est un corps de bébé… C'est comme si j'étais poussée et écrasée en même temps… Ça fait mal, j'ai du mal à respirer… Je vois de la lumière… J'ai pas envie d'y aller… J'ai peur… Oh ! je sors, je suis en train de naître ! Je me sens soulagée, ça y est je suis libérée… De grandes mains me soulèvent… J'entends « C'est une fille ». Je vois les yeux de maman, ses yeux sont déçus… Je me sens fautive… Je voudrais disparaître, repartir… J'ai l'impression de m'évanouir, de me dissoudre…

J'invite Amandine à conduire sa conscience à la cause de l'émotion de la petite nouveau-née, de se sentir fautive sous le regard de sa maman.

Je me sens toute petite... Oui, je suis à peine formée, comme un haricot... Je flotte... Je me sens tranquille... C'est chaud... Je sens maman heureuse, je sens ses mains tout autour, posées sur le ventre... Maman est heureuse de me sentir dans son ventre... (silence, l'expression du visage change et s'assombrit).

Maintenant, je sens maman tendue et inquiète... J'entends des bruits sourds, des battements sourds aussi, comme des battements de cœur...

J'invite Amandine à diriger sa conscience à l'extérieur de l'enveloppe du bébé fœtus.

Maman est allongée, elle a les jambes écartées, il y a une personne habillée de blanc assise à côté. Elle promène quelque chose sur son ventre... Il y a papa aussi, à côté de maman... La personne en blouse blanche dit quelque chose... Papa n'est pas content... Il s'éloigne de maman, comme s'il était en colère... Oui... papa attendait un garçon, il est en colère que je sois une fille !

Se nier pour espérer être aimé

Une autre conséquence de l'empreinte « Je vais décevoir » est de vouloir être parfait pour compenser le handicap originel et espérer être aimé.

Comment être garçon si je suis une fille, comment être une fille si je suis garçon ?

J'ai beau faire de mon mieux et tous les efforts qu'il m'est possible, je ne serai jamais l'autre sexe, pour vraiment être aimé(e) !

Sauf... sauf si le délire sociétal de toute-puissance lié aux progrès techniques de la médecine me donne l'illusion déstructurante de le pouvoir et m'encourage à demander que l'on me prénomme d'un prénom de l'autre genre et de m'autodécréter transgenre !

L'attente perçue et ressentie par l'embryon-fœtus l'imprègne tellement que cela influence son développement morphologique et comportemental après la naissance :

– Un garçon qui s'est senti attendu comme fille pourra développer une morphologie et des attitudes socialement féminines pour espérer être aimé, malgré son « handicap » d'être garçon.

– Une fille qui s'est sentie attendue comme garçon pourra développer une morphologie et des attitudes socialement masculines pour espérer être aimée, malgré son « handicap » d'être fille.

L'impact de ce type d'empreinte sur la morphologie et le comportement met bien en exergue combien le besoin d'amour et la façon dont il est satisfait sont vitaux et déterminants pour toute la vie.

La puissance de cet impact peut, d'un certain point de vue, s'apparenter à la dépendance qu'une drogue peut générer avec les actes irrépressibles qui en découlent.

De toute évidence, l'enfant est prêt à renoncer à qui il a choisi d'être initialement pour espérer être aimé.

L'enfant est prêt à se sacrifier, voire se faire mutiler, pour obtenir de la reconnaissance, de l'amour, pour correspondre à ce qu'il a perçu que l'on attendait de lui, pendant les tout débuts de sa construction intra-utérine !

Quel cadeau empoisonné offre-t-on à ces enfants, lorsqu'en pleine recherche de leur identité, à la puberté, à l'adolescence, on accède à leur demande de prendre un prénom de l'autre genre !

On leur donne l'illusion qu'ils renouent enfin avec qui ils avaient choisi d'être initialement, alors qu'ils ne font que répondre, « addictivement », à une attente subtile de leurs parents d'avoir un enfant de l'autre sexe, attente qu'ils avaient perçue au cours de leur vie intra-utérine !

Plutôt que d'accéder aveuglément et immédiatement à cette demande de changement de genre de prénom, qui n'est donc qu'une demande à se conformer à cette attente initiale des parents (pendant la vie intra-utérine), ne serait-il pas plus éducatif, structurant, pour l'enfant et pertinent pour les adultes que de permettre à l'enfant de prendre le temps, de l'encourager, lui et sa famille, à prendre conscience des enjeux passés, familiaux et transgénérationnels, au sujet de cette question de genre ?

Peut-être épargnerait-on à beaucoup les mutilations chirurgicales qui font souvent suite à la revendication de changement de genre.

Comme bien souvent, notre société avec son idéologie matérialiste privilégie le « bistouri » pour traiter le symptôme plutôt que la cause, croyant apporter une solution, alors qu'elle ne fait que créer un problème supplémentaire !

Si l'on voulait « paumer » encore plus les enfants (qu'ils ne le sont) par rapport à leurs repères, on ne pourrait pas mieux faire !

Attendu pour remplacer un « mort »

La souffrance morale occasionnée par une fausse couche tardive, le décès d'un bébé ou d'un enfant, peut conduire les parents à vouloir au plus vite un autre enfant pour remplacer celui décédé, en espérant qu'ainsi, le deuil serait plus facile à réaliser.

Si la démarche paraît bien humaine et tout à fait compréhensible, pour l'enfant puîné, une fois encore, cela n'est pas toujours aussi simple.

L'enfant qui est attendu dans ces conditions se retrouve avec la référence : « Pour exister et mériter d'être aimé, il faut être mort ! »

Dilemme fou, puisque « Si je veux être aimé, je dois être mort » ou « Si je veux vivre, je ne peux pas être aimé ».

Vivre comme se sentir aimé correspondent bien sûr à deux aspirations fondamentales.

Se priver de l'une pour avoir l'autre relève du « choix de Sophie » et génère, donc, une situation intenable qui, dans « le moins pire » des cas, ne peut que conduire à des troubles névrotiques.

Parfois, la souffrance des parents est telle que cela les conduit à donner à l'enfant puîné le même prénom que celui qui était destiné au bébé mort-né.

D'autres fois, c'est le prénom d'un adulte de la famille récemment décédé qui est donné.

Si l'intention est « bonne », le fardeau que cela peut représenter pour l'enfant porteur du prénom du défunt semble énorme à porter.

Se sentir exister au travers de la reconnaissance accordée à une tierce personne, par ailleurs décédée, est quelque chose de très paradoxal.

À nouveau, le message implicitement émis est que pour être important et considéré, il vaut mieux être mort.

Par ailleurs, le prénom du défunt ainsi réattribué à son « remplaçant » et le remplaçant lui-même aussi « agissent » comme un ancrage qui réactive inconsciemment les émotions douloureuses en lien avec la disparition du défunt.

Le « remplaçant » peut finir par être habité, en quelque sorte, par le fantôme du défunt, voire devenir même ce fantôme.

LES CRISES D'ANGOISSE DE NORBERT

Extraits de consultation

Norbert est âgé de 23 ans, il vient consulter pour des crises d'angoisse.

Passionné par la pratique de la natation, celui-ci est de plus en plus contrarié par l'irruption soudaine de ces crises qui deviennent invalidantes pour sa pratique sportive et pour sa vie quotidienne même.

Quand ces crises sont-elles apparues ?

Je me souviens bien, c'est quelques jours après l'anniversaire de mes 17 ans que j'ai fait ma première crise d'angoisse, j'ai vraiment cru que j'allais mourir...

Je me préparais pour aller à mon entraînement et ça m'a pris d'un seul coup, j'avais l'impression que j'allais mourir étouffé, comme si j'étais en train de me noyer...

Qu'est-ce que vous viviez de particulier, d'inhabituel, pendant cette période qui a précédé vos 17 ans ?

Je ne crois pas qu'il y avait quelque chose de particulier, tout allait bien, j'avais de bons résultats scolaires, j'étais en première... Je m'entraînais pas mal, mais j'aimais ça... Je me mettais peut-être un peu la pression, je voulais être à la hauteur pour gagner des compétitions... Je ne voulais pas décevoir mes parents, surtout ma mère qui s'est beaucoup investie pour m'accompagner aux entraînements et aux compétitions… Mais bon… ça n'était pas nouveau, ça n'était pas différent de d'habitude…

Ce type de symptômes est souvent en lien avec une naissance difficile, au cours de laquelle le bébé s'est senti écrasé et étouffé pendant la première phase de contractions, avec le col de l'utérus toujours fermé.

Je demande à Norbert s'il a des frères et sœurs et ce qu'il sait des conditions de sa vie intra-utérine ainsi que des conditions de sa naissance.

Je suis fils unique… J'ai toujours entendu ma mère dire qu'elle était très heureuse quand elle a su qu'elle était enceinte et encore plus quand elle a su, avec l'échographie, que j'étais un garçon… Elle dit aussi que son accouchement s'est bien passé…

Et après la naissance ?

Il paraît que quand j'étais bébé, je pleurais beaucoup et qu'il fallait toujours me porter dans les bras…

Les informations dont dispose Norbert au sujet de sa vie intra-utérine et de sa naissance paraissent « idéales », seul le fait que le bébé pleurait beaucoup contraste avec les autres éléments idylliques.

Rappelons-nous que l'accouchement est le vécu de la mère et que la naissance est le vécu du bébé.

Il est donc fréquent qu'un accouchement bien vécu par la mère puisse être une naissance difficile pour le bébé.

Sachant que ce vécu difficile du bébé passe par ailleurs inaperçu aux yeux de la mère et du personnel médical, je m'interroge sur la nature du vécu de la naissance de Norbert.

Déjà informé de la méthode de la Thérapie Enfant Gigogne®, Norbert souhaite faire une exploration pour identifier l'origine de ses crises d'angoisse.

Je veux m'en libérer pour vivre pleinement ***ma vie à moi****.*

(Il est très fréquent que l'inconscient dise littéralement la nature du traumatisme vécu par l'enfant que nous avons été lorsque nous présentons ce qui nous est difficile à vivre.)

C'est cette extraordinaire capacité de l'inconscient à délivrer littéralement « des secrets », en passant par une forme apparemment métaphorique, que j'ai évoquée dans la partie « Structures des expériences traumatiques passées et structures des problèmes du présent ».

Extraits de l'exploration en EMC

En EMC et connecté à sa dernière crise d'angoisse, Norbert plonge directement dans le vécu d'une naissance anxiogène, « peur de mourir », « peur d'y aller », « peur de ne pas être à la hauteur », « peur de décevoir ».

Invité à laisser sa conscience aller à la cause de toutes ses peurs, Norbert reconnecte le moment au cours duquel sa maman prend conscience qu'elle est enceinte.

Je suis tout petit... Je vois mes mains à peine formées... Je me sens bien, c'est comme si je flottais, comme si je flottais en apesanteur dans l'eau... J'ai l'impression d'être attendu... comme si j'étais important... Je sens maman... je la sens heureuse que je sois là... et c'est bizarre... je sens aussi de la tristesse... comme si derrière sa joie, il y avait une grosse peine...

Quelle est cette peine qui est cachée derrière la joie de maman ?
Je ne sais pas...

Laissez votre conscience se diriger vers la cause de la peine de maman.

C'est bizarre... Je vois une petite fille... elle doit avoir 12-13 ans... Elle joue... elle joue... il y a du sable... oui c'est au bord de la mer... c'est sur une plage... Ça doit être l'été parce qu'elle est en maillot de bain... elle a de grandes couettes... Mais c'est maman quand elle était petite ! Je l'ai vue comme ça, avec des couettes sur des photos... Elle a l'air joyeuse... Mais là... je la vois courir... elle court au bord de l'eau en criant, il y a d'autres personnes, des adultes... ils ont l'air affolés...

Un homme se jette à l'eau... il nage vers... vers quelqu'un qui est loin comme s'il était emporté, peut-être en train de se noyer... Je vois la jeune fille... elle est désespérée... c'est quelqu'un qu'elle connaît... je crois qu'il s'est noyé !

Qui est-ce ?
Je ne sais pas…

Le visage de Norbert se crispe, une larme coule sur sa joue.
Si, vous savez.
C'est idiot, c'est comme si c'était son grand frère… mais c'est pas possible, je n'ai jamais entendu parler que maman avait eu un frère !

Des sanglots… Un long silence. Puis Norbert s'écrie :
Maman me voulait pour remplacer son grand frère !

Le lendemain de la séance, Norbert est allé interroger sa mère au sujet de la scène qui lui est apparue au cours de son exploration.

D'abord réticente, elle a révélé le secret de l'existence du grand frère emporté par une grosse vague et noyé sur une plage de l'Atlantique.

Le décès du grand frère fut un tel traumatisme dans la famille que tous pour ne pas réactiver la peine liée au drame et protéger chacun ont décidé implicitement de ne plus jamais parler de la noyade de Norbert, car le grand frère s'appelait Norbert et venait d'avoir 17 ans lorsqu'il est décédé !

Suite à ce travail et à cette levée du secret familial, Norbert a décidé de porter son deuxième prénom d'état civil « **pour vivre pleinement sa vie à lui** » !

Attendu pour maintenir le couple parental ensemble

REBECCA, « LA FEMME JETABLE »

Extraits de consultation

Je voudrais redonner ici l'exemple de Rebecca, que j'ai déjà relaté dans *Tout se joue avant la naissance*, qui est une illustration de la puissance de l'impact possible d'une telle attente.

Au cours du premier entretien, Rebecca explique qu'elle se sent en dépression.

Dans ses relations amoureuses et aussi professionnelles, elle a le sentiment d'être utilisée pour, ensuite, être jetée quand on n'a plus besoin d'elle.

Rebecca m'explique que son amant Damien vient de la quitter.

Lorsqu'elle l'a rencontré, Damien était marié et était en difficulté dans sa vie de couple.

Une relation amoureuse s'est créée alors entre Rebecca et Damien qui affirmait à Rebecca qu'il voulait divorcer, mais qu'il lui fallait du temps pour ne pas mettre ses deux enfants en difficulté.

Rebecca s'est alors beaucoup investie pour soutenir Damien, acceptant cette place de maîtresse et de confidente de ses difficultés, avec l'espoir d'une relation stable à venir, allant même jusqu'à déménager pour se rapprocher de Damien et faciliter les temps de rencontres clandestines.

Après presque trois années de cette situation, l'épouse de Damien apprenant la liaison de son mari avec Rebecca décidait de divorcer.

Rebecca a alors eu le sentiment que sa patience et ses efforts allaient enfin lui permettre de vivre cette relation stable tant désirée.

Quelque temps après que son divorce a été prononcé, Damien annonçait à Rebecca qu'il arrêtait leur relation…

Rebecca m'expose ensuite ses déboires professionnels, avec une histoire étrangement ressemblante.

Rebecca travaillait comme secrétaire assistante d'un chef de service, dans une entreprise commerciale.

Pour des raisons économiques et de rentabilité, ce service et le poste du chef de service par conséquent étaient menacés de disparition.

Rebecca a alors mobilisé toute son énergie et ses compétences pour redresser la situation en remplissant le carnet de commandes du service grâce aux nombreux démarchages qu'elle avait effectués.

À la suite de quoi, la situation du service étant stabilisée, seul le chef de service en fut considéré comme le sauveur et quelque temps après, le poste de Rebecca était considéré comme superflu et trop coûteux, et elle fut congédiée.

Consciente de ces répétitions douloureuses, Rebecca voulait en comprendre les raisons et surtout s'en libérer.

Dans l'état de conscience induit par la relaxation, Rebecca se sent « tout petit fœtus », elle se sent bien et confortable :

C'est bizarre, je me sens importante, j'ai comme l'impression d'être utile, de servir à quelque chose, et c'est agréable.

Invitée à identifier la cause de ce ressenti, elle sent sa maman avec un fond d'inquiétude mais dans cet instant heureuse, comme rassurée par son « bébé », là, dans son ventre.

Puis brusquement, Rebecca a l'impression que tout s'écroule, une profonde tristesse l'envahit, tout devient sombre.

J'ai l'impression d'avoir déçu, d'être de trop, que je dérange.

J'invite Rebecca à laisser sa conscience la guider à la cause de cet état.

Alors, Rebecca perçoit sa maman, les mains sur son ventre, face à son compagnon, en train de lui dire qu'elle est enceinte, une violente dispute s'ensuit et ce dernier s'en va en claquant la porte !

La maman se trouve très désemparée, elle s'écroule sur son lit, en pleurs, l'espoir qu'elle semblait fonder sur cette grossesse s'est écroulé.

Elle se met à douter et regarde maintenant la venue de ce bébé comme un fardeau à vivre.

Elle envisage même d'avorter.

J'invite Rebecca à laisser sa conscience aller à la cause de cette profonde déception en lien avec tous les espoirs ressentis que sa maman avait mis sur la venue de ce bébé.

Rebecca voit alors ses parents dans un moment qu'elle identifie comme antérieur à la scène précédente.

Ces derniers ont une relation sexuelle dont Rebecca ressent confusément que sa maman provoque cette relation sexuelle avec l'espoir, caché à son compagnon, d'avoir un nouvel enfant.

Invitée à aller à la cause de cet objectif caché de la maman, Rebecca perçoit sa maman seule cette fois, elle lui apparaît fébrile et stressée.

Puis, elle la voit extraire d'une veste qui semble être une veste de son compagnon un papier, une lettre qu'elle lit, et éclate alors en sanglots.

Rebecca perçoit et « intuitionne » que sa maman découvre que son mari a une liaison amoureuse avec une autre femme.

Rebecca réalise alors que sa maman a voulu avoir un autre enfant avec l'espoir secret de contraindre moralement son mari à rester avec elle.

Rebecca a alors un éclair de conscience fulgurant qui lui éclaire parfaitement ses schémas répétitifs de vie.

J'ai été conçue pour permettre à ma mère de garder son mari, mon existence même s'est identifiée à cette mission qui, en plus, a échoué quand elle a annoncé à mon père qu'elle était enceinte.

C'est comme si j'avais été programmée pour servir l'autre, et le but, en quelque sorte, atteint, j'échoue pour moi, en étant rejetée !

Revenue à la conscience ordinaire et à la raison « raisonnable » et bien qu'ayant eu cet *insight* fulgurant, Rebecca était assez dubitative au sujet de ces informations sur son passé et celui de ses parents.

Rebecca savait, bien sûr, que son papa avait quitté sa maman au cours de la grossesse qui l'avait portée, mais pour le reste concernant les conditions de sa conception, comme dans la plupart des familles, il n'en avait jamais été question !

Rebecca est donc allée interroger sa mère qui lui a répondu :

« Mais comment sais-tu cela, je n'en ai jamais parlé à personne ! »

Les pertes gémellaires

Vue de l'extérieur et comparée aux empreintes de tentatives d'avortement, la perte d'un embryon ou d'un fœtus jumeau pourrait apparaître moins douloureuse.

L'intensité des manifestations émotionnelles que j'ai eu l'occasion d'observer chez les personnes qui ont retrouvé un vécu de perte gémellaire m'a amené à classifier ce vécu parmi les plus douloureux et parmi ceux qui laissent le plus de traces délétères, comme les vécus de tentatives d'avortement et de viols.

Claude Imbert, docteure en médecine qui s'est beaucoup intéressée à la vie intra-utérine et aux pertes gémellaires, affirme dans son livre *Un seul être vous manque, auriez-vous eu un jumeau ?*, aux éditions Visualisation holistique, qu'approximativement 15 % des grossesses physiologiques débutent en gémellité, suivies de la disparition inaperçue d'un des embryons, dans les premiers jours ou premières semaines de grossesse.

Statistiquement parlant, cela veut dire que nous avons été nombreux à avoir été confrontés à ce vécu et à son empreinte avec les conséquences qui en découlent !

Les descriptions des vécus fusionnels gémellaires sont étonnamment similaires aux descriptions des ressentis d'Amour absolu de l'avant-incarnation et du ressenti de l'énergie d'amour au cours des expériences dites « de mort imminente ».

C'est sans doute pour cela que la disparition de l'un des jumeaux est tellement douloureuse pour l'autre.

Cette perte du fœtus jumeau s'accompagne, là encore, de ressentis semblables à ceux décrits dans les revécus de descente dans l'incarnation, sentiment d'abandon, de déchirement, de perte d'une part de soi, de solitude, de tristesse, de désespoir, de culpabilité et aussi, selon les circonstances, de peur.

Les revécus de perte gémellaire en EMC s'accompagnent souvent de manifestations émotionnelles fortes, pleurs, sanglots, incompréhension teintée soit de culpabilité (« J'ai pris trop de place »), soit de colère (« Je suis abandonné(e) »).

Les manifestations symptomatiques de l'empreinte de la perte gémellaire les plus fréquentes que j'ai pu observer sont, des plus bénignes aux plus limitantes :

- Le sentiment d'avoir une sœur ou un frère quelque part, que l'on retrouvera peut-être un jour.

- L'achat d'objets ou de vêtements en double.
- Avoir des animaux de compagnie, chiens, chats, par deux.
- La recherche « obsessionnelle » de l'âme sœur.
- Le besoin de relations amoureuses fusionnelles.
- L'impossibilité de s'engager et de s'impliquer dans une relation par peur de souffrir d'une rupture possible.
- La répétition de relations fusionnelles-séparations.
- Le sentiment de ne pas être légitime.
- La culpabilité et la peur de nuire.
- La nostalgie d'un paradis relationnel perdu.
- La dépression.

LES RELATIONS AMOUREUSES DE LÉOPOLD

Extraits de consultation

Déjà présentée dans *Tout se joue avant la naissance*, la description faite par Léopold en état modifié de conscience, de son vécu gémellaire intra-utérin, synthétise et illustre parfaitement les vécus gémellaires intra-utérins qui m'ont été donnés d'accompagner et d'observer.

Léopold est un jeune homme d'une trentaine d'années, il me consulte, car à plusieurs reprises, il a été très amoureux de jeunes femmes avec lesquelles le même scénario s'est reproduit.

Léopold présente sa situation de la façon suivante :

Dans un premier temps, la relation est très fusionnelle et passionnelle, puis, peu à peu, au fur et à mesure que des désaccords se font jour, j'ai l'impression que ma « moitié » s'éloigne et je n'arrive pas à m'expliquer avec elle, à communiquer, à me faire comprendre et à la retenir.

J'ai l'impression qu'il y a un mur, une barrière qui se crée, je me sens impuissant et coupable de ne pas faire ce qu'il faut pour qu'elle reste à mes côtés.

En état de relaxation, Léopold se sent immédiatement à l'état de fœtus.

Y a pas de doigts encore… je suis dans une bulle, replié sur moi-même avec une grosse tête… Je vois comme un œuf devant moi, un œuf avec le jaune sans sa coquille... Je sais pas ce qu'il y a dedans, mais c'est un peu comme moi... c'est comme un jouet à côté de moi qui est chaud... c'est devant comme du coton... c'est comme un cocon... ça fait des câlins... ça communique... ça rigole... ça parle... ça chatouille et c'est relié ensemble... C'est comme deux dans une même grande bulle... comme si je la prends dans mes bras et qu'on fait un câlin... ça fait chaud au cœur...

Léopold dit ces mots avec une toute petite voix, douce, comme celle d'un petit enfant, puis il continue et se met à sangloter :

Là, maintenant, ça prend à la gorge... Je le vois qui se ratatine sur lui-même à l'intérieur... il s'en va... je suis triste... ça fait froid... il est en train de partir... je voudrais le retenir... je me sens impuissant... je veux défaire la coquille, la bulle... je veux le prendre dans mes bras... le garder... mais je peux pas... (toujours en sanglots).

Je lui dis « on se retrouvera », je le laisse partir... (gros sanglots). *Je me sens très triste... je me sens comme si ma moitié n'était pas là... comme si une partie de moi était morte et qu'il faudrait que j'aille la chercher, la retrouver plus tard, après... Je me dis aussi que j'ai peut-être trop pris, que je ne lui ai pas laissé assez...*

Le parallèle entre l'exposé fait par Léopold de ses vécus amoureux et la description qu'il donne de son revécu intra-utérin se passe de commentaires.

JOANNES ET LE DÉSESPOIR D'UNE RUPTURE AMOUREUSE

Témoignage

Dans le cadre de ma psychothérapie, j'ai eu l'occasion d'être accompagné pour une difficulté liée à la fin douloureuse d'une relation amoureuse.

Je vivais ce lien de manière fusionnelle, comme une évidence, l'utilisation du terme « flammes jumelles » était fréquente avec cette femme et pleine de sens, compte tenu de ce qui en est dit dans la littérature.

Lorsque cette relation a pris fin, j'ai ressenti une grande souffrance, allant bien au-delà de ce que j'aurais pu considérer comme normal dans un tel contexte.

À la tristesse, aux pleurs et à la nostalgie, s'ajoutait un ressenti de déchirement viscéral, d'écrasement au niveau de la cage thoracique.

Lors d'une sortie en forêt, pour tenter de me changer les idées et « passer le cap », je me suis vu pleurer, genoux au sol, au bord de l'effondrement et dans l'incapacité totale d'accepter l'éloignement de cette personne, que je percevais comme une injustice profonde tellement notre lien me paraissait évident et indéfectible.

Le temps passant je n'arrivais pas à m'imaginer avec une autre femme.

J'étais manifestement dans l'attente de son retour dans ma vie, bien qu'elle m'ait annoncé entre-temps s'être remise en couple avec quelqu'un d'autre et ne plus souhaiter notre relation.

Il devenait important pour moi d'évoquer cela avec mon thérapeute et lorsque ce fut fait, nous avons assez rapidement mis en évidence que si l'espoir que j'avais de renouer avec cette femme était légitime, la souffrance intense que je ressentais à attendre cela était non seulement contre-productive, mais probablement liée au réveil d'un foyer émotionnel.

Déjà habitué à la démarche de l'exploration intrapsychique, j'avais ma question pour le prochain protocole clairement posée : « Pour quelles raisons ai-je autant d'attentes souffrantes vis-à-vis de cette femme ? »

Voici le déroulement de la séance qui a suivi :

Installé confortablement sur le divan, avec l'accompagnement du thérapeute, mon corps et mon mental se détendent et peu à peu, mot après mot, j'entre progressivement en état modifié de conscience, je reconnecte toutes les émotions difficiles de ce que je vis actuellement et elles me guident jusqu'à la source de mon mal-être.

Contrairement à d'autres séances où il fallait parfois un peu de temps pour trouver la source de ma difficulté, cette fois-ci les choses étaient très claires et me sont venues ainsi :

— Il est là !

En prononçant ces mots, je me suis senti comme instantanément propulsé dans le ventre de ma maman.

Je me rappelle avoir pris une grande inspiration avant de revivre un sentiment extrêmement douloureux accompagné de contractions thoraciques violentes, une détresse mentale et physique la plus intense que tout ce que j'avais pu vivre jusque-là.

Mon thérapeute poursuit son questionnement, il me demande de préciser :

— Qui est-il ?

Je lui réponds :

— Mon frère, il est là, mais il s'en va, c'est horrible !

Revivre ce moment m'est extrêmement douloureux, mon thérapeute m'accompagne pour traverser cette souffrance et la libérer.

Après avoir retrouvé une respiration plus supportable, j'ai alors pu préciser :

— C'est mon frère jumeau d'environ 2 mois d'âge, je me sens seul et je ne comprends pas, je suis dévasté ! Il était là... et c'est fini !

Interrogé sur ce que je ressens au sujet de l'idée que j'ai de moi-même à cet instant, j'ajoute alors :

— Je ressens une immense solitude, cette absence soudaine est une grande injustice, on était bien, et là, il me manque, j'ai un grand sentiment d'abandon.

Invité à faire le lien entre ma difficulté relationnelle à l'âge adulte et la découverte que je viens de faire, le rapprochement me paraît tellement évident.

— Il est très difficile de voir s'éloigner « quelque chose » de fusionnel !

Après quoi j'ai ressenti un sentiment d'apaisement, de détachement, avec une sensation d'amour pour moi-même retrouvée et cette phrase qui, compte tenu de ce qui m'avait amené, prenait tout son sens : « L'amour est là, il ne dépend pas... il est juste là et c'est beau à vivre. »

Je prends conscience que ***j'ai tout en moi*** *!*

Quelques semaines avant cette séance, j'avais demandé à ma maman de bien vouloir me faire un écrit sur ma conception, comment elle avait vécu sa grossesse, l'accouchement et les premiers temps de ma petite enfance, car je n'avais finalement pas vraiment d'éléments sur toute cette période.

L'histoire a voulu qu'elle me rende ce récit juste après cette séance d'exploration !

En rentrant chez moi j'ai ouvert l'enveloppe contenant ce qu'elle pouvait me dire des débuts de ma vie.

Au cinquième paragraphe il est écrit :

« Au 2e mois de grossesse, douleur très handicapante dans la cuisse droite. Après examen, kyste à l'ovaire droit de la taille d'un pamplemousse. Opération juste avant Noël qui se passe bien. Petite perte de sang... Une infirmière vient cependant m'annoncer que j'ai de fortes "chances" de faire une fausse couche dans les suites et ne dois pas être surprise si cela se produisait. Heureusement, pas de fausse couche... petit Joannes s'est bien accroché. »

La relation de proximité que j'ai avec ma maman me permettant de le faire, j'ai décroché mon téléphone, je l'ai remerciée pour tout ce qu'elle avait pu retranscrire de cette période avant d'ajouter : « Tu sais maman, au deuxième mois, il y a bien eu une fausse couche mais tu as raison, je me suis accroché. »

Elle ne fut absolument pas surprise...

Malgré la douleur que j'ai éprouvée à revivre cette séparation, je suis très heureux d'avoir pu dire au revoir à ce jumeau autrement, et de constater que le travail effectué sur ce trauma important dans ma vie m'a permis de vivre autrement cette séparation et plus globalement mon approche de la relation amoureuse.

Les pertes gémellaires consécutives à une « tentative d'avortement »

La perte d'un fœtus jumeau consécutive à une tentative d'avortement cumule les impacts des deux situations traumatiques qui engendrent les empreintes traumatiques les plus sévères, les plus douloureuses et les plus paradoxales.

Les conséquences sont d'autant plus importantes que dans la plupart des cas, ce premier traumatisme est suivi de traumas sexuels au cours de l'enfance (comme expliqué précédemment au chapitre « Pas attendu(e), pas désiré(e) »).

Les histoires de vie qui en découlent sont souvent humainement dramatiques.

Elles sont teintées de drames amoureux, de drames de violences physiques et sexuelles, de drames morbides.

LES ACOUPHÈNES DE JOSETTE

Extraits de consultation

L'histoire de vie de Josette en est un exemple surprenant de circonstances improbables sur fond de drames humains.

Josette vient me consulter pour des acouphènes de plus en plus dérangeants, dont aucune thérapeutique médicale n'a pu l'en soulager jusque-là.

Je demande à Josette depuis quand les acouphènes ont commencé.

Josette m'explique que cela a commencé à l'occasion d'un stage de développement personnel avec une pratique de méditation accompagnée par le son d'un instrument de musique particulier, une sorte de petite flûte émettant un ultrason à peine perceptible à l'oreille, mais selon l'animateur, aux vibrations bénéfiques pour le travail de méditation.

Josette était venue avec son compagnon de l'époque participer à ce stage qui se déroulait dans un lieu très particulier, puisqu'il s'agissait d'une grotte !

En évoquant son compagnon, Josette fait un petit aparté pour m'expliquer que sa vie conjugale a été jalonnée de nombreux deuils.

Ses quatre maris précédents sont décédés au cours de leur union commune avec Josette, soit de maladies, soit d'accidents.

Puis Josette poursuit le récit du déroulement des évènements du stage, jusqu'à la survenue des acouphènes.

À l'occasion d'une pause, Josette et son compagnon échangeaient avec un petit groupe de personnes.

Josette entamait une conversation plus singulière avec une personne du petit groupe et avait perdu du regard son compagnon.

C'est au moment où elle s'est retournée que surprise, ne voyant plus son compagnon, les acouphènes ont commencé.

Extraits de l'exploration en EMC

L'état modifié de conscience installé, je propose à Josette de se laisser guider par l'émotion qu'elle avait ressentie en ne voyant plus son compagnon.

Je suis toute petite, les mains à peine formées… Oui, je suis dans le ventre de ma mère… Je sens une… je sens une présence, je ne suis pas seule… Il y a un autre bébé à côté. Je me sens tellement reliée, on ne se touche pas, mais c'est comme si on ressentait pareil…

Dans ce contexte particulier, j'invite Josette à conduire sa conscience à la cause précise des acouphènes.

Le visage de Josette se crispe, s'assombrit.

Ça devient tout rouge… Je le vois à côté, il est enveloppé de rouge, comme du sang… Il y a quelque chose de froid, de dur, qui vient… c'est menaçant… J'ai peur… Je me blottis tout au fond… Je le vois, il s'en va, il est aspiré… il est parti… Je ne le vois plus !

J'invite Josette à conduire sa conscience hors de l'utérus.

Je vois maman… Elle est allongée sur une table… Je vois son gros ventre rond… Elle a les jambes écartées… Il y a un homme penché sur son ventre, entre ses jambes écartées.

Il tient quelque chose dans ses mains, qu'il rentre entre les jambes… Il y a du sang qui coule… Ça a l'air d'être comme un médecin… Oui, c'est un cabinet de médecin… Maman est en train de se faire avorter… Ils ont l'air de bien se connaître… C'est pas comme un médecin et sa patiente… C'est de lui qu'elle est enceinte… Oh, c'est pas vrai ! Ce qu'il tient dans ses mains, ça a la même forme…

Ça ressemble à l'instrument du stage dans la grotte !

Après qu'elle est revenue à la conscience ordinaire, j'ai demandé à Josette de me dessiner l'instrument de musique utilisé par l'animateur du stage dans la grotte.

La forme dessinée était parfaitement ressemblante à la forme d'une curette utilisée par le personnel médical au cours de certaines IVG.

Élément encore plus étonnant, en me renseignant ultérieurement, je découvrais que les professionnels pratiquant les curetages utilisent dans leur jargon l'expression « cris utérins » pour désigner le crissement produit par le raclement de la curette contre la paroi de l'utérus, lors de son utilisation pour des curetages.

Un son-crissement presque imperceptible, comme celui de l'instrument utilisé dans la grotte !

En effet les éléments de structures semblables entre l'expérience du début des acouphènes dans la grotte et l'expérience traumatique retrouvée sont remarquables !

Scène des acouphènes :

- **Une grotte** avec **le mari** qui disparaît de la vue de Josette.
- Un **instrument en forme de curette** qui émet un **son aigu** presque imperceptible.

Scène du trauma :

- Dans **l'utérus**, disparition du **fœtus jumeau.**
- **La curette** qui sert à l'avortement du fœtus jumeau.

Manifestement, les stimuli qu'ont été la grotte (l'utérus), le mari (le fœtus jumeau), l'instrument sud-américain (la curette), le son de l'instrument (le cri utérin), la disparition du mari (l'élimination du fœtus jumeau) ont réveillé le foyer émotionnel traumatique de la tentative d'avortement qui s'est exprimé au travers des acouphènes probablement en lien avec le fameux « cri utérin » !

Maladies de la mère au cours de la grossesse

Si la barrière placentaire peut protéger le bébé fœtus de certaines affections et maladies de la mère, cette barrière ne le protège pas des émotions qu'elle peut ressentir si elle est malade.

Comme souvent, le bébé fœtus peut se sentir comme étant la cause de la souffrance morale ou physique de la maman.

Dans certains cas, il peut être « touché » lui-même par le problème de santé de la mère.

En fin de grossesse, il peut commencer à être intoxiqué par un liquide amniotique qui se dégrade.

Ce type d'empreinte peut conduire à développer ultérieurement une phobie, la phobie de la maladie, la nosophobie.

LA VIE UTÉRINE DE MARINE : CHOLESTASE GRAVIDIQUE DE LA MAMAN

Extraits de consultation

J'ai déjà eu l'occasion de présenter la situation de Marine dans *Tout se joue avant la naissance*, pour illustrer plus particulièrement l'intérêt qu'une maman puisse parler à son bébé, quand elle est confrontée à un problème de santé pendant sa grossesse.

Ici, il s'agit de mettre en lumière le type d'empreinte possible pour le bébé lorsque la mère est confrontée à un problème de santé.

Marine, âgée de 22 ans, est venue me consulter en raison d'un état dépressif, de crises d'angoisse régulières ainsi que d'une vie amoureuse tourmentée.

Marine se dit très jalouse et s'accuse de rendre la vie de ses amoureux infernale :

J'ai l'impression de ne faire que du mal autour de moi, je fais souffrir les gens que j'aime... J'ai l'impression d'être vraiment mauvaise, d'être le mal...

Dit-elle, mot pour mot.

Partant de ces ressentis fort culpabilisants, en état de relaxation, Marine se retrouve bébé fœtus dans le ventre de sa maman vers 6-7 mois d'âge fœtal.

Marine se sent alors triste et coupable, car elle sent qu'elle fait souffrir sa maman.

Dans un premier temps, Marine n'est pas en mesure de me préciser les raisons qui font qu'elle a l'impression de faire souffrir sa maman.

Je l'invite alors à guider sa conscience à l'extérieur du corps du fœtus et du ventre de la maman, pour observer ce que la maman est en train de vivre dans ce moment.

Marine voit alors sa maman « avec son gros ventre », assise sur le rebord de son lit, en train de pleurer et de se gratter les jambes, le ventre, la poitrine.

Le bébé fœtus se sent donc responsable de cela.

Après être allée vérifier auprès de sa maman, celle-ci lui a bien confirmé qu'à partir du sixième mois environ de sa grossesse, elle avait développé un prurit très important, source de démangeaisons insupportables, que les médecins appellent « cholestase gravidique ».

L'expérience de Marine met en évidence une fois de plus la grande sensibilité du bébé fœtus à l'égard du vécu de la maman et comment, sans explication, il a une tendance spontanée à se considérer comme en en étant la cause.

C'est ainsi que Marine a pu se libérer de ce marquage utérin, très douloureux, de se sentir mauvaise et d'avoir l'impression de faire souffrir les personnes qu'elle aime.

Immobilisation et cerclage*

LA CLAUSTROPHOBIE DE NATACHA

Extraits de consultation

Natacha est venue me consulter pour des manifestations claustrophobiques sévères et une extrême irritabilité face à tout type de contraintes, y compris psychologiques.

Je ne supporte pas de me retrouver dans des petits espaces, surtout lorsqu'ils sont fermés.

L'idée même que je pourrais rester coincée me fait ressentir une colère immense.

Je pourrais devenir violente dans ces moments, je l'ai d'ailleurs été, avec des personnes qui voulaient s'en amuser en essayant de m'immobiliser !

* Un cerclage est la mise en place d'un fil ou d'une bandelette autour du col de l'utérus pour le maintenir fermé.

Mes réactions peuvent être tellement fortes que j'en ai peur moi-même.

Et puis socialement, c'est compliqué, il y a des endroits où je ne peux pas rester, c'est trop, je dois bouger et m'échapper !

Conscient que la relaxation initiale traditionnelle allongée et donc immobile pouvait être rendue difficile par le symptôme même pour lequel Natacha est venue consulter, en préliminaire à la relaxation, je prends la précaution de lui suggérer de s'imaginer dans un espace de nature où elle peut se sentir en totale liberté.

Cela lui permet de pouvoir rentrer parfaitement dans le déroulement standard du protocole de relaxation et d'accéder à l'état modifié de conscience requis pour explorer la mémoire non consciente.

Guidée par sa colère quand elle est coincée, Natacha « atterrit » dans un premier temps dans sa chambre d'enfants.

Elle a 4 ans et est en train de jouer avec des camarades qu'elle a invitées pour son anniversaire.

Chacune à son tour, les petites filles doivent se cacher pour échapper aux recherches des petites camarades.

Lorsque son tour vient, la petite Natacha se cache sous les couvertures du lit, persuadée qu'elle ne sera pas trouvée.

Quand elle est repérée, les autres petites filles, plutôt que de soulever la couverture, se jettent ensemble sur Natacha en éclatant de rire, l'enfermant sous sa couverture.

Natacha hurle de peur et de colère…

Invitée à laisser sa conscience se diriger vers une situation plus ancienne, cause de l'intensité de l'émotion ressentie par la petite fille de 4 ans, Natacha se sent dans un tout petit corps, un corps de bébé fœtus d'environ 8 mois qui se sent de plus en plus à l'étroit dans une cavité figée.

Je me sens coincée, il n'y a plus de mouvements, c'est comme si je ne devais pas bouger… Je sens de l'inquiétude, de la peur… c'est comme si quelque chose de dur m'emprisonnait.

J'invite Natacha à conduire sa conscience à l'extérieur pour observer ce que vit la maman à cet instant.

Je vois maman allongée sur un lit, elle a ses deux mains sur son ventre, elle semble triste et n'ose pas bouger.

Puis sa conscience revenue dans le corps du bébé fœtus, Natacha s'exclame :
Oui, mais moi, j'ai envie de bouger, je ne veux pas mourir !

Mis à part l'immobilité imposée, Natacha n'a pas pu identifier précisément « ce quelque chose de dur qui l'emprisonnait ».

Mais lorsqu'elle a questionné sa maman à ce sujet, elle lui a confirmé qu'elle avait dû rester allongée pendant les deux derniers mois de sa grossesse et que pour prévenir un accouchement prématuré, un cerclage avait été réalisé autour du col de l'utérus pour le maintenir fermé.

Les chocs émotionnels maternels

Je l'ai déjà évoqué, le bébé fœtus est une éponge émotionnelle, il ressent et perçoit toutes les émotions ressenties par la mère tout au long de sa grossesse avec la particularité de se les approprier et/ou de se vivre comme en étant la cause.

Pour la mère, le décès d'un parent proche, comme son propre père ou sa propre mère, est bien sûr source d'émotions intenses qui, à moins qu'elles puissent être expliquées et verbalisées au bébé fœtus (comme je l'explique dans *Tout se joue avant la naissance*), pourront être à l'origine d'empreintes importantes.

Les sources d'émotions douloureuses et fortes peuvent être très variées, suivant les aléas de la vie amoureuse, conjugale, familiale, professionnelle, sociale, voire nationale (guerre, attentat...), etc.

Une cause d'émotion douloureuse forte et relativement fréquente est aussi la séparation « amoureuse » pendant la grossesse.

C'est la rupture à la suite de l'annonce de la grossesse, avec le départ du père biologique qui, pour toutes les « bonnes » raisons qui sont les siennes, ne veut pas et/ou ne se sent pas en mesure d'assumer le rôle paternel auquel le maintien de la relation le confronterait.

Le décès d'un parent

CHLOÉ NE SUPPORTE PAS DE « SE SENTIR PASSER AU SECOND PLAN »

J'ai déjà exposé ce cas précédemment, dans *Tout se joue avant la naissance*, en développant comment une maman peut parler à son bébé quand un tel évènement se produit en cours de grossesse, pour éviter au bébé le type d'empreinte qui y est décrit.

Cette jeune femme est venue me consulter, car elle sentait que son couple était menacé par une réaction émotionnelle que sa raison ne trouvait pas justifiée, mais c'était plus fort qu'elle, elle ne pouvait pas s'en empêcher !

Chaque fois que son mari consacrait du temps à ses parents vieillissants, qu'il les appelait au téléphone, qu'il se rendait chez eux pour s'occuper de tâches qu'ils ne pouvaient plus assumer eux-mêmes, Chloé éprouvait un immense sentiment de tristesse et d'abandon.

Elle disait, dans ces moments-là :

Je me sens passer au second plan et c'est insupportable.

Chloé voulait donc se libérer de cette émotion avec laquelle elle rendait sa vie de couple difficile et douloureuse.

Décidée à retrouver le foyer émotionnel réveillé dans ces moments-là, Chloé se sentait prête à explorer sa mémoire non consciente, afin d'identifier l'expérience qu'une des petites filles qu'elle avait été avait pu vivre.

Dans l'état de relaxation, à partir de cette émotion de grande tristesse et d'abandon, en se sentant passer au second plan, Chloé s'est mise à se sentir comme un tout petit bébé fœtus dans le ventre de sa maman.

Dans un premier temps, cette petite fille bébé fœtus se sentait très bien dans ce ventre qu'elle ressentait chaud et accueillant.

Non seulement sa maman désirait avoir un enfant, mais elle désirait avoir une fille ! Tout était donc pour le mieux pour cette petite fille bébé fœtus.

Mais, dans un deuxième temps, cette petite fille bébé fœtus s'est mise à ressentir une très grande tristesse qui l'envahissait.

Cette petite fille bébé fœtus se sentait soudain comme abandonnée, délaissée, comme si elle n'avait plus d'importance pour sa maman.

Invitée à identifier la cause de cette grande tristesse, Chloé a perçu que c'était sa maman qui était profondément triste à ce moment.

Poursuivant plus loin l'exploration, Chloé a alors identifié que sa maman était triste parce que son papa venait de mourir.

À la suite de ce travail, Chloé est allée vérifier auprès de sa maman qui lui a confirmé que son papa était décédé alors qu'elle se trouvait à trois mois de grossesse et qu'elle en avait été profondément affectée.

Départ du père à l'annonce de la grossesse

JESSICA N'ARRIVE PAS À ÊTRE ENCEINTE

Jessica et son compagnon désirent avoir un enfant, mais ils n'ont pu réaliser leur projet jusque-là.

Bien que les examens réalisés par chacun n'aient pas décelé de causes fonctionnelles médicales, Jessica ne parvient pas à être enceinte.

Mon médecin m'a dit que ni pour l'un, ni pour l'autre, il a été détecté de causes fonctionnelles d'infertilité et que la principale cause pourrait être psychologique... Alors je me suis dit que si ça pouvait aider... parce que je vois bien aussi que ce problème, ça nous mine chacun et que ça finit par créer des tensions entre nous... Déjà que Ghislain, mon compagnon, me reproche d'être trop collée à ma mère, de ne pas avoir coupé le cordon avec elle...

Vous en pensez quoi, vous ?

Il n'a peut-être pas complètement tort... C'est vrai que je ne sais pas pourquoi je ne peux pas passer un jour sans l'appeler... J'ai tendance à beaucoup m'inquiéter... Alors que même si elle vit seule, elle dit que tout va bien... mais c'est plus fort que moi, j'peux pas m'en empêcher d'avoir besoin de l'appeler !...

Qu'attendez-vous de moi ?

Eh bien... j'sais pas... M'aider à découvrir pourquoi je n'arrive pas à être enceinte et puis si c'est psychologique, être bien dans ma tête pour y arriver...

Informée de la méthode de la Thérapie Enfant Gigogne®, Jessica manifeste sa volonté d'explorer l'espace-temps de sa mémoire non consciente.

Après avoir accompagné Jessica pour atteindre l'état modifié de conscience approprié, je l'invite à se connecter à son désir d'avoir un enfant, posant l'hypothèse que les émotions et les croyances inconscientes qui y sont associées peuvent être à l'origine de sa difficulté à être enceinte.

La conscience de Jessica se propulse directement au beau milieu de la vie intra-utérine.

De toutes petites mains... Je flotte... C'est agréable... Je me sens bien, d'être là... Je sens maman heureuse de savoir que je suis là dans son ventre... avec... comme si en même temps, elle avait une inquiétude... comme si en même temps, elle avait peur de quelque chose... Elle est contente et elle n'est pas tranquille !

Pour quelles raisons n'est-elle pas tranquille ?

J'sais pas...

Je vous invite à laisser votre conscience se diriger vers la cause de la peur de maman.

Je vois maman... avec son ventre tout rond... elle est avec un homme... Ils n'ont pas l'air d'être d'accord... Ils se disputent... L'homme... il n'a pas l'air d'être content que maman soit enceinte... il est en colère...

Qui est cet homme ?

J'sais pas...

La première impression qui vous vient.

C'est son amoureux... C'est mon père ! Il ne veut pas... ça crie... Il s'en va... Il claque la porte... Maman est triste... Elle pleure... Elle reste toute seule...

Quelles conclusions cette petite fille bébé fœtus en tire-t-elle ?

C'est à cause de moi qu'il est parti ! C'est de ma faute !

Cette petite fille bébé fœtus croit que c'est à cause d'elle que l'amoureux de sa maman est parti, elle croit que c'est de sa faute.

Et vous la femme, vous pensez que c'est de sa faute à cette petite fille bébé fœtus ?

Non, bien sûr !

Très bien... Est-ce qu'il y a d'autres conclusions que cette petite fille bébé fœtus a pu tirer du départ de son père ?

Oui, c'est évident... Avoir un bébé, ça fait se séparer le couple !

Alors quels liens vous semblent-ils exister entre ce que cette petite fille bébé fœtus a vécu au cours de cette scène et ce qui est difficile à vivre pour Jessica, la femme de 2024 ?

Eh bien là, c'est vraiment clair... Je n'arrivais pas à être enceinte parce que la petite Jessica en moi était persuadée qu'avoir un enfant, ça faisait se séparer le couple... Elle avait peur, j'avais peur que si je tombais enceinte, Ghislain me quitterait comme mon père a quitté ma mère quand elle était enceinte de moi.

Et puis je réalise aussi que se sentir coupable du départ de mon père, c'était aussi me sentir coupable que ma mère soit restée toute seule et soit restée toute seule pour m'élever... Comme si j'avais une dette... Je crois que c'est pour ça qu'il fallait que je l'appelle aussi souvent !

Vie intra-utérine après un enfant mort-né, un avortement spontané ou une IVG

Il est fréquent que des personnes en exploration en EMC décrivent des ressentis de leur vie intra-utérine en ces termes :

Je me sens en un endroit chargé de beaucoup de tristesse, comme quelque chose de froid et de sombre, quelque chose de pesant et lourd, un ressenti de mort...

Ces personnes prennent alors conscience qu'elles ont été précédées par un bébé fœtus mort à la suite d'une fausse couche ou d'une interruption volontaire de grossesse.

Certaines de ces personnes ignoraient un tel épisode dans leur histoire familiale, et vont souvent se le voir confirmer ensuite par leur entourage.

De tels marquages peuvent générer des difficultés à jouir de la vie, à prendre du plaisir ou bien, s'il y a plaisir, il sera accompagné de culpabilité.

La mission impossible que revêt le fait de devoir remplacer un « autre » décédé installe profondément la croyance « Je ne suis pas à la hauteur » tout en essayant de faire pour le mieux sans jamais y parvenir !

In fine, la conclusion est : « Je ne suis pas comme il faut pour être aimé... (car je devrais être mort). »

Lorsque ces premières empreintes sont suivies de naissances difficiles (naissance redoutée par peur de ne pas être aimé) et de traumas sexuels pendant la petite enfance (impossibilité de pouvoir dire non par peur d'être rejeté), tous les ingrédients sont réunis pour générer des états dépressifs profonds, voire des passages à l'acte suicidaire, à l'occasion d'évènements déclencheurs de réveil des foyers émotionnels traumatiques initiaux.

MARC ET LE SPECTRE DE LA MORT

Extraits de consultation

Marc vient me consulter sur les conseils de son médecin traitant qui lui a parlé de la Thérapie Enfant Gigogne®.

Il voudrait « essayer », car le traitement par antidépresseurs que lui prescrit le psychiatre qui le suit depuis plusieurs années ne lui permet pas de constater une véritable amélioration de son état, voire à certains moments, selon lui, cela lui occasionne plus d'inconvénients avec les effets secondaires, plus particulièrement pour son travail.

Depuis le temps que je prends des médicaments, je n'y vois pas de différence... J'ai vraiment l'impression que la vie est un fardeau... C'est comme si je n'avais pas le droit d'exister. Je me culpabilise de tout...

Marc a vécu des épisodes dépressifs successifs et une tentative de suicide, il est sous antidépresseurs.

Pour m'assurer que la structure psychologique de Marc est suffisamment étayée pour accueillir des évènements traumatiques passés refoulés ou bien antérieurs à l'amnésie primaire, je propose dans un premier temps de rassembler les éléments de son histoire personnelle et familiale à partir du support d'un arbre généalogique amélioré que l'on appelle un « génogramme » ou « génosociogramme ».

Marc a 45 ans, il vit en couple avec Élise depuis dix ans.

Il travaille à l'état civil d'une grande mairie, au service des actes de décès.

De surcroît, j'apprends que Marc est venu occuper le poste au service des actes de décès à la mairie, en remplacement d'un employé mort accidentellement.

Il y a dix ans, Marc a rencontré Élise, quelques mois après le décès du premier compagnon de cette dernière.

Enfin, après un an de vie de couple, chacun ayant son domicile personnel, Marc et Élise décident de vivre leur vie de couple en commun dans une maison qu'ils achètent.

Quelques mois après cet achat, à l'occasion d'une rencontre avec des voisins, ces derniers leur révèlent que deux décennies avant, un « drame passionnel » avait eu lieu dans cette maison, ce qu'aujourd'hui on appelle un « féminicide ».

Les informations dont dispose Marc, regroupées sur le génosociogramme, ne permettent pas de comprendre la logique de ces situations où, à chaque fois, Marc arrive après la mort d'une personne.

Cependant, la seule mise en évidence de ces répétitions dont Marc, comme c'est souvent le cas, n'avait pas conscience, alors que cela semble d'une telle évidence vue de l'extérieur, lui permet de mieux comprendre les raisons de son état dépressif et de son sentiment permanent de culpabilité.

Cela lui permet, dans un premier temps, de se dégager du sentiment d'anormalité face aux différentes émotions qui le submergeaient jusque-là.

Le travail préliminaire avec le génosociogramme, les prises de conscience et le recul qui en ont découlé ont créé les conditions nécessaires pour un travail « écologique » d'exploration de la mémoire non consciente, afin d'identifier la cause évènementielle de ces répétitions morbides.

Extraits de l'exploration en EMC

En toute « logique énergétique », Marc a replongé dans sa vie intra-utérine où le bébé fœtus qu'il était avait été confronté aux énergies émotionnelles d'une IVG précédente, enkystées dans l'utérus maternel.

Je me sens en un endroit chargé de beaucoup de tristesse, comme quelque chose de froid et de sombre, quelque chose de pesant et de lourd, un ressenti de mort…

Où vous trouvez-vous ?
Je ne sais pas…

Avec votre conscience en cet endroit, quelle est la taille du corps qui va avec ?

Un tout petit corps… Je vois des mains… des mains à peine formées… Je sens… C'est mes mains… Je suis un fœtus… Je suis recroquevillé… J'ai peur… C'est comme s'il y avait une ombre… une ombre qui porte de la tristesse… Une ombre qui veut s'accrocher… qui ne veut pas s'en aller mais qui ne peut pas rester…

Quelle forme a cette ombre ?

C'est… comme la forme d'un tout petit fœtus, un embryon… un embryon qui était là avant moi… Il est sans vie, sombre et froid…

Que lui est-il arrivé ?

Je ne sais pas… J'entends un mot : IVG ! C'est pas possible… Je dois inventer… Maman n'a jamais parlé de ça !…

Marc ignorait donc que sa maman avait eu recours à une IVG avant d'être enceinte de lui, ce qu'elle lui a confirmé lorsqu'il est allé la questionner.

La levée de ce secret a été, selon les dires de Marc, une grande libération, autant pour lui que pour sa maman qui ressentait toujours une grande culpabilité en ayant tu, jusque-là, ce moment douloureux de son histoire.

LES TRAUMAS
DE LA NAISSANCE
&
LEURS CONSÉQUENCES

Le parcours du combattant

La naissance, dernière étape de transition

La période de la vie intra-utérine, avec ses empreintes potentielles que je viens d'évoquer, est une phase de transition entre l'Être immatériel et l'Être incarné.

La naissance constitue la dernière étape de cette transition.

Elle est le passage de la vie *in utero* à la vie « extra-utérine », le passage de la vie aquatique à la vie aérienne.

Elle est le passage d'un monde connu à un monde inconnu.

Tout étant une question de point de vue, du point de vue émotionnel du bébé, ce que nous appelons « naissance » est plus une mort pour lui.

« Ce que le papillon appelle naissance, la chenille l'appelle mort ! »

À la façon dont elle se déroule, elle est pour chacun la référence de notre rapport au monde, de notre capacité à passer d'une situation familière à une situation nouvelle, c'est pourquoi elle est aussi déterminante pour toute la suite de notre vie.

Par ailleurs l'expérience de la naissance recouvre des réalités très différentes, en fonction des différentes étapes de son déroulement.

Le psychiatre tchèque **Stanislav Grof** a particulièrement bien décrit ces différentes étapes sous l'appellation de « **matrices périnatales** ».

Trois étapes sont particulièrement intéressantes à retenir pour la naissance :

– **Le sans issue**

Le sans issue correspond à toute la période des contractions, sans ouverture du col de l'utérus.

– **Le conflit mort-renaissance**

Cette étape correspond à l'ouverture du col de l'utérus avec l'engagement dans la filière pelvienne.

– **La mort/renaissance**

Cette étape correspond à la sortie, l'expulsion.

Suivant comment se déroule chacune de ces étapes, les empreintes traumatiques possibles pourront être différentes avec leurs répercussions, grandes orientations et symptômes possibles, pour la vie à venir.

Enfin, si les conditions de la naissance sont déterminantes pour toute la vie future, il est important de se rappeler que les conditions de la naissance sont elles-mêmes déterminées par toute la période qui la précède, à savoir les conditions objectives et subjectives de toute la vie intra-utérine.

Les empreintes traumatiques de l'étape du « sans issue » et leurs conséquences

Cette première étape d'une naissance naturelle, de par la puissance des processus physiques et physiologiques nécessaires pour permettre au bébé de sortir de la matrice maternelle, est certainement l'expérience la plus violente physiquement et psychologiquement qu'il puisse vivre.

Cela dans un contexte dans lequel sa maman et les personnes qui l'assistent ignorent que la violence de ce moment pourrait être réduite par de simples explications faites au bébé au sujet de ce qu'il est en train de vivre (voir *Tout se joue avant la naissance*, p. 202).

Même si la période précédente de la vie intra-utérine n'est pas toujours « un long fleuve tranquille », avec ses différents évènements possibles à potentiels traumatiques, l'étape du sans issue est, sans commune mesure, la plus éprouvante.

Réalisons ce à quoi le bébé est confronté.

Les contractions des muscles utérins nécessaires pour l'ouverture du col de l'utérus exercent une pression considérable sur le corps du bébé qui, en plus d'être écrasé, se trouve privé d'oxygène, car elles compriment aussi les vaisseaux sanguins qui alimentent le cordon ombilical et asphyxient donc littéralement le bébé.

Ce déchaînement des éléments, comparables aux éléments naturels, d'orages, de tempêtes, d'ouragans, de cyclones, de tremblements de terre, de tsunamis, de feux, d'incendies, d'apocalypses, se produit par ailleurs, sans aucune perspective d'échappatoire, puisque l'enfermement est total, le col de l'utérus étant fermé, d'où le « sans issue » !

Violences physiques, souffrances physiques, souffrances morales, vécus d'anéantissement, menace vitale, peur de mourir, incompréhension sont les caractéristiques existentielles physiques et émotionnelles de cette étape du « sans issue ».

À ces caractéristiques, il faut y ajouter les conclusions ou croyances fréquentes tirées des expériences intra-utérines précédentes :

- « Je ne suis pas attendu » ;
- « Je dérange » ;
- « Je ne suis pas comme il faut pour mériter d'être aimé(e) » ;
- « Je ne suis pas le garçon qu'on attend » ;
- « Je ne suis pas la fille qu'on attend » ;

qui font que le bébé redoute ce moment du jugement premier, cette confrontation inéluctable au regard de l'extérieur, au regard de la mère, au regard du père.

Ce moment qui va révéler ce qui restait encore jusque-là voilé, occulté.

Ce moment qui va révéler l'imposture, le « péché originel », la non-conformité majeure à l'attente initiale maternelle et paternelle !

Manifestement, cette peur du jugement premier semble (sur la base des observations en EMC) conduire à des naissances difficiles physiquement et en conséquence émotionnellement aussi.

L'envie d'engagement limité, voire la non-envie d'engagement qui va en découler, ne peut qu'amplifier la violence naturelle que représente le processus d'expulsion qu'est la naissance.

La manifestation littérale de cette non-envie d'engagement est de toute évidence la naissance à reculons que représente une **naissance par le siège** !

Cette première étape de la naissance est donc souvent à l'origine d'empreintes fortes, déterminantes pour toute la vie à venir comme :

La procrastination

Si la naissance est redoutée pour les différentes raisons qui viennent d'être évoquées et qu'elle est vécue douloureusement, la conclusion-croyance que le bébé peut en retirer est qu'il aurait mieux valu **remettre à plus tard ce moment terrible**, le reporter aussi loin que l'on n'aurait jamais eu à le vivre !

C'est certainement la cause originelle du comportement de procrastination, si fréquent chez de nombreuses personnes.

Beaucoup de personnes disent, littéralement, comment elles ont vécu cette phase du « sans issue », en utilisant des expressions métaphoriques comme :

- « J'ai toujours l'impression, quand je veux faire quelque chose, de buter contre un mur qui m'empêche d'avancer… » ;
- « Je bute toujours sur le même problème… » ;
- « C'est comme s'il y avait quelque chose qui me bloquait » ;
- « Je me sens écrasé par le poids des responsabilités… ».

La peur du changement

D'autres ont tiré, de cette étape, la conclusion que tout changement est dangereux, que passer d'une situation familière à une nouvelle situation est terrible.

Alors, chaque fois qu'ils seront confrontés à une transition dans leur vie, quitter la maison pour aller à l'école, quitter la maison pour les études et prendre un appartement, changer d'activité professionnelle, changer d'habitation, faire quelque chose d'inhabituel, ils seront pris d'une forte angoisse qui pourra être accompagnée de maux de ventre, de diarrhée, de stress.

Le paroxysme de cette empreinte étant l'impossibilité de sortir de chez soi, l'impossibilité de quitter le cocon de l'habitation, tellement aller vers l'extérieur est associé à un terrible danger et à d'atroces souffrances.

Nous verrons plus loin que cette empreinte de naissance est souvent renforcée au cours de la petite enfance et de l'enfance par des expériences, induites par cette première empreinte, qui confirment la dangerosité du monde extérieur, comme les expériences d'intrusion d'ordre sexuel.

Les crises ou attaques de panique

Les crises de panique sont la reviviscence du ressenti physique et émotionnel du « sans issue » avec des sensations d'étouffement, d'oppression, de douleurs dans la poitrine, de maux de tête, des manifestations d'accélération du rythme cardiaque, de tachycardie, de tremblements, de transpiration et de peur de mourir.

La claustrophobie

La claustrophobie est la peur panique des petits espaces clos, peur panique des ascenseurs, peur panique des pièces fermées, peur panique de l'avion…

Appliquons, à titre d'illustration, la loi précédemment évoquée sur la structure du problème présent, à savoir que la structure du problème présent indique la structure du traumatisme passé.

La structure de la claustrophobie

- Le protagoniste : **la personne**.
- L'environnement : **un espace restreint fermé**.
- L'action : **pénétrer et rester** dans cet espace fermé.
- Les émotions : **peur de ne pas pouvoir sortir** et **peur de mourir étouffé** en restant coincé.

La structure de l'empreinte initiale

La structure de ce trouble est donc une situation dans laquelle la personne s'est trouvée dans un espace restreint fermé et y est restée coincée en se sentant étouffée avec la peur de mourir.

La similitude avec l'enfermement du « sans issue » de la naissance est bien sûr évidente !

Crises d'angoisse et de claustrophobie en voiture

HORTENSE

Témoignage (retranscription d'une interview)

J'ai découvert la Thérapie Enfant Gigogne® par une connaissance qui l'avait pratiquée.

À la suite de cela, j'ai acheté le livre L'Enfant Gigogne. *J'ai lu le livre et je me suis reconnue, j'ai reconnu mes peurs dans ce livre... et je me suis dit que ça pourrait m'aider.*

Parce que moi, au début, je faisais des crises d'angoisse en voiture.

Je ne pouvais pas prendre la voiture.

Je ne pouvais pas prendre tout ce qui était transport en commun, ce n'était pas possible.

Au début, c'est parti de cela, mais petit à petit, au fil du temps, ça s'est amplifié avec beaucoup de choses, c'est-à-dire que j'avais peur du sang, j'avais le vertige pour rien, j'étais claustrophobe, j'avais peur du monde...

Et en fait, je me suis dit : « Qu'est-ce qui s'est passé pour que j'aie peur comme ça d'un seul coup ? Alors qu'avant je n'avais pas toutes ces peurs-là ! »

Et donc, quand j'ai découvert cette thérapie, je me suis dit : « C'est sûrement la bonne, c'est sûrement comme cela que je vais pouvoir trouver mes réponses et guérir. »

Au début de la thérapie, j'ai commencé avec les crises d'angoisse dans les voitures, c'est cela, je ne pouvais plus du tout me retrouver dans une voiture... c'était invivable... je ne pouvais pas sortir avec des amis... je ne pouvais pas avoir le permis de conduire, je ne pouvais pas me faire véhiculer...

Je n'avais pas de vie, je n'avais pas de vie sociale, je n'avais pas de vie tout court. J'étais tout le temps chez moi, je faisais des crises d'angoisse constamment.

Ce qui a vraiment déclenché ça, c'est que lorsque j'étais au lycée, j'étais en internat, et au fur et à mesure j'ai dû quitter l'internat et j'ai même dû arrêter le lycée, parce que c'était devenu invivable pour moi.

C'étaient des crises d'angoisse à répétition plusieurs fois dans la journée... c'était intenable.

Je ne me sentais vraiment pas bien, je me suis renfermée sur moi-même... et déjà que j'ai tendance à être solitaire, je me suis dit : « Si je me renferme sur moi-même, c'est terminé... »

Je suis jeune, je ne peux pas me renfermer comme ça !

Donc, j'ai décidé de tenter cette thérapie et ça a plutôt bien fonctionné ! Et je suis contente !

Du coup, pendant cette thérapie, on est remontés au jour de ma naissance.

Donc c'est à ma naissance que tout s'était passé... ma peur de la voiture. C'est que le jour de ma naissance pour aller à la maternité, mon père roulait vite parce que j'étais vraiment en train de naître et ma mère avait très peur, elle avait peur qu'on meure, pas qu'on meure, mais qu'on ait un accident et aussi que ce soit mon père qui soit obligé de l'accoucher pour que je naisse...

Enfin, c'était beaucoup de peur, beaucoup de stress, de la vitesse, de la précipitation, et ben moi bébé, j'ai pas compris tout ça, et j'ai eu beaucoup de mal et ça a ressorti beaucoup de peur, de la voiture, avec la vitesse, de l'appréhension, la peur, et au fur et à mesure de la thérapie, ça m'a fait du bien et j'ai retrouvé des choses que je ne pensais jamais pouvoir retrouver.

Par exemple, retrouver le visage des docteurs qui étaient autour de moi... Je me souviens des docteurs qui ont accouché ma mère, c'est assez impressionnant... et j'avoue qu'au début je ne croyais pas trop en mes souvenirs, et après j'ai demandé à mes parents et mes parents ils m'ont dit : « Ah oui, effectivement, ils étaient comme ci et comme ça, et tout, tu as raison », et tout le monde était impressionné et c'est vrai que, même moi encore aujourd'hui, je suis impressionnée d'avoir pu me souvenir de tout ça, de tous ces petits détails.

Donc avant, dans une voiture, je me sentais mal, je me sentais oppressée, et j'avais horreur de la vitesse. Dès qu'on accélérait, j'avais des peurs incontrôlables, j'arrêtais de respirer, même la plus grosse crise que j'aie eue, je me suis mise à hurler, j'avais vraiment l'impression que j'allais mourir, à chaque fois j'avais l'impression qu'on allait avoir un accident, que ça allait être la fin.

Et, quand j'ai retrouvé ma naissance, c'était ça, c'était ce que ma mère avait vécu en allant à l'hôpital où mon père allait vite et du coup elle avait peur, elle avait peur qu'on ait un accident, qu'on meurt, que ça se passe mal, et moi j'ai ressenti toutes ses émotions, et au fur et à mesure de ma vie, tout cela est ressorti, et ça n'était pas... ça n'était pas vivable du tout...

L'astraphobie

L'astraphobie est la peur panique des orages qui peut s'accompagner d'anxiété anticipatoire lors des menaces orageuses, d'accélération du rythme cardiaque, de palpitations, de transpiration, de tremblements.

Les symptômes observés sont similaires à ceux observés dans les crises d'angoisse et les attaques de panique.

La similitude est à la fois symbolique mais aussi littérale, tant l'intensité, la force des contractions peuvent générer des grondements intra-utérins semblables à la puissance des grondements du tonnerre, et générer aussi l'embrasement du corps semblable aux feux des éclairs.

L'arachnophobie

L'arachnophobie est la peur panique des araignées.

Ici, la similitude est plus d'ordre symbolique et métaphorique, la caractéristique de l'araignée étant d'étouffer ses proies en les enserrant dans sa toile, comme le bébé est enserré dans la « toile » utérine qui l'étouffe.

Que ce soit l'arachnophobie, l'astraphobie, la claustrophobie, chacune de ces manifestations présente le même tableau clinique symptomatique que l'on trouve avec **la crise ou attaque de panique**.

C'est l'intensité des émotions et des sensations de l'attaque de panique qui fait la différence d'avec les trois autres manifestations.

De mon point de vue, toutes ces manifestations, comme on vient de le voir, sont en relation avec le vécu traumatique du « sans issue ».

Ce que la psychopathologie classique appelle « crise de panique » correspond aux manifestations symptomatiques du « sans issue », décrites précédemment.

Il s'agit de situations pour lesquelles ni la personne concernée ni les professionnels consultés n'ont pu identifier de déclencheur spécifique (un stimulus, une situation, ou une pensée qui vient réveiller inconsciemment le vécu traumatique du « sans issue »).

Cela, contrairement à **la claustrophobie** dont le déclencheur évident est une petite pièce close, contrairement à **l'astraphobie** dont le déclencheur évident est l'orage et contrairement à **l'arachnophobie** dont le déclencheur évident est l'araignée.

Le fait que l'approche psychiatrique traditionnelle n'ait pas identifié de déclencheur précis dans les cas diagnostiqués de crise de panique ne veut pas dire qu'il n'y en a pas !

Tous les déclencheurs ne sont pas forcément évidents à identifier, ils peuvent être plus subtils, plus situationnels, plus internes à la personne : pensées, fatigue, émotions, etc.

Les empreintes traumatiques de l'engagement dans la filière pelvienne et leurs conséquences

Lorsque le col de l'utérus est suffisamment dilaté pour permettre l'engagement du bébé, commence une deuxième étape qui, tout en représentant l'espoir d'échapper à l'enfer de l'étape précédente, est le début d'une lutte titanesque pour la survie.

S'il y a enfin une issue possible, encore faut-il réussir à se glisser dans un passage qui reste étroit, entre les os du bassin de la mère.

La tête va être compressée, les os du crâne vont se chevaucher pour réduire son volume et faciliter le passage, les épaules vont être comprimées, la poitrine écrasée.

Le bébé pourra, à certains moments, rester bloqué, à cause de contractions trop faibles pour le pousser, à cause d'un passage trop étroit, à cause d'un cordon ombilical trop court, ou entortillé autour du corps, ou autour du cou, et qui commence à l'asphyxier.

Ce parcours du combattant s'apparente à l'épreuve du spéléologue en train de ramper dans un boyau souterrain dans lequel, à chaque instant, il peut rester coincé, ne pouvant ni avancer ni reculer.

Cela pourra laisser beaucoup de traces à la fois physiques et émotionnelles, d'ailleurs la phobie des tunnels en est une parfaite illustration !

Les manifestations, parfois spectaculaires, des personnes qui, en EMC, retrouvent cette étape de leur naissance, contorsions, cris, pleurs, douleurs physiques témoignent de l'intensité de l'épreuve que représente cet engagement dans la filière pelvienne pour le bébé en train de naître.

Procrastination – difficulté d'engagement

En ce qui concerne les empreintes et les conclusions que le bébé va pouvoir tirer de cette étape, puisque ce qui la caractérise, c'est l'engagement, elles vont être déterminées par la façon dont va être vécu ce premier engagement au monde qui va devenir le sien.

Cet engagement, s'il est trop douloureux et violent, pourra conduire plus tard à être très frileux pour tout engagement dans une situation nouvelle :

- **difficultés à s'engager dans un projet, dans une activité, dans une relation** ;
- **tendances à procrastiner** ;
- **tendances à arriver en retard.**

Passivité et dépendance

Si, au cours de cet engagement, le bébé reste un temps coincé et a besoin d'une assistance médicale, comme une césarienne d'urgence, cela pourra conduire plus tard à :

- **s'engager dans des situations et face aux premières difficultés, abandonner en cours de route.**

J'ai eu, à de nombreuses reprises, l'occasion d'observer que beaucoup de personnes qui se lancent dans des projets importants qui leur tiennent à cœur se découragent dès qu'elles rencontrent les premières difficultés et soit abandonnent pour se lancer dans un autre projet, soit attendent passivement une aide extérieure pour surmonter les difficultés.

La plupart de ces personnes ont été confrontées à une naissance difficile qui a nécessité une intervention médicale, épisiotomie pour franchir le dernier obstacle, césarienne d'urgence, forceps, ventouse…

Empreintes sadomasochistes

La naissance, au travers de chacune de ces deux étapes importantes que sont le « sans issue » et l'engagement dans la filière pelvienne, est la résultante de deux énergies à l'œuvre étroitement intriquées, celle du bébé pour naître et celle de la mère pour accoucher.

Dans ce processus à l'œuvre, le vécu global et subjectif du bébé (en l'absence d'accompagnement explicatif) tend plus vers une définition de la réalité où la cause de sa souffrance physique vient de la mère qui l'écrase et l'étouffe que d'une définition de la réalité où la mère ferait de son mieux pour l'aider à sortir !

Par ailleurs, les transformations physiques qu'exige l'accouchement, ouverture du col de l'utérus, élargissement du bassin, ouverture extensive du vagin et de la vulve, sont d'une telle ampleur sur un temps aussi réduit que cela constitue, pour la plupart des femmes, une épreuve plus proche de la souffrance physique d'un marathon que d'un moment de plaisir tranquille !

À l'inverse, pour être complet, il faut néanmoins noter que certaines femmes témoignent que leur accouchement a été l'occasion d'une jouissance orgasmique jamais ressentie jusqu'alors au cours d'une relation sexuelle !

Donc, dans la plupart des cas, du point de vue subjectif du bébé, il subit une souffrance infligée par sa mère et en plus, il inflige en même temps une souffrance à sa mère.

Bien évidemment, la conscience du vécu de la situation par le bébé n'est pas de cette nature sémantique, elle est d'ordre global, analogique et émotionnel, mais sans en avoir les mots, elle en a le goût !

Ajoutons à cette composante particulière du processus de la naissance, souffrir et faire souffrir, qu'à partir d'un certain degré de douleur physique, le corps, pour se protéger, peut sécréter des quantités importantes d'endorphines qui plongent paradoxalement le supplicié dans un état extatique d'intense plaisir.

Nous avons donc au cours de ces deux étapes de la naissance, suivant leur intensité traumatique, la mise en place profondément inconsciente du prototype de :

– **relation sadomasochiste**,

qui pourra réémerger à la surface, dans les différents contextes relationnels, relations de dominations amoureuses et sexuelles, relations de pouvoir, etc.

Une forme particulière de cette résurgence pourra être la recherche masochiste **inconsciente** du plaisir de la reconnaissance négative par l'expérience subie du :

- **harcèlement, moral, physique et sexuel.**

Au-delà de l'injustice que vivent les personnes qui subissent du harcèlement, moral, physique ou sexuel, il est intéressant de noter que ce type d'injustice ne touche pas les personnes de façon aléatoire au sein de la population générale.

Les personnes concernées, enfants ou adultes, au-delà de leur difficulté directement visible à s'affirmer, ont le point commun de ne pas s'être senties désirées pendant leur vie intra-utérine, d'avoir vécu une naissance difficile et d'avoir associé inconsciemment la maltraitance subie comme forme de reconnaissance, qui protège de l'empreinte initiale « Je ne suis pas comme il faut pour être aimé(e) », tout en l'entretenant.

Cela permet, en tout cas, d'échapper au néant existentiel de ne pas exister aux yeux d'autrui !

La conscience de l'influence de ce type de marquage dans toutes ces situations de harcèlement et la conscience de la possibilité de le dissoudre seraient, me semble-t-il, beaucoup plus aidantes que d'entretenir ces personnes, enfants et adultes, dans la croyance en leur seul statut de victimes, dont le salut ne dépendrait essentiellement que de la protection de l'extérieur ou bien du bon vouloir de leur bourreau à devenir gentil.

Tant que ces personnes continueront à être porteuses de ces empreintes émotionnelles énergétiques, quoi qu'il se passe dans leur environnement physique et relationnel, elles continueront d'aimanter, inconsciemment et involontairement, mais énergétiquement, le même type de comportement à leur égard.

Une autre composante de l'engagement dans la filière pelvienne est importante à prendre en compte, si l'on veut identifier les différentes empreintes potentielles de cette étape avec leurs conséquences possibles sur la vie future.

Cette autre composante, c'est la réalité physique et physiologique du contact de la tête du bébé avec le sexe de la mère, pendant sa progression pour naître.

La tête du bébé, avec tous ses sens et plus spécifiquement l'odorat particulièrement sensible et développé à la naissance, chemine en contact avec tout l'appareil génital de la mère, sa muqueuse vaginale et clitoridienne, et tous les liquides physiologiques spécifiques au sexe féminin.

Suivant comment ces différents marqueurs et composantes vont s'associer entre eux, leurs effets dans la vie future pourront être différents.

Si la souffrance ressentie par le bébé dépasse le seuil qui enclenche la production d'endorphines en quantité et génère un état extatique qui s'associe de façon pavlovienne au sexe, cela pourra induire une attirance pour :

- **les pratiques sexuelles sadomasochistes**,

qui seront actées ou pas, qui resteront à l'état de fantasmes ou bien qui donneront lieu à des passages à l'acte.

Sensibilités – attractions et répulsions au niveau du cou

Si le bébé naît avec une circulaire du cordon ombilical autour du cou qui l'étrangle et que l'hypoxie qui en découle génère un état extatique, cela pourra favoriser l'attirance vers des pratiques sexuelles comme :

- **la strangulation ou *choking***,

qui consiste à trouver un plaisir sexuel amplifié par la raréfaction de l'oxygène au niveau du cerveau et donc, inconsciemment, à retrouver le vécu extatique de la naissance, associé en même temps à la souffrance subie.

Cette pratique (dangereuse) est donc plus particulièrement recherchée dans les relations sexuelles sadomasochistes, dans les jeux de rapport de dominations sexuelles.

La pratique du jeu dangereux des adolescents dit « du **foulard** » ou du ***choking challenge*** sur TikTok me semble relever exactement de la même manifestation symptomatique de la circulaire du cordon ombilical autour du cou, pendant l'engagement dans la filière pelvienne.

La circulaire du cordon ombilical autour du cou peut, bien sûr, être aussi, encore plus simplement, à l'origine de :

- **la phobie du contact avec la gorge et le cou**,

tellement tout contact vient réactiver le souvenir inconscient de la strangulation provoquée par le cordon ombilical, pendant la progression dans la filière pelvienne.

À noter que certaines personnes qui présentent ce type de phobie n'ont manifestement pas vécu de strangulation provoquée par le cordon ombilical.

En état modifié de conscience, elles peuvent retrouver une **agression sexuelle** pendant l'enfance ou la petite enfance, au cours de laquelle la main de l'agresseur les avait tenues immobilisées et **étranglées** en leur serrant le cou.

Par ailleurs, la pratique de la pendaison par suicide ou comme moyen d'exécution de peine capitale ayant été très prisée tout au long de l'histoire de l'humanité, ce type de phobie peut être aussi en lien avec une mémoire dite « de vie antérieure », au cours de laquelle la personne retrouvée s'est suicidée ou a été exécutée **par pendaison**.

Il peut s'agir aussi d'une mort provoquée par strangulation à mains nues ou bien provoquée par un lacet étrangleur, le garrot, méthode d'exécution des condamnés pratiquée sous le régime franquiste.

Troubles de la libido

Si le vécu douloureux de menace de mort du bébé s'associe avec son expérience sensorielle des odeurs, du contact avec les liquides physiologiques et l'énergie du sexe maternel, alors, plus tard dans sa vie génitale, la personne, homme ou femme, pourra avoir :

- **une aversion pour le sexe**,

d'autant plus si, pendant la petite enfance ou l'enfance, ce « marquage » aura aimanté une ou plusieurs expériences d'agressions sexuelles.

Ensuite, en fonction des associations subjectives qui s'établissent avec ce premier engagement, les principales manifestations symptomatiques qui y sont liées sont :

La phobie des tunnels

Cette phobie s'apparente à une forme particulière de claustrophobie.

C'est une peur panique de rester coincé qui envahit et submerge la personne en pénétrant dans un tunnel ou à l'idée même de pénétrer dans un tunnel.

Elle s'accompagne de certains ou de tous les symptômes habituels de la crise de panique, peur de mourir, sensations de suffocation, accélération cardiaque, arythmie, transpiration, etc.

La structure de la phobie des tunnels

- Le protagoniste : **la personne**.
- L'environnement : **passage** dont on ne voit pas l'issue, espace **longiligne** dont on ne peut **pas sortir instantanément**.
- L'action : **s'engager dans cet espace**.
- Les émotions : **peur de rester coincé et peur de mourir, suffocation**, etc.

La structure de l'empreinte initiale

La structure de ce trouble est donc une situation où la personne s'est engagée dans un espace longiligne dont elle ne voyait pas la sortie et où elle s'est retrouvée coincée sans pouvoir reculer ni avancer en suffoquant, avec la peur de mourir.

La première expérience humaine qui présente cette structure est bien celle de la naissance au moment de l'engagement dans la filière pelvienne par rapport au fait de s'y être retrouvé coincé.

La similitude avec le traumatisme de l'engagement dans la filière pelvienne est ici aussi évidente, tant au niveau des sensations qu'au niveau de l'isomorphisme de la situation.

Le burn out ou syndrome d'épuisement professionnel

L'Organisation mondiale de la santé définit l'épuisement professionnel par :

« Un sentiment de fatigue intense, de perte de contrôle et d'incapacité à aboutir à des résultats concrets au travail. »

Pour la Haute Autorité de santé :

Le burn out – ou syndrome d'épuisement professionnel – désigne un état d'épuisement physique, émotionnel et mental qui résulte d'un investissement prolongé dans des situations de travail exigeantes sur le plan émotionnel.

Il se caractérise par un processus de dégradation du rapport subjectif au travail. Concrètement, face à des situations de stress professionnel chronique, la personne en burn out ne parvient plus à faire face...

Ces manifestations peuvent être d'ordre :

- ***émotionnel** : anxiété, tensions musculaires, tristesse, manque d'entrain, irritabilité, hypersensibilité, absence d'émotion ;*
- ***cognitif** : troubles de la mémoire, de l'attention, de la concentration ;*
- ***comportemental** : repli sur soi, isolement, comportement agressif, diminution de l'empathie, ressentiment et hostilité, comportements addictifs ;*
- ***motivationnel** : désengagement progressif, baisse de motivation et de moral, effritement des valeurs associées au travail, dévalorisation.*

Des manifestations d'ordre physique non spécifiques peuvent aussi être présentes : asthénie, troubles du sommeil, troubles musculo-squelettiques (lombalgies, cervicalgies...), crampes, céphalées, vertiges, anorexie, troubles gastro-intestinaux.

La structure du burn out

- Les protagonistes : **la personne et la hiérarchie**.
- L'environnement : **l'entreprise**.
- L'action : **faire un travail jusqu'à l'épuisement**, pour **répondre à une attente élevée d'une autorité**, dans **un contexte de dépendance**

(besoin du salaire pour vivre), pour atteindre un ou des objectifs (investissement prolongé dans des situations de travail exigeantes sur le plan émotionnel).

- Les émotions : **épuisement émotionnel et mental, sentiment d'échec**.

La structure de l'empreinte initiale

La structure de ce trouble est donc une situation où la personne s'est **épuisée physiquement** pour répondre à **une attente exigeante** d'une **figure d'autorité** dont elle était **dépendante pour vivre**, avec un **sentiment profond d'échec**.

Lorsque l'engagement dans une activité professionnelle est tel que la personne concernée dépasse ses capacités de résistance physique et morale, cela vient réveiller l'épuisement physique et émotionnel vécu par le bébé au cours de sa naissance.

En plus de la fatigue de son présent, la personne est le théâtre du réveil de l'épuisement du bébé dans sa lutte pour la survie.

Comme pour toutes les dépressions, car c'en est une forme, c'est une tentative d'autoguérison du vécu traumatique de la naissance par la libération des émotions qui s'y sont enkystées.

Le réveil du vécu traumatique est généré par le déclencheur que représente l'engagement de la personne dans telle ou telle activité et en même temps cet engagement dans cette activité a été aimanté par le foyer émotionnel traumatique enkysté.

Il s'agit d'une interaction énergétique subtile.

ISABELLE ET LE BURN OUT

Témoignage

Dès l'enfance, je souffrais d'étouffement émotionnel puis physique.

Je ne cessais de me répéter : « J'étouffe. »

Avant mes 8 ans, l'asphyxie de mon ventre se traduisait par des crises de colopathie qui n'ont jamais cessé depuis.

Cherchant l'aliment indigeste pour moi, je me disais : « Ce que je ne digère pas, c'est la vie. »

Ainsi, j'ai enchaîné dépression sur dépression.

Je me suis cognée aux limites de plusieurs professionnels de la santé.

Alors, j'errais seule, désemparée.

Un tremblement de terre m'a dévastée à 47 ans : un « burn out ».

Vidée de mes forces, sans savoir, j'ai tenté la Thérapie Enfant Gigogne®.

Cette approche m'était inhabituelle :

- *une vraie écoute ;*
- *une vraie disponibilité ;*
- *un cadre bien défini ;*
- *une direction donnée en connaissant les risques qu'elle pouvait engendrer ;*
- *un grand respect ;*
- *un accord commun avec ma thérapeute pour savoir jusqu'à quelle profondeur j'étais prête à aller dans la démarche.*

Là, je n'étais nullement une patiente parmi d'autres, étriquée dans une séance de quarante minutes, mais une personne dans ses particularités, considérée, comprise, perçue dans sa profonde intimité et personnalité.

Une personne courageuse qui « vaut le coup » d'être aidée.

Le temps nécessaire m'était donné pour être entendue dans mes souffrances et mes désirs de libération, de vie meilleure, de me donner une chance de guérir.

Avec la Thérapie Enfant Gigogne®, nous avons travaillé trois points essentiels terriblement entravants pour ma vie, pour parvenir à une délivrance surprenante et miraculeuse pour moi.

Pour chaque exploration, pendant la relaxation qui conduit à l'état modifié de conscience et permet d'accéder aux situations traumatiques oubliées, j'ai été guidée, mise en confiance pour mettre en lumière des évènements extrêmement traumatisants de ma vie.

***L'étouffement** a été la première difficulté travaillée.*

Cet étau obstruait ma poitrine et mes nuits sans respiration me paniquaient.

La recherche de la cause de ces sensations d'étouffement m'a propulsée à un vécu de ma vie intra-utérine vers trois ou quatre mois avec une scène de violence dans le couple où ma mère se fait battre outrancièrement et insulter, humilier avec, à tout moment, la possibilité d'être égorgée par mon père.

Ensuite, j'ai voulu me libérer de ***l'envie de mourir dans mon lit****.*

Dès l'adolescence, je priais pour mourir dans mon lit, et avec le « burn out », ce « désir-pulsion » est revenu à plusieurs reprises comme une fulgurance.

Cela m'a alertée et je me suis dit que cette fois-ci, sans une aide véritable, je ne m'en relèverais pas.

Ce travail d'exploration m'a conduite à retrouver un autre vécu de ma vie intra-utérine, une scène avec ma mère qui tente de se suicider par médicaments, dans son lit, un après-midi. Le désespoir de ma mère qui m'envahit et l'ombre de la mort qui plane…

Cela m'a conduite immédiatement après à identifier et à retrouver un autre marquage terrifiant qui m'a permis de comprendre et de donner du sens au troisième point entravant, ces ***murs noirs*** *contre lesquels je me heurtais sans cesse.*

Dans les moments d'extrême détresse, de façon récurrente, j'avais l'impression de voir et de ressentir des murs noirs, convexes, épais, autour de moi en demi-cercle, qui se rapprochaient de moi prêts à m'engloutir.

Plus j'avançais en âge, plus je me heurtais à ces murs de plus en plus nombreux sans aucune issue, et toutes les solutions que j'envisageais pour résoudre mes difficultés de vie restaient, elles aussi, sans issue.

J'ai en effet retrouvé, après la scène de tentative de suicide de ma mère dans son lit, la fausse couche causée par l'intoxication des médicaments avec la perte de mon jumeau évacué dans les toilettes et moi, complètement recroquevillée dans la partie supérieure de l'utérus, terrorisée, bleutée et cyanosée avec l'épouvante d'être entourée d'une paroi noire suffocante, prête à m'évacuer d'un moment à l'autre.

Les séances d'état modifié de conscience ont été parfois éprouvantes mais absolument nécessaires pour aller jusqu'à la racine des maux et me libérer de leurs émotions terriblement douloureuses et si profondément enkystées.

Tout ce poids de souffrance s'est dissous progressivement grâce à chaque séance d'exploration suivie de chaque séance de mise en paix de l'Enfant Gigogne® retrouvé et grâce aussi à ma thérapeute, témoin bienveillant qui accueillait sans jugement les faits retrouvés par son attention à mon égard, sa compassion et son professionnalisme.

Je me sentais renaître à la vie.

En cinq mois, ces manifestations de grandes souffrances ont pu enfin être apaisées. Maintenant, j'ai 51 ans, je me sens accompagnée et suffisamment appréciée pour guérir et me donner le droit d'exister, de vivre et de devenir.

La phobie de la conduite en voiture (en toute circonstance, sur autoroute ou sur route bordée d'arbres)

Des personnes viennent aussi souvent consulter pour des manifestations invalidantes de peur panique, si elles conduisent un véhicule :

- dès que ce dernier est en mouvement ;
- d'autres, seulement si elles conduisent sur autoroute et plus particulièrement dans les situations de dépassement, avec le rail de sécurité sur la gauche et les files de voitures et de camions sur la droite ;
- d'autres encore, sur les routes bordées d'arbres ou de rails de sécurité.

La structure de la phobie sur autoroute

- Le protagoniste : **la personne.**
- L'environnement : **un petit espace restreint et un espace longiligne** duquel **on ne peut s'extraire instantanément** (l'autoroute sans voie de sortie proche).
- L'action : **se déplacer** à partir de ce petit espace restreint avec **la perspective de l'espace longiligne dans lequel on est engagé.**
- Les émotions : **peur de ne pas pouvoir sortir**, peur de rester coincé, suffocation, etc.

La structure de l'empreinte initiale

La structure de ce trouble est donc une situation où la personne s'est retrouvée dans un petit espace restreint en train de progresser sur un espace longiligne et est restée coincée sans pouvoir ni avancer ni reculer.

La première expérience humaine qui présente cette structure est bien celle de la naissance au cours de l'engagement dans la filière pelvienne par rapport à l'absence de sortie latérale de secours.

Les crises de panique

Les explorations en EMC montrent que les symptômes caractéristiques des crises de panique vont conduire certaines personnes qui y sont confrontées à retrouver des éléments du vécu de l'engagement dans la filière pelvienne alors que d'autres retrouveront des éléments qui correspondent plus au « sans issue », comme nous l'avons vu précédemment.

Les symptômes caractéristiques des crises de panique peuvent donc aussi bien être en lien avec le vécu du « sans issue » qu'avec le vécu de l'engagement dans la filière pelvienne.

De fait, ils sont souvent en lien avec les deux, car le vécu anxiogène de la confrontation à la menace de mort par étouffement et écrasement est présent au cours des deux étapes, avec une intensité qui peut être plus prégnante à une étape qu'à l'autre.

Il est possible aussi que des personnes confrontées à des manifestations de crises de panique retrouvent au cours de leur exploration en EMC des situations d'agressions sexuelles au cours de l'enfance et de la petite enfance, au cours desquelles l'enfant s'est senti coincé et emprisonné par l'adulte agresseur sans possibilité de lui échapper.

Ce vécu d'impuissance vient souvent réactiver le vécu anxiogène et traumatique de la naissance et contribuer à l'état de sidération si caractéristique du vécu des enfants dans ces situations d'agression et d'emprise sexuelles.

Ce type d'empreinte vient alors se surajouter aux empreintes du « sans issue » et de l'engagement dans la filière pelvienne, tels les emboîtements des poupées gigognes, qui m'ont amené au concept métaphorique de l'Enfant Gigogne®.

Les empreintes traumatiques de la sortie et leurs conséquences

Deux composantes caractérisent l'étape de la sortie :

- **la composante physique** du passage du monde enveloppant intra-utérin aquatique à l'immensité du monde aérien ; et
- **la composante relationnelle** liée à la rencontre du bébé avec au moins sa mère ou les deux parents.

La composante physique

Jusqu'alors, le bébé ne connaît principalement que l'expérience corporelle sensorielle kinesthésique d'un environnement aquatique contenant et enveloppant.

Au cours même de son périple dans le canal pelvigénital maternel, le bébé est encore plus enveloppé et enserré.

Toute la surface de son corps, toute la surface de sa peau est en contact avec l'enveloppe de la muqueuse vaginale de la mère.

Et soudainement, cet enveloppement, qu'il a toujours connu, disparaît pour laisser place à un vide froid sans limites.

Le bébé vit la version physique de la descente énergétique dans l'incarnation avec son stress de la chute vertigineuse.

Il est souvent saisi par des mains inconnues qui le propulsent en l'air comme nous propulsent des manèges désarticulés de fêtes foraines, et ressent des accélérations de montées ou de chutes dignes des « G » que subissent les pilotes d'avions de chasse !

Ce changement brutal de son environnement et des sensations qui vont avec va pouvoir créer une empreinte qui sera plus tard à l'origine des sensations générées par les pathologies suivantes.

L'acrophobie et le vertige des hauteurs

L'acrophobie est la peur panique des hauteurs, elle est générée par la pensée même de se retrouver en situation de hauteur, elle s'accompagne de conduites systématiques d'évitement et rend donc émotionnellement impossible de se retrouver en situation de hauteur.

Le vertige des hauteurs est, en quelque sorte, la version soft de l'acrophobie.

La personne ne met pas en place de conduites d'évitement, malgré sa peur, elle peut se confronter à certaines situations en hauteur.

Quelques-unes ou l'intégralité de ces manifestations caractérisent les symptômes de l'acrophobie :

- accélération du rythme cardiaque ;
- transpiration ;
- tremblements ;
- sensation de perte de l'équilibre ;
- sensation d'attraction par le vide ;
- bouffées de chaleur ;
- frissons ;
- vertiges.

Dans les cas extrêmes, certaines personnes peuvent avoir aussi les symptômes classiques des crises de panique :

- suffocation ;
- douleur thoracique ;
- sensation d'étranglement ;
- engourdissements ;
- picotements ;
- nausées ;
- peur de mourir ;
- impression d'irréalité et de perte de contrôle.

La structure de l'acrophobie et du vertige des hauteurs

- Le protagoniste : **la personne.**
- L'environnement : **le vide.**
- L'action : **se trouver en position de surplomb.**
- L'émotion : **peur panique de chuter.**

La structure de l'empreinte initiale

La structure de ce trouble est donc une situation où la personne s'est retrouvée en surplomb, dans le vide, avec une sensation de chute traumatisante.

La première expérience humaine qui présente cette structure est bien celle de la naissance au moment de la sortie par rapport au fait de se retrouver soudainement dans le vide, sans la sensation de contenant.

Là encore, la similitude entre cette terreur irraisonnée des situations de hauteur et ce à quoi certaines personnes ont pu être confrontées au cours de cette étape ultime de la naissance est assez évidente.

Bien sûr, ce qui pourrait rester qu'une simple hypothèse, à partir de la seule mise en évidence de cette similitude, se trouve validé par les accompagnements en EMC de personnes sujettes à ces divers troubles et principalement les résolutions qui s'ensuivent.

La confrontation brutale au vide qui fait suite au cheminement dans la filière pelvienne, cet espace longiligne dont on ne peut pas sortir instantanément, ne présente-t-elle pas une similitude étonnante avec cette peur panique que l'on appelle :

La géphyrophobie

La géphyrophobie est la phobie des ponts.

C'est une peur panique à la vue d'un pont ou à l'idée même de traverser un pont avec la quasi-impossibilité de se déplacer dessus.

C'est la peur soit de tomber du pont ou bien qu'il s'écroule, soit de ne pas pouvoir s'échapper s'il y a un problème.

La structure de la géphyrophobie

- Le protagoniste : **la personne.**
- L'environnement : le pont, c'est-à-dire un **espace longiligne** duquel on ne peut pas sortir instantanément.
- L'action : **avancer sur cet espace** (il faut aller jusqu'à son extrémité pour en sortir).
- L'émotion : la **peur de basculer** du pont et de **tomber en contrebas** ou bien qu'il **s'écroule** !

La structure de l'empreinte initiale

La structure de ce trouble est donc une situation où la personne s'est retrouvée à progresser sur un espace longiligne duquel elle ne pouvait pas sortir instantanément et où elle devait aller jusqu'à son extrémité avec un vécu traumatisant de bascule dans le vide.

La première expérience humaine qui présente cette structure est bien celle de la naissance au moment de la sortie par rapport à la sensation de chute dans le vide.

On ne peut que constater que certains bébés, après avoir traversé l'espace longiligne de la filière pelvienne, dont on ne peut pas sortir instantanément et qui nécessite d'aller jusqu'à son extrémité, se trouvent plus particulièrement confrontés au traumatisme du vide et de la chute dans le vide, leur monde connu venant de « s'écrouler ».

Les symptômes associés à la géphyrophobie :

- accélération du rythme cardiaque ;
- sueurs ;
- tremblements ;
- nausées ;
- vertiges ;
- suffocation ;
- tension musculaire ;
- douleur thoracique.

En plus d'être confronté soudainement au vide, le bébé est confronté à la découverte de ce qui est pour lui un nouvel environnement, un monde extérieur au monde connu de son cocon utérin.

Suivant la façon dont il va vivre cette première rencontre avec le monde extérieur, suivant qu'elle sera traumatisante ou pas, la vie future en sera impactée différemment.

En fonction de la façon dont il est accueilli, manipulé sans précaution comme un objet, soumis à la violence des lumières aveuglantes, séparé de sa mère, extrait à l'aide des forceps ou d'une ventouse qui lui écrasent ou lui déforment la tête, le monde extérieur pourra être vécu par le bébé comme dangereux et menaçant.

Il pourra peut-être présenter, plus tard dans sa vie, une peur irrépressible du monde extérieur que l'on appelle :

L'agoraphobie

La définition la plus consensuelle de l'agoraphobie est la peur irrépressible de sortir de chez soi, jusqu'à l'impossibilité de pouvoir le faire.

L'étymologie apporte quelques précisions.

« Agoraphobie » vient du grec *agora*, qui signifie « assemblée », « place publique », et *phobie*, qui signifie « peur ».

Donc, l'agoraphobie est la peur de sortir de chez soi et d'être confronté à des lieux où une foule est présente, ce qui pourrait rendre impossible le retour chez soi.

Lorsque l'on sait ce à quoi le bébé peut être confronté à l'étape de la sortie, le lien est une nouvelle fois évident !

Les manifestations décrites par les personnes qui présentent ce trouble sont semblables aux manifestations des troubles précédemment évoqués.

Ce qui valide le fait que ces troubles prennent leur source dans une même famille d'empreintes, des empreintes périnatales.

On retrouve donc :

- sensation de vertige ou de malaise ;
- accélération du rythme cardiaque ;

- tachycardie ;
- douleur thoracique ou abdominale ;
- suffocation ;
- nausées ;
- vomissements ;
- tremblements.

La structure de l'agoraphobie

- Le protagoniste : **la personne** (même si l'on parle de foule, il n'y a pas de relation avec les personnes qui composent la foule, la foule est plus caractéristique de l'environnement).
- L'environnement : constitué de deux éléments, **chez soi** (où la personne se sent en sécurité) et l'**extérieur avec la foule** (où la personne se sent en insécurité).
- Les actions : **sortir de chez soi**, être en relation avec l'extérieur.
- Les émotions : la **peur**, le **stress**, l'**insécurité**, le **danger**.

La structure de l'empreinte initiale

La structure de ce trouble est donc une situation dans laquelle la personne, après avoir quitté un cocon sécurisant, s'est retrouvée à l'extérieur, caractérisé par la présence de plusieurs personnes où elle s'est sentie en danger et en insécurité.

La première expérience humaine qui présente cette structure est bien celle de la naissance au moment de la sortie par rapport à la confrontation à l'extérieur.

La composante relationnelle

Le bébé sorti, les épreuves « naturelles » physiques les plus difficiles et les plus douloureuses sont terminées. Cette nouvelle étape va le confronter à la réactivation de ses différents vécus subjectifs quand les tourments de l'enfer ne s'étaient pas encore abattus sur lui, à savoir :

- Ne pas s'être senti attendu comme enfant.
- Ne pas s'être senti attendu comme fille.
- Ne pas s'être senti attendu comme garçon.

- S'être senti attendu pour remplir une mission impossible.
- S'être senti attendu pour maintenir les parents ensemble.
- S'être senti attendu pour remplacer un mort.
- Ne pas se sentir comme il faut pour mériter d'être aimé !

Cette étape est celle de la rencontre, de l'établissement de la relation charnelle, physique, sensorielle, en direct avec les parents ou au minimum avec la mère.

Si le bébé ne s'est pas senti attendu pour ce qu'il est, et qu'il ne s'est pas senti comme il faut pour mériter d'être aimé (ce qui a pu contribuer à ce que la naissance soit difficile), alors ce moment est celui qu'il a tant redouté !

C'est le moment du jugement premier !

C'est le moment au cours duquel sa maman et son papa (quand il est là) vont porter leur premier regard sur lui.

C'est le moment où la vérité va éclater au grand jour !

Tout le monde va voir enfin « **qu'il n'est (peut-être) pas comme il faut** », qu'il n'est pas celui ou celle qu'il ou elle devrait être pour vraiment mériter l'Amour de ses parents !

Parfois aussi, « il n'est tellement pas comme il faut » que pour être « comme il faut », il aurait dû ni être ni naître !

Toutes ces peurs et ces empreintes, tellement fréquentes, qui se mettent en place au cours de la vie intra-utérine font que le bébé non seulement redoute ce jugement premier, mais développe aussi une hypersensibilité à tous les signaux qui pourraient lui confirmer sa croyance qu'il ne mérite pas d'être aimé.

Je pense à toutes ces personnes, que j'ai accompagnées, qui ont retrouvé à ce moment de leur arrivée, dans le regard de la maman ou du papa, une expression d'à peine une demi-seconde d'étonnement, de surprise, de déception, quand ceux-ci découvraient le sexe du bébé ou bien étaient très furtivement surpris par son apparence physique différente de ce qu'ils avaient imaginé pendant tous les longs mois de la grossesse.

De l'empreinte qui découle de cette confrontation au regard des parents au moment de la naissance, en superposition à l'empreinte « **Je ne suis pas comme il faut pour mériter d'être aimé(e)** », pourront en découler les difficultés et les symptômes suivants les plus fréquents :

La glossophobie

C'est la difficulté et la peur paralysante de prendre la parole en public, caractérisée par la crainte du regard (jugeant) des autres.

Les principales manifestations symptomatiques de cette peur sont :

- sueurs froides ;
- tremblements ;
- accélération du rythme cardiaque ;
- sensation de nausées ;
- gorge et bouche sèches ;
- voix tremblante.

Les personnes que j'ai reçues, venues consulter pour des difficultés à prendre la parole en public, réunion professionnelle, comptes rendus, exposés..., ont toutes retrouvé ce moment de la confrontation au regard des parents.

Dans ce moment, un regard d'étonnement, une expression de déception furtive et généralement inconsciente ont créé une empreinte venue confirmer la croyance intra-utérine « **Je ne suis pas comme il faut pour mériter d'être aimé(e)** ».

Parfois, ce sont des paroles plus explicites auxquelles la personne venue consulter a été confrontée bébé au moment de la sortie :

« **Encore une fille !** », « **Encore un gars !** ».

Parfois, le bébé a été confronté au refus de la mère ou du père de le prendre dans les bras.

Certaines personnes, en exploration, avant de retrouver ce moment du jugement premier, ont pu retrouver des situations d'humiliation à l'école, moqueries des camarades ou de l'enseignant à l'occasion d'une interrogation devant toute la classe.

D'autres fois, ce sont des humiliations causées par des moqueries à l'occasion d'un spectacle scolaire ou familial.

En invitant ces personnes à continuer de remonter dans le temps, elles finissent par retrouver ce moment clef de la confrontation au regard de la mère ou du père.

La structure de la glossophobie

- Les protagonistes : **la personne et le groupe**.
- L'environnement : **indifférent**, c'est le groupe qui est important.
- L'action : **prendre la parole** (prendre la parole est un acte d'affirmation de soi, **s'affirmer face aux autres, montrer qui je suis**).
- L'émotion : **peur d'être jugé**.

La structure de l'empreinte initiale

La structure de ce trouble est donc une situation où la personne s'est sentie (mal) jugée, alors qu'elle montrait qui elle était, face au regard de plusieurs.

La première expérience humaine qui présente cette structure est bien celle de la naissance au moment de la sortie par rapport à l'affirmation de soi.

L'éreutophobie

L'éreutophobie est la peur de rougir en public.

C'est, assez souvent, un supplément à la glossophobie !

Beaucoup de personnes qui éprouvent des difficultés à prendre la parole face à un groupe ont aussi peur de rougir à cette occasion, ce qui rajoute un malaise supplémentaire.

Cependant l'éreutophobie ne se limite pas à une question de prise de parole devant un groupe, se trouver en public est le déclencheur de la peur de rougir.

La structure de l'éreutophobie

- Les protagonistes : **la personne** et **le public**.
- L'environnement : **indifférent**, il s'agit de tout environnement où un public est présent.
- L'action : **être potentiellement vu en faute**.
- Les émotions : **rougir et avoir honte**, peur d'être vu en train de rougir, sachant que, dans le fait de rougir, il y a l'ingrédient de la honte, ne dit-on pas « rougir de honte » ?

La structure de l'empreinte initiale

La structure de ce trouble est donc une situation où la personne s'est sentie en faute et honteuse d'être vue par plusieurs personnes (en public).

La première expérience humaine qui présente cette structure est bien celle de la naissance au moment de la sortie par rapport à se sentir en faute face au regard d'autrui.

Je pense à cette jeune femme brillante intellectuellement, occupant un poste important de responsabilité, venue consulter pour ce trouble d'éreutophobie et qui, en EMC, a retrouvé l'étape de la sortie du moment de sa naissance où elle s'est vue et sentie nue et exposée, portée par les mains de l'accoucheur, devant les yeux du père qui en plus de sa déception d'attendre un garçon s'est exclamé : « Elle est rousse ! »

L'anthropophobie

Le mot « anthropophobie » vient du grec *anthropo*, qui signifie « homme », et *phobie*, qui signifie « peur ».

L'anthropophobie est donc la peur pathologique à l'égard des personnes et de leur compagnie.

Elle se manifeste par l'évitement et l'incapacité de relations sociales et un malaise profond à la simple idée d'être en relation avec quelqu'un.

C'est une peur panique inspirée par autrui.

Les manifestations symptomatiques habituellement répertoriées sont :

- très grande anxiété ;
- vertiges ;
- étouffements ;
- douleurs thoraciques ;
- peur de mourir.

La structure de l'anthropophobie

- Les protagonistes : **la personne et les autres.**
- L'environnement : **indifférent.**
- L'action : « **relationner** », rencontrer autrui.
- L'émotion : **peur panique.**

La structure de l'empreinte initiale

La structure de ce trouble est donc une situation où la personne a été confrontée à une rencontre traumatique avec autrui.

La première expérience humaine possible qui présente cette structure est bien celle de la naissance au moment de la sortie par rapport à la confrontation à la présence d'autrui.

En quelque sorte, l'anthropophobie est à la composante relationnelle de l'étape de la sortie ce que l'agoraphobie est à la composante physique de la sortie.

Pour l'agoraphobie, le vécu douloureux de la sortie s'associe de façon pavlovienne à l'espace extérieur, l'extérieur est vécu comme la cause de la souffrance ressentie. Les autres ne sont pas importants, c'est l'extérieur qui est important et qui constitue le déclencheur.

Pour l'anthropophobie, le vécu douloureux de la sortie s'associe de façon pavlovienne aux personnes de cet espace extérieur, ce sont les personnes qui sont vécues comme la cause de la souffrance ressentie.

L'extérieur n'est pas important, ce sont les personnes qui sont importantes et qui constituent le déclencheur.

Si la peur des personnes a généralement comme première source un trauma au moment de la dernière étape de la naissance, à savoir la sortie, cette peur peut aussi s'initier ou se renforcer à l'occasion de traumas sexuels ou de violences physiques subis pendant la petite enfance et l'enfance.

Les empreintes traumatiques potentielles des interventions médicales et leurs conséquences

Je rappelle que ce n'est pas tant la situation en elle-même qui est traumatique, mais principalement la façon subjective dont elle est vécue.

C'est pourquoi le manque d'informations peut contribuer à un vécu subjectif déterminant pour générer un traumatisme.

Même si, au cours de la naissance, les interventions médicales, telles que le recours aux forceps, à la ventouse, à la péridurale, à la césarienne, ont pour objectif la sécurité du bébé et de sa mère, à côté de leur intérêt évident, ces interventions peuvent présenter des inconvénients importants que sont les empreintes traumatiques qu'elles peuvent générer.

Rappelons que les conséquences traumatiques potentielles de ces interventions peuvent être nettement réduites, voire empêchées, si ces interventions sont accompagnées d'explications faites au bébé au sujet de leurs objectifs et de leur déroulement.

Les empreintes traumatiques potentielles d'une césarienne programmée et leurs conséquences

Lorsque l'état physique de la mère et/ou du bébé est estimé incompatible avec un accouchement par voie basse, pour reprendre le terme médical usuel, une césarienne est alors prévue pour faire naître le bébé.

A priori, on pourrait penser que cette intervention, en épargnant au bébé les différentes étapes éprouvantes que l'on vient de passer en revue, soit beaucoup plus tranquille et ne présente pas de conséquences traumatiques particulières.

Comme souvent, les choses de la vie ne sont pas aussi simples qu'elles peuvent le paraître, et aussi d'ailleurs, elles ne sont pas toujours aussi compliquées qu'elles le paraissent !

La situation peut paraître idéale pour le bébé, à partir d'une vision purement matérialiste-physique qui réduit le bébé naissant à cette seule dimension.

Rappelons-nous que le bébé naissant est un être de conscience et de sensibilité !

Cette option de naissance n'est probablement idéale que pour le planning du gynécologue-accoucheur et pour les finances de la maternité qui factureront une intervention chirurgicale plus rentable qu'un accouchement naturel par voie basse !

Donc, même si cette intervention s'avère indispensable pour l'intérêt du bébé et de la mère, à quoi le bébé va-t-il être confronté ?

Plaçons-nous un instant du point de vue du bébé.

Imaginez-vous dans votre lit en train de dormir profondément, vous êtes dans votre cycle de sommeil en phase de sommeil profond, ce n'est que dans une heure ou deux ou plus que, votre cycle terminé, vous serez prêt pour vous réveiller naturellement et ouvrir doucement les yeux en vous accoutumant progressivement à la lumière et à l'agitation de la vie environnante.

Au lieu de cela, une sonnerie stridente vous arrache brutalement à votre sommeil profond, une lumière vive vous aveugle, un géant inconnu arrache les couvertures de votre lit, qui vous tenaient douillettement au chaud, vous soulève avec ses mains immenses et vous propulse tout nu, dans le vide, le froid, le brouhaha d'un monde agité et trépidant.

Des bruits, des sons violents et inconnus vous percent les tympans.

Vous n'avez plus aucun repère, vous ne savez pas où vous êtes, vous ne savez pas ce qui est en train de se passer, vous êtes terrorisé !

Bienvenue chez vous !

La probabilité qu'une telle expérience puisse laisser des traces, des empreintes traumatiques, est relativement élevée.

Quelles conséquences pourront en découler dans la vie future de ce bébé, après avoir connu une telle façon d'arriver dans ce monde ?

Plus tard, la conséquence la plus « soft » pourra être de ne pas supporter d'être dérangé dans ses occupations ou de ne pas supporter d'être dérangé et réveillé le matin !

D'autres en auront gardé un souvenir inconscient d'une telle violence que, lorsque chez eux, venu le soir à la tombée de la nuit, ils auront besoin systématiquement de verrouiller portes et fenêtres, de fermer volets ou persiennes, et souvent de vérifier que tout est bien fermé, par crainte que quelqu'un puisse pénétrer « pour faire du mal ».

Cette première empreinte d'intrusion, au moment de la naissance, pourra aimanter pour certains de nouvelles intrusions, cette fois d'ordre sexuel, au cours de la petite enfance et de l'enfance, et venir ainsi renforcer et amplifier l'empreinte initiale traumatique d'intrusion.

Enfin, en n'étant pas confronté à la puissance des contractions utérines sur son corps, le bébé ne vit pas le versant positif de cette expérience qui est d'intégrer la vulnérabilité de son corps face aux dangers physiques.

La conscience réduite de la vulnérabilité physique, qui peut en découler, pourra conduire certaines personnes à des :

- **prises de risques inconsidérés,**

au cours de la pratique de certaines activités, comme la pratique de certains sports extrêmes.

Par ailleurs, en dehors des particularités spécifiques à cette naissance par césarienne, certaines empreintes traumatiques relatives à l'étape de la sortie et mises en évidence précédemment pourront être observées aussi dans les cas de naissance par césarienne programmée, comme :

- **l'acrophobie et le vertige des hauteurs** ;
- **l'agoraphobie** ;
- **la glossophobie** ;
- **l'éreutophobie** ;
- **l'anthropophobie.**

Les empreintes traumatiques potentielles d'une césarienne d'urgence et leurs conséquences

Lorsque la césarienne est pratiquée en raison d'un problème qui survient en cours de naissance et qui met en danger le bébé ou la mère ou les deux en même temps, le travail a donc déjà commencé.

La césarienne intervient donc soit pendant l'étape du « sans issue », soit dans l'étape de l'engagement dans la filière pelvienne.

Parce qu'il y a un problème de menace vitale pour le bébé, les empreintes traumatiques potentielles qui sont spécifiques à chacune de ces deux étapes du sans issue ou de l'engagement dans la filière pelvienne pourront se créer, plus les empreintes relatives à ces conditions particulières de sortie.

À savoir, si la césarienne intervient au cours de l'étape du « sans issue » :

- **la procrastination** ;
- **les crises ou attaques de panique** ;
- **la claustrophobie** ;
- **l'astraphobie** ;
- **l'arachnophobie**.

Si la césarienne intervient au cours de l'engagement dans la filière pelvienne et suivant la nature du problème rencontré :

- **les difficultés à s'engager dans un projet, dans une activité, dans une relation** ;
- **les tendances à procrastiner** ;
- **les tendances à arriver en retard** ;
- **la phobie du contact avec la gorge et le cou** ;
- **la phobie des tunnels** ;
- **le burn out ou syndrome d'épuisement professionnel** ;
- **la phobie de la conduite en voiture** ;
- **les crises de panique**.

Comme empreinte particulière possible à la naissance par césarienne d'urgence, nous allons pouvoir retrouver la peur de l'intrusion qui est aussi présente potentiellement avec la césarienne programmée, dans la mesure où le bébé vit la main du chirurgien qui l'extrait, plus intrusive que salvatrice, avec les mêmes manifestations symptomatiques de :

– TOC de vérification des fermetures.

Enfin, du fait que la césarienne d'urgence intervient en raison d'un problème rencontré par le bébé, ce dernier fait une première expérience où le problème important auquel il est confronté est réglé par l'extérieur.

Cette référence pourra installer la croyance inconsciente que :
« Lorsqu'on a un problème important, il suffit d'attendre que l'extérieur, les autres, les autorités, le règlent », et générer :

– passivité face aux difficultés.

Ce type d'empreinte peut donc induire des conduites d'abandon et d'attente passive d'une intervention extérieure, dès que les premières difficultés se présentent lorsque la personne entreprend quelque chose.

Les empreintes traumatiques potentielles d'une naissance par forceps et ventouse et leurs conséquences

Sans informations qui viennent lui expliquer le but de l'intervention, une fois encore, le bébé aura tendance à vivre les forceps ou la ventouse comme une agression sadique qu'un extérieur ou que des personnes exercent sur lui, plus qu'à le vivre comme un secours qui lui est apporté.

Sa première expérience de rencontre avec ce monde ou avec les personnes sera associée à la douleur de l'écrasement de la tête qu'exercent les cuillères des forceps ou de la ventouse, qui déforme la tête et aspire le sang à son sommet, pour l'extraire du canal pelvigénital dans lequel il ne pouvait plus avancer.

Les conséquences futures qui peuvent en découler seront, selon toute logique pavlovienne, la peur de l'extérieur et des personnes, c'est-à-dire,

- **l'agoraphobie** ;
- **l'anthropophobie**.

Les empreintes traumatiques potentielles des accouchements programmés déclenchés et leurs conséquences

Qui dit accouchement programmé et déclenché dit en toute logique naissance programmée et déclenchée.

Quand le terme est dépassé, que le liquide amniotique commence à se dégrader et devient toxique pour le bébé, l'accouchement déclenché est un exemple de l'extraordinaire aide que la médecine scientifique contemporaine peut apporter au mieux-vivre.

Quand l'accouchement est programmé pour des questions pratiques de calendrier et de congés, il est légitime de s'interroger.

Derrière cette pratique de plus en plus prisée par certaines maternités, il y a une fois encore une vision très mécaniste du tandem accouchement-naissance.

La naissance se trouve réduite à une opération purement technique d'extraction du bébé réduit à son corps physique.

La césarienne, lorsqu'elle est elle-même injustifiée médicalement, en est l'illustration magistrale !

Dans ces conditions, la prise en compte du rythme du bébé, de sa sensibilité, de l'étroite synergie entre le bébé et sa mère, la prise en compte de la nécessité que, au plus profond de leur être, chacun soit prêt pour cette rencontre sacrée semblent bien éloignées des préoccupations des acteurs de ces pratiques.

Par ailleurs, tout logiquement, cette non-prise en compte du rythme des deux concernés, l'artificialité de la mise en route des contractions, leur déconnexion des besoins du bébé font qu'un nombre important d'accouchements déclenchés non justifiés médicalement se terminent en césariennes en raison de souffrances fœtales.

De cette naissance ainsi imposée au bébé, deux grands types de conséquences pourront en découler (en supplément des conséquences déjà inventoriées) :

- **soumission et passivité,**

la personne face à des tentatives de limitation de son libre arbitre restera passive et soumise à l'autorité qui voudra la contrôler ;

- **réaction disproportionnée,**

la personne réagira de façon totalement disproportionnée face à la moindre autorité, ou sera incapable de gérer la moindre situation de frustration.

LES TRAUMAS POSTNATALS

&

LEURS CONSÉQUENCES

Bienvenue (ou pas)

Les empreintes traumatiques liées à la séparation d'avec la mère et leurs conséquences

Les empreintes traumatiques liées à la mise en couveuse

Lorsque le bébé naît prématurément, lorsqu'il présente divers problèmes de santé, le recours à la couveuse lui fournit l'environnement et la protection nécessaires, jusqu'à ce qu'il soit suffisamment développé pour maintenir ses fonctions corporelles de manière indépendante.

À côté des avantages physiques évidents que la mise en couveuse constitue, il existe bien sûr des inconvénients sur le plan psycho-émotionnel.

Une fois encore, ces inconvénients peuvent être réduits, voire inexistants, si l'on prend la précaution de parler au bébé et de lui expliquer ce qu'il vit et va vivre, en maintenant par ailleurs le plus de contacts possible avec la mère ou le père et/ou les deux.

Les personnes rencontrées en consultation et qui ont été mises en couveuse à l'issue de leur naissance n'ont bien évidemment pas eu cette chance d'avoir pu recevoir des explications qui auraient permis aux bébés qu'elles étaient de vivre cette arrivée au « monde » autrement qu'en se sentant abandonnés.

Les personnes qui, en consultation, reconnectent leur vécu de bébé en couveuse sont submergées par des émotions de tristesse profonde, de solitude, de désespoir, d'incompréhension, de manque, d'abandon, auxquelles viennent se surajouter les émotions spécifiques en lien avec l'histoire singulière de leur vie intra-utérine et de leur naissance.

Les personnes qui reconnectent, au cours de l'exploration de leur mémoire non consciente, un vécu de mise en couveuse viennent souvent consulter pour des états dépressifs à la suite d'une séparation, quelle qu'en soit la nature.

C'est cette séparation qui, manifestement, a été le déclencheur du réveil du foyer émotionnel traumatique enkysté en lien avec le vécu douloureux d'abandon de la mise en couveuse.

Comme je viens de l'évoquer, au vécu d'abandon peuvent se greffer d'autres émotions en lien avec l'histoire singulière de la personne.

LA BOULIMIE DE SOPHIE

C'est le cas pour Sophie, venue consulter pour un état dépressif accompagné de comportements boulimiques.

Sophie, âgée de 35 ans, est en surpoids.

Je ne supporte plus mon apparence physique...

Depuis le décès de ma mère, il y a maintenant presque deux ans, je suis dépressive, je pleure pour un rien, je n'ai plus goût à rien... Il n'y a que manger qui me fait du bien... Ce n'est que quelque temps après son décès que ça a commencé, après que toutes les démarches qu'il faut faire ont été terminées et que j'ai repris ma vie de tous les jours...

C'est surtout le soir, quand je rentre du travail, que ça me prend... Que je me retrouve toute seule dans mon appartement... Mon mari est représentant, il est souvent absent pendant la semaine, alors quand je rentre, je ne me sens pas bien.

Dès que je suis dans cet appartement tout vide, toute seule, j'ai envie de pleurer, je pleure... je ne sais même pas pourquoi... Avant j'avais bien l'habitude de rester seule, ça ne me posait pas de problème...

Alors, pour me consoler, je vais manger, c'est des trucs sucrés qu'il me faut, du chocolat, des gâteaux. Des fois ça peut m'arriver de finir par avaler deux tablettes de chocolat dans la soirée, après je suis bien écœurée, mais c'est comme si ça m'avait calmée et je peux aller me coucher et m'endormir...

Sophie veut explorer son histoire passée, comprendre et retrouver sa joie de vivre avec un corps allégé !

La dernière situation vécue par Sophie, représentative de son problème présent :

Ce n'est pas plus tard qu'hier, je suis rentrée de mon travail, il devait être vers 19 heures...

Dès que j'ai poussé la porte d'entrée, que j'ai vu l'appartement vide, mon mari n'était pas encore rentré, j'ai ressenti... comme si j'étais complètement perdue... pourtant je savais qu'il allait rentrer, qu'on allait passer la soirée ensemble... Eh bien non, j'ai pas pu m'en empêcher, il a fallu que j'aille chercher une tablette de chocolat, je l'ai entamée... Je me suis dit que je voulais n'en prendre qu'un petit peu et j'ai fini par tout manger...

Quelle est la structure du problème de Sophie ?

- Les protagonistes : **Sophie et une personne investie** affectivement.
- L'environnement : **un espace intime vide de présence**.
- L'action : **manger du sucré** pour se réconforter.
- Les émotions : **solitude, sentiment de perte**, désespoir...

La situation passée, en lien avec cette difficulté rencontrée par Sophie, devrait donc présenter cette structure.

En EMC, guidée par le ressenti de cette situation, la conscience de Sophie « atterrit » dans le corps d'une petite fille d'environ 1 an.

J'ai un tout petit corps de bébé, je dois avoir à peu près 1 an... Je suis dans mon petit lit à barreaux... C'est dans la chambre de mes parents... Y a personne... Je me sens seule... J'ai envie qu'on me prenne dans les bras... Je pleure... Je veux voir maman... Je pleure... (Des larmes coulent sur les joues de Sophie.) *Personne ne vient... Je suis désespérée... Je me sens perdue...*

Laissez votre conscience se diriger maintenant vers un évènement encore plus ancien qui est la cause de ce si grand désespoir ressenti par cette petite fille de 1 an.

Je me sens encore plus petite... je suis toute petite... Je vois mes mains, j'ai de toutes petites mains... C'est comme si je venais de naître... Je me sens perdue... C'est tout blanc autour... C'est comme si j'étais derrière une vitre... mais y en a de chaque côté, au-dessus aussi... C'est comme une cage en verre... Je suis dans une cage en verre ! Mais... je suis dans une couveuse ! Je suis toute seule, maman n'est pas là... J'ai peur... Je ne comprends rien... Pourquoi je suis là ? J'me sens pas bien... J'ai peur... J'me sens pas bien... Je me sens désespérée...

Laissez maintenant votre conscience se diriger vers la cause de ce besoin de manger que ressent Sophie, la femme, quand elle rentre le soir chez elle dans son appartement vide.

Je suis toujours au même endroit, dans cette cage en verre, je me sens vraiment triste et seule, je pleure... Je vois maman derrière la vitre, ça s'ouvre... Maman me prend dans ses bras, elle me donne un biberon à téter, ça me remplit, ça me fait du bien, je crois que je m'endors...

Que se passe-t-il ensuite ?

Je suis toujours dans la couveuse... Je me sens seule... J'attends... j'attends maman.

Et puis ?

Maman, elle vient, elle me prend dans ses bras et je tète le biberon, c'est chaud, ça me réchauffe, ça me fait du bien... Et puis après maman me remet dans la cage en verre...

Quelle est la structure de la situation retrouvée par Sophie ?

- Les protagonistes : **Sophie (bébé)** et **sa maman** (personne investie affectivement).
- L'environnement : **la couveuse (espace d'intimité vide de présence)**.
- L'action : **téter le biberon** qui réconforte (**manger du sucré** pour se réconforter).
- Les émotions : **solitude**, malaise, peur, **sentiment de perte**, désespoir.

L'isomorphisme des deux situations valide la pertinence de la recherche, ce qui sera confirmé par les changements vécus par Sophie après le travail de mise en paix réalisé quelques semaines plus tard.

Les empreintes traumatiques liées au bébé confié à un membre de la famille : grands-parents, tante, oncle... et leurs conséquences

Les situations personnelles ou professionnelles de certains parents et encore plus de certaines mères vivant seules leur rendent très difficile, voire impossible, de s'occuper au quotidien de leur enfant nouveau-né, dans de bonnes conditions.

Alors, c'est une grand-mère ou une tante qui prend le relais et accueille le bébé, après qu'il a passé quelques semaines ou quelques mois auprès de sa maman.

Le projet étant que ces parents proches accueillent le bébé jusqu'à ce qu'il soit plus grand, plus autonome, et qu'alors ce soit plus facile pour les parents ou la maman de le reprendre pour s'occuper de lui au quotidien.

Ces différents adultes, parents et parents proches, sont bien évidemment animés de très belles intentions envers l'enfant, afin de lui offrir les meilleures conditions pour grandir.

Comme le dit le proverbe, « l'enfer est pavé de bonnes intentions ».

Si on ne prend pas la précaution de parler au bébé pour lui expliquer la situation et les raisons pour lesquelles d'autres personnes que ses parents ou sa maman vont s'occuper de lui et pour combien de temps, ce qui était conçu comme bénéfique pour le bébé peut finir par lui être source de beaucoup d'inconvénients.

Dans ces situations, l'enfant va être confronté à une succession d'investissements et de désinvestissements affectifs qui pourront avoir des retentissements importants dans sa vie affective future, comme cela a été le cas pour Laurent, venu me consulter pour sa vie amoureuse tourmentée.

LES AMOURS SUCCESSIFS DE LAURENT

Laurent est âgé de 51 ans lorsqu'il vient me consulter.

Je vis en couple avec Anne, nous avons chacun notre chez-soi… Cela fait deux ans que nous sommes ensemble… et nous avons une bonne relation…

Il y a quelques semaines, au cours d'une soirée chez des amis, j'ai fait la rencontre d'Aurore… Nous avons sympathisé… Nous nous sommes découvert plein de points communs. Depuis, nous nous sommes revus plusieurs fois… et puis nous avons couché ensemble… Je me sens très attiré par cette femme… Le problème est que je tiens à ma relation avec Anne, mais depuis cette rencontre, quand je suis avec Anne, je pense sans arrêt à Aurore et j'ai envie de la retrouver.

Je ne sais plus quoi faire.

Je me sens pourtant vraiment très bien avec Anne, je sais que c'est une relation qui pourrait s'inscrire dans la durée. D'ailleurs, elle voudrait que nous habitions ensemble chez elle, car elle a une grande maison. Moi j'ai un appartement qui est moins pratique quand nous nous retrouvons ensemble.

Je crois que cela me fait un peu peur d'aller vivre chez elle, je ne sais pas pourquoi mais c'est comme si cela pourrait me faire souffrir de trop m'attacher à elle.

Ce n'est pas la première fois que je vis ce genre de situation… En fait, chaque fois que je commence à avoir une relation solide avec une femme, une relation où l'on sait que l'on pourrait s'engager, je fais toujours la rencontre d'une autre femme vers qui je me sens attiré, alors que je n'ai pas envie de quitter celle avec qui je suis.

La plupart du temps, la femme avec qui je suis voudrait que l'on construise une relation sur la durée, se marier et avoir des enfants… C'est fou, parce que je crois qu'au fond de moi, c'est ce que je voudrais aussi, mais il y a un endroit où ça coince…

Je ne peux pas m'empêcher d'être attiré par une autre femme qui arrive comme par hasard, justement à ce moment-là !…

Quelle est la structure du « problème » de Laurent ?

- Les protagonistes : **Laurent et deux femmes** investies affectivement.
- L'environnement : **chez lui et chez l'autre**.
- L'action : **choisir** entre la sécurité (angoissante) d'une relation durable et l'excitation d'une relation nouvelle.
- Les émotions : **ambivalence et conflit de loyauté**.

Ce devrait donc être la structure de « l'empreinte » à l'origine de ce « problème » que rencontre Laurent de façon récurrente dans sa vie amoureuse.

Extraits de l'exploration en EMC

En EMC, Laurent se reconnecte aux émotions et aux sentiments de son ambivalence quant à ses relations avec Anne et Aurore.

Ces émotions le guident dans l'espace-temps de sa mémoire et le conduisent à l'âge de 3 ans.

Je dois avoir environ 3 ans… et là je suis dans les bras de ma grand-mère, je m'accroche à elle… J'veux pas la quitter… J'veux pas partir !…

Pour quelles raisons ce petit garçon de 3 ans doit-il quitter sa grand-mère ?

C'est mes parents qui viennent me chercher, ils veulent que j'habite avec eux maintenant… Mais moi je suis bien avec mamie… J'veux pas partir… C'est toujours elle qui s'est occupée de moi… Je suis triste…

Sur le divan, Laurent est agité.

Pour quelles raisons la mamie de ce petit Laurent a-t-elle dû s'occuper de lui ?

Je ne sais pas…

Je vous invite à laisser votre conscience se diriger vers ce qui en est la cause.

Je suis bébé… Je suis dans les bras de maman… Je suis en train de téter… Je dois avoir à peine 1 an, je vois ma grand-mère qui est là et il y a papa qui est là aussi… C'est pas chez mamie, c'est chez papa et maman… Ils ont l'air soucieux… ils parlent entre eux…

Que disent-ils ?

Je ne sais pas… je ne comprends pas bien ce qu'ils disent.

La première impression qui vous vient ?

Je crois bien que papa dit que maman est trop fatiguée et qu'ils ont trop de travail pour me garder... Mamie me prend dans ses bras... et maman se met à pleurer...

Je suis dans les bras de mamie, elle m'emmène et j'veux pas partir... je veux maman...

Et après que se passe-t-il ?

Je suis chez mamie, je suis en train de pleurer... Mamie me prend dans ses bras pour me consoler...

Quelle est la structure de la situation retrouvée par Laurent ?

- Les protagonistes : **Laurent (bébé-enfant), la maman, la grand-mère** (bien que le père soit cité, il reste au second plan par rapport au drame qui se joue pour le bébé) (deux femmes investies affectivement).
- L'environnement : **chez les parents, chez la grand-mère** (chez lui, chez l'autre).
- L'action : **perdre une relation connue** investie pour **trouver une nouvelle relation** inconnue à investir. (**Choisir entre la sécurité** [angoissante] d'une relation durable **et l'espoir d'une relation nouvelle.**)
- Les émotions : **tristesse et désarroi de la perte de la relation** (conflit de loyauté).

La structure de la situation retrouvée présente bien la même structure que le problème auquel Laurent est confronté dans sa vie amoureuse.

Il est intéressant de noter une différence entre la situation présente et la situation passée retrouvée par Laurent.

Dans la situation passée, le petit Laurent bébé a du mal à se séparer de sa mère pour partir avec la grand-mère qu'il finit par investir affectivement et ensuite il a du mal à quitter sa grand-mère pour partir avec sa mère, quand il a 3 ans.

Dans sa situation présente, alors qu'il se sent bien dans une relation en cours (ce qui était le cas, enfant), Laurent se sent irrésistiblement attiré par une nouvelle relation (ce qui n'était pas le cas pour le petit Laurent).

Comment comprendre cette différence ?

Rappelons-nous, au cours du premier entretien, Laurent dit :
... Je crois que cela me fait un peu peur d'aller vivre chez elle, je ne sais pas pourquoi mais c'est comme si cela pourrait me faire souffrir de trop m'attacher à elle...

Manifestement, de la séparation d'avec sa mère dans un premier temps et de la séparation d'avec sa grand-mère dans un deuxième temps, le petit Laurent en a tiré la conclusion que :

« Lorsque l'on aime une personne, il ne faut pas s'attacher, car si la relation dure, un jour cette personne partira et cela fait trop souffrir. »

Alors, pour se protéger de la souffrance d'une séparation inéluctable, si la relation devenait sûre, il vaut mieux investir une autre relation, les débuts étant sans danger puisque rien n'est vraiment installé !

LES TRAUMAS
D'INTRUSIONS SEXUELLES
DE L'ENFANCE
&
DE LA PETITE ENFANCE

Sous les radars

La sexualité et ses enjeux

La sexualité, en raison de tous les enjeux contradictoires et les conflits intrapsychiques qui y sont à l'œuvre, est certainement le domaine de nos vies à la fois le plus fondamental et le plus perturbé.

La sexualité touche à un besoin humain fondamental d'épanouissement, d'équilibre psychique, émotionnel, physiologique et énergétique, et c'est, en même temps, le domaine de la vie où sévissent :

- les tabous les plus importants ;
- l'absence totale d'éducation auprès des enfants et des adolescents ;
- les croyances négatives les plus stupides ;
- les interdits et les répressions les plus violentes ;
- et donc les frustrations les plus importantes ;
- et en conséquence d'innombrables traumas sexuels.

De telles frustrations, en lien avec un besoin aussi fondamental, ne peuvent que conduire à des perturbations et troubles psycho-émotionnels dont les manifestations symptomatiques vont des troubles névrotiques sexuels « classiques » (vaginisme, absence de plaisir, troubles de l'érection, éjaculation précoce, etc.) en passant par les agressions sexuelles et viols sur des adultes, jusqu'aux agressions sexuelles et viols sur des enfants, dont la sexualité violée sera la source des mêmes manifestations symptomatiques dans leur vie adulte.

Et ainsi de suite, de génération en génération.

Le domaine de la sexualité est le théâtre de nombreuses doubles contraintes :

Nous sommes tous issus d'une relation sexuelle (ou presque).

Nous sommes, pour la plupart, nés par la voie du sexe de la mère (même si ce fait tente d'être occulté par des représentations culturelles aseptisées).

Nos fondations, nos racines, notre essence d'incarnation portent l'empreinte de la sexualité dans ces différents aspects physiques, psychoaffectifs, énergétiques et spirituels.

Alors comment avoir une image de soi positive, une estime de soi positive, quand la sexualité, dont nous sommes issus, est si profondément sujette aux tabous ?

C'est-à-dire sujette à l'interdit implicite d'en parler, et qu'elle est si profondément sujette à des croyances négatives, à des connotations dégradantes, à des jugements culpabilisants et à des traumatismes subis pour un très grand nombre, au cours de l'enfance.

La sexualité met en œuvre l'énergie la plus puissante qui soit, l'énergie de la vie

Cette énergie de vie est aussi bien à l'œuvre dans la finalité de procréation que dans la finalité du pétillement de vie, de la jouissance du corps, qu'elle soit orgasmique ou sensuelle.

Alors comment toutes ces entraves à l'énergie de la vie, que sont toutes ces visions pathogènes et les traumas et blessures précoces qui en découlent, pourraient ne pas engendrer des conséquences morbides pour les personnes qui y sont confrontées, à savoir toutes les personnes nées et vivant dans cette société qui entretient un rapport pathogène à la sexualité.

Ce rapport pathogène de la société à la sexualité se manifeste, entre autres, par l'absence d'une véritable éducation sexuelle des enfants qui vont trouver les réponses à leurs légitimes questions (questions sans réponses de la part de ceux dont ce devrait être le rôle) sur des sites pornographiques.

Ces sites pornographiques leur donnent une image de la sexualité, pathogène et déshumanisée.

Pendant ce temps, la société pudibonde s'offusquera que l'on diffuse aux journaux télévisés de 20 heures des images d'hommes et de femmes nus, alors que la diffusion d'images d'exécution et de morts sur des champs de bataille et l'accès sans limites des enfants à des sites pornographiques qui présentent cette sexualité déshumanisée ne suscitent aucun scandale.

Ainsi, la puissance naturelle d'attraction qu'exerce la sexualité, en tant que besoin fondamental humain, se voit opposer une force répulsive, tout autant importante, engendrée par les tabous, les croyances négatives, les blessures et les traumas sexuels, infligés aux enfants par des adultes frustrés, eux-mêmes victimes dans leur propre enfance de ces mêmes intrusions.

Cette sexualité mutilée, comme elle peut l'être aussi littéralement chez les petites filles dans certaines « traditions », avec **l'excision** (ablation du clitoris, des petites lèvres et parfois des grandes lèvres) et **l'infibulation** (ablation du clitoris et des lèvres avec suture de la vulve), engendre frustration, déséquilibre affectif, agressivité, relations conflictuelles et divisions conjugales, familiales et sociales.

C'est ce qui fait que l'immense majorité des difficultés et troubles qui motivent les demandes de consultation en psychothérapie, qu'elles soient individuelles ou de couple, y compris quand le prétexte n'est pas d'ordre sexuel, a comme causes profondes des traumas sexuels dans la petite enfance, qui sont restés amnésiés ou qui ont été refoulés.

Un accompagnement en psychothérapie passe donc par la capacité du psychothérapeute à mettre en œuvre trois compétences :

- celle de pouvoir aborder de façon simple et précise les différents aspects de la sexualité ;
- celle de pouvoir nommer les organes sexuels et les pratiques sexuelles, en évitant les écueils fréquents qui relèvent soit d'un jargon technique médicalisé et aseptisé, soit de l'usage de mots très abstraits et génériques, soit de mots issus du registre de la vulgarité ;

- celle d'accompagner les personnes pour explorer leur mémoire non consciente dans laquelle sont enfouis les traumas sexuels à l'origine de leurs difficultés.

C'est l'aisance du professionnel à pouvoir parler et questionner naturellement et simplement qui autorisera les personnes accompagnées à dépasser le tabou et les autorisera à parler sans honte ni culpabilité.

C'est cette autorisation qui permettra au couple en difficulté dans leur vie sexuelle de pouvoir communiquer sainement et échanger au sujet de leurs peurs, de leurs attentes et d'établir un dialogue constructif.

Cet inventaire du vécu de la vie sexuelle, manque d'assurance, troubles, symptômes, difficultés relationnelles, absence de désir, souvent ponctués par la remarque « C'est plus fort que moi, j'peux pas m'en empêcher ! », conduit à la conclusion ou à l'intuition que les difficultés évoquées sont en lien avec des limitations venues du passé mais dont la nature précise n'est pas encore identifiée.

C'est alors que le thérapeute doit mettre en œuvre la troisième compétence, celle de pouvoir accompagner les personnes concernées et demandeuses, pour identifier les blessures passées en lien avec les difficultés présentes.

Sachant que ces blessures passées sont soit restées amnésiées, soit ont été refoulées dans la mémoire non consciente.

Cette troisième compétence passe par la capacité du thérapeute à accompagner la personne demandeuse en état modifié de conscience, pour accéder à la mémoire non consciente et identifier le ou les vécus traumatiques passés, afin de les résoudre et permettre à la personne accompagnée de retrouver son libre arbitre dans sa vie présente d'adulte.

Concernant la question des traumas sexuels de la petite enfance et de l'enfance (attouchements, viols incestueux et autres viols), sans parler des attouchements et viols de la vie adolescente et de la vie adulte, mes accompagnements des personnes en consultation m'ont conduit à faire **trois constats** :

La prédominance des traumas sexuels à l'origine des troubles et symptômes qui conduisent à consulter

Dès que les personnes explorent leur mémoire non consciente pour identifier l'origine des symptômes et des problèmes pour lesquels elles viennent consulter, elles retrouvent majoritairement des agressions sexuelles subies pendant la petite enfance et l'enfance :

- soit ces agressions sexuelles ont eu lieu avant la barrière amnésique des 2-3 ans et elles ne sont pas accessibles à la mémoire consciente ;
- soit ces agressions sexuelles ont eu lieu dans l'enfance et elles ont été refoulées. Leur souvenir conscient aurait été trop perturbant pour l'enfant, elles ne sont donc pas accessibles à la mémoire consciente, aussi.

Seule une exploration de la mémoire non consciente en état modifié de conscience peut permettre de retrouver ces traumatismes sexuels.

Par ailleurs, de toute évidence, parmi toutes les personnes qui viennent consulter et qui ont subi des agressions sexuelles au cours de l'enfance, toutes, même en EMC, ne sont pas automatiquement en capacité de pouvoir accéder à la conscience de leurs traumatismes passés.

Pour ces personnes, leur fragilité psychologique, leur lien présent avec leur agresseur, dont elles ignorent qu'il l'a été, feraient qu'accéder à la conscience de ces traumatismes constituerait, dans ces conditions, un traumatisme supplémentaire, un traumatisme sur le traumatisme.

Dans ces cas de figure, ce sont la nature et la structure des symptômes pour lesquels les personnes viennent consulter qui permettent de poser l'hypothèse d'un traumatisme sexuel à l'origine de ces symptômes.

Il va sans dire, mais en le disant tout de même, que dans la plupart des cas, dans un contexte de travail psychothérapeutique, il ne sert à rien, voire il est contre-productif, d'informer la personne concernée d'une telle hypothèse.

Il me semble essentiel que ce soit la personne elle-même qui accède à cette information par le travail d'exploration qu'elle aura décidé d'entreprendre.

Sachant que, si à ce moment-là de son évolution, elle n'est pas en capacité de gérer une telle information, alors elle n'accédera pas à cette information.

Cependant, je le rappelle, dans la démarche de la Thérapie Enfant Gigogne®, par principe de précaution, on ne procède pas à des explorations avec des enfants, du fait qu'ils n'ont pas encore une structure psychologique suffisamment étayée, qui puisse leur permettre d'accueillir l'expérience traumatique qu'ils avaient dû amnésier ou refouler jusque-là, pour se protéger.

La corrélation entre les traumas sexuels et les traumas de la vie intra-utérine

A priori et vue de l'extérieur, la corrélation n'est pas évidente, voire peut-être surprenante ou bien même choquante !

Je vais donc faire de mon mieux pour remettre en évidence cette corrélation (puisque je l'ai déjà évoquée précédemment) qui, *in fine*, m'est apparue évidente !

Le premier aspect de cette corrélation étonnante est d'abord factuel.

J'ai pu observer que les personnes qui retrouvent des traumas sexuels au cours de leurs explorations en EMC retrouvent systématiquement au cours d'une même exploration et surtout au cours d'autres explorations des vécus intra-utérins caractérisés par l'empreinte générale :

« Je ne suis pas comme il faut pour mériter d'être aimé(e) »

qui découle de grossesses non désirées, d'attentes d'un enfant de l'autre sexe, de projections de missions impossibles sur l'enfant, de tentatives d'avortement, etc.

Quelle est la logique à l'œuvre pour ce qui relève au minimum d'une simultanéité si ce n'est, nous allons le voir, ce qui relève d'une causalité à la fois énergétique et interactionnelle ?

Comme je l'ai abordé au cours du chapitre sur les empreintes traumatiques de la vie intra-utérine, l'empreinte générale « Je ne suis pas comme il faut pour mériter d'être aimé(e) » constitue le socle d'une mésestime de soi, qui conditionne en premier les conditions de la naissance.

Le bébé redoute la confrontation directe « au jugement premier », ce qui rend sa naissance difficile.

Cette naissance douloureuse vient rajouter « **Je ne fais pas comme il faut** » au « **Je ne suis pas comme il faut pour mériter d'être aimé(e)** » initial.

C'est donc un bébé qui arrive au monde avec une profonde mésestime de soi.

Cette mésestime de soi engendrera le manque de confiance en soi, la difficulté à s'affirmer (« Puisque je ne suis pas comme il faut ») et donc la difficulté, voire l'impossibilité par peur d'être rejeté, de pouvoir dire « **non** » au travers de toutes ses composantes :

- **verbale**, prononcer le mot ;
- **comportementale**, manifester une opposition physique ;
- **énergétique**, « vibrer » une énergie subtile qui impose le respect.

C'est un bébé qui arrive au monde avec un besoin exacerbé de se « sentir aimé », proportionnel à sa certitude (inconsciente) de ne pas pouvoir l'être.

Ce sera un enfant avec un tel sentiment de manque d'amour qu'il s'attachera « addictivement » à quiconque lui manifestera de l'intérêt, lui consacrera du temps, répondra à sa soif naturelle de curiosité.

Cette dépendance addictive à l'intérêt que certains peuvent lui porter lui rendra impossible de pouvoir dire ce « non » (déjà initialement impossible à exprimer de peur d'être rejeté), et ici impossible à dire, de peur de perdre la relation privilégiée ou bien par peur des représailles (lorsqu'il n'y a pas de liens affectifs avec son agresseur).

Ce sera donc un enfant extrêmement vulnérable à l'intrusion et à l'envahissement de façon générale et plus particulièrement à l'intrusion d'ordre sexuel.

Les adultes et les plus grands enfants, qui sont porteurs des mêmes empreintes intra-utérines et qui ont subi eux-mêmes des agressions sexuelles, reconnaîtront l'énergie émotionnelle vibratoire de son empreinte initiale « **Je ne suis pas comme il faut pour mériter d'être aimé(e)** ».

Ils tenteront alors d'**exorciser** leurs propres traumatismes inconscients en les **rejouant** sur cet enfant, devenant ainsi agresseurs de fait par l'identification à leur(s) agresseur(s) passé(s) et victimes de par leur identification à l'enfant qu'ils agressent.

Ils revivent ainsi par procuration leur agression passée en jouant, et le rôle de leur agresseur et leur propre rôle passé en tant que victime (en s'identifiant à l'enfant qu'ils agressent).

Manifestement, le passage à l'acte de l'adulte ou de l'enfant plus grand est rendu possible par l'incapacité totale de l'enfant à pouvoir dire « non » à cet autre, qui est investi affectivement ou bien qui est effrayant et menaçant.

Cela par peur de perdre ces biens si précieux que sont l'intérêt et l'attention dont cet autre lui témoigne.

Cette incapacité à pouvoir dire **« non »** et à s'opposer se retrouve dans tous les témoignages, qu'ils soient d'adultes ou d'enfants, dont le dénominateur commun est l'état de **sidération** qui s'abat sur la victime.

L'impossibilité de réagir, du fait de cet état de sidération, est ensuite très souvent à l'origine de beaucoup de culpabilité chez la victime, du fait qu'elle interprète ensuite sa « passivité » comme une forme de consentement.

C'est d'ailleurs ce que font aussi les agresseurs, qui tentent de minorer la gravité de leur passage à l'acte, par la mise en avant d'un consentement de la victime, du fait de son absence d'opposition active.

Caractéristiques traumatiques des actes sexuels commis sur des enfants

Les justifications culturelles les plus répandues pour l'interdiction et la dénonciation de toutes pratiques sexuelles sur des enfants sont des **justifications moralistes** et **puritaines** qui reposent sur les tabous et les croyances négatives stupides au sujet de la sexualité qui sont projetées sur les enfants victimes :

« C'est sale... », « C'est honteux... », « C'est choquant... », « C'est inacceptable... », « C'est révoltant », « C'est scandaleux », etc.

Mais en quoi toutes ces réactions scandalisées aident-elles à comprendre en quoi un acte sexuel commis par un adulte sur un enfant lui est nocif ?

À une époque, pas si lointaine, beaucoup de parents faisaient boire de l'alcool à leurs enfants parfois très jeunes.

Maintenant, cette « pratique » a totalement disparu, parce que des campagnes d'informations médicales ont permis aux parents de savoir que l'alcool, même en petite quantité, est nuisible pour le développement de l'enfant, et ce dès la vie intra-utérine.

Les recherches et les campagnes d'informations ont permis de savoir qu'en cas de consommation, le cerveau en cours de développement en aura une empreinte qui, adulte, favorisera une dépendance addictive à l'alcool.

Les tabous, toujours présents au sujet de la sexualité, semblent avoir rendu jusque-là impossibles des campagnes d'informations sur les conséquences objectives d'actes sexuels commis par des adultes sur des enfants, comme cela a été fait pour l'alcool.

Les références pour l'interdiction et la répression des pratiques sexuelles sur des enfants sont donc plus d'ordre émotionnel que rationnel.

L'intention originelle de ces références moralistes et puritaines était certes positive, en voulant protéger les enfants des conséquences de tels actes, mais le moyen en lui-même ne semble pas être et avoir été très efficace, compte tenu du nombre tellement élevé de traumas sexuels que l'on peut constater, qui ont lieu pendant la petite enfance et l'enfance.

Et surtout, ces références passent donc à côté de l'essentiel, en laissant dans l'ombre et dans l'ignorance les véritables et objectives raisons qui font que des pratiques sexuelles sur des enfants (pratiques contraintes et y compris quand elles sont éventuellement consenties) sont totalement nocives et traumatisantes.

Les adultes qui n'adhèrent pas à ces valeurs morales puritaines, en l'absence d'autres références plus objectives et rationnelles, peuvent ainsi considérer que des pratiques sexuelles sur un enfant ne peuvent pas lui nuire, voire au contraire ne peuvent que l'initier et le préparer pour sa vie sexuelle future.

C'est ce que l'on trouve d'ailleurs souvent comme arguments avancés par certains auteurs de passages à l'acte !

Les traumas liés aux actes sexuels commis par un adulte

L'excitation sexuelle imposée : une énergie trop puissante pour l'enfant

Comme la plupart du temps, avec notre vision matérialiste réductrice, nous avons tendance à réduire la sexualité à sa seule dimension physique, certes importante, mais qui n'est pas exclusive.

La sexualité ne se réduit pas à des caresses, à des pénétrations, à de l'excitation, à des sensations, c'est en amont une énergie, certainement l'énergie la plus puissante que nous puissions connecter, puisque c'est l'énergie de la vie, l'énergie de laquelle nous sommes issus.

Le tantra millénaire ne s'y est pas trompé, puisqu'il utilise l'énergie de la sexualité comme tremplin pour la spiritualité et comme moyen d'atteindre l'éveil !

Ne parle-t-on pas d'atteindre le septième ciel pour désigner l'effet de l'orgasme ?

Ne parle-t-on pas aussi de la petite mort pour désigner ce même orgasme ?

Un adulte venant stimuler l'énergie sexuelle d'un enfant éveille et déclenche en lui une énergie que cet enfant n'est pas en mesure de gérer, parce qu'il n'en a pas les moyens physiques, physiologiques, psychologiques et énergétiques, pour la simple raison qu'il est en cours de construction.

J'utilise souvent cette métaphore qui consiste à dire que lorsqu'un adulte commet un acte sexuel sur un enfant (ce qui englobe caresses sur les zones érogènes, caresses sur le sexe, pénétrations vaginales, anales et buccales), cela correspond à allumer l'équivalent d'un « feu de la Saint-Jean » dans un tout petit poêle d'appartement.

L'enfant n'est pas en mesure de gérer le feu sexuel que cela peut générer en lui, d'autant plus que les tabous et la plupart du temps l'impossibilité pour lui d'en parler font que l'enfant se retrouve seul pour gérer ce feu sexuel qui est activé.

Je pense à cette jeune femme me confiant qu'après avoir subi enfant des attouchements sexuels de la part d'un adulte, le feu sexuel que cela avait entraîné chez la petite fille qu'elle était l'avait amenée à des conduites compulsives de masturbation, jusqu'à se frotter le sexe sur la moquette de sa chambre pour remplacer et atténuer le feu sexuel par un autre feu, celui des brûlures infligées par les frottements.

Ce qui était aussi une façon de retrouver le feu tout en se punissant pour répondre à sa culpabilité (puisque, de son point de vue, ce que l'adulte lui avait imposé, elle l'avait bien voulu, puisqu'elle en avait ressenti une grande excitation !).

Pour comprendre ce premier point au sujet de la nocivité d'un acte sexuel commis par un adulte sur un enfant, il est donc important de se dégager d'une vision puritaine sur l'enfant. L'enfant est sexuellement sensible, il recherche le plaisir sexuel en se masturbant, ce qui est tout à fait normal et très différent d'une excitation sexuelle ressentie par des caresses commises par un adulte.

En se masturbant, un enfant peut vivre un orgasme, mais il le générera à la mesure de ses moyens et de ses capacités.

L'accompagnement des personnes en EMC, qui retrouvent des situations d'attouchements sexuels, de viols incestueux ou pas, subis au cours de la petite enfance et de l'enfance, met en évidence que dans de nombreuses situations, l'enfant peut ressentir de l'excitation et du plaisir conjointement aux émotions de peur, d'incompréhension, de sidération, que peuvent générer les conditions qui lui sont imposées.

Des conditions telles que vivre cette excitation

- par surprise au cours du sommeil ou d'une sieste ;
- sous contrainte morale ou contrainte physique ;
- au cours d'un glissement d'un contact physique affectueux vers un contact physique érotisé et sexualisé.

La réalité de ce plaisir possible ressenti est généralement douloureuse et difficile à accepter et à accueillir par les victimes, car il est le plus souvent interprété comme un consentement passif à l'agression intrusive.

Nous verrons que c'est une difficulté importante au cours du processus thérapeutique.

Stimulé sexuellement par un adulte, un enfant peut donc vivre un orgasme, mais qui ne sera pas à la mesure de ses moyens et de ses capacités.

Il s'agit de la différence entre le feu de la Saint-Jean et la petite flambée dans le poêle d'appartement.

Contrairement à ce que l'on pourrait penser, un orgasme induit chez un enfant par un adulte n'est pas vraiment une partie de plaisir !

Nous allons voir en quoi un orgasme induit par un adulte chez un enfant peut être problématique et traumatisant et hypothéquer sa sexualité future.

L'orgasme imposé et le réveil de l'angoisse de mort

L'enfant qui atteint un orgasme par lui-même le découvre à partir de tout un cheminement progressif de découverte de son propre corps.

Lorsque l'enfant l'expérimente par lui-même, l'orgasme s'inscrit donc dans une suite logique d'un processus de découverte de son propre corps avec lequel il a pu s'apprivoiser et où il est en mesure de l'autoréguler.

Lorsque l'orgasme est induit par un acte commis par un adulte, le contexte est totalement différent.

Plus l'enfant est petit, plus la stimulation commise par l'adulte ou l'enfant plus grand est de l'ordre d'un tsunami de sensations et d'émotions qui le submergent et l'envahissent et auxquelles il n'est pas préparé.

La puissance, l'intensité, la violence de toutes ces émotions suscitées par l'intrusion peuvent très facilement ramener l'enfant à l'épisode violent traumatique de sa naissance avec la peur panique de mourir et, dans certains cas, avec le vécu d'une sortie de corps pour se protéger du « trop d'intensité ».

Rappelons-nous l'enchaînement causal :

- **« Je ne suis pas comme il faut pour mériter d'être aimé(e) » ;**
- **naissance difficile ;**
- **traumatisme sexuel,**

qui permet de comprendre pour quelles raisons le tsunami émotionnel de l'intrusion vient réveiller l'angoisse de mort de la naissance qui, dans ce cas, a donc une très grande probabilité d'avoir existé.

Cette association pavlovienne entre l'angoisse de mort et la sexualité aura bien évidemment des conséquences dans la vie sexuelle génitale future.

J'y reviendrai plus loin.

L'orgasme imposé et les sorties de corps

J'ai déjà évoqué ce mécanisme de défense qui consiste littéralement à ce que la conscience s'extraie du corps pour ne plus en ressentir les sensations et les émotions trop violentes.

Il s'agit donc d'une dissociation entre le corps et la conscience, comme moyen d'anesthésie.

On retrouve, en psychopathologie, ce terme de « dissociation » pour qualifier le fonctionnement psycho-émotionnel de certaines personnes qui sont totalement coupées de leurs émotions, justement, à la suite de traumas d'une grande violence.

À des périodes, comme la naissance et l'enfance, où la conscience vient juste d'investir le corps, lorsque l'enfant est confronté à des situations qui sont trop violentes physiquement ou émotionnellement, ce moyen de défense le déconnecte, le débranche, littéralement, de la réalité insupportable et transporte sa conscience sur un autre plan.

Les personnes qui reconnectent ces moments en EMC décrivent une sensation de non-sensation physique, de flottement dans une lumière généralement blanchâtre et cotonneuse.

Le plus souvent, la conscience revient réinvestir intégralement le corps physique.

Quand la naissance est trop violente, il peut y avoir une sortie de corps qui sera vue et nommée « perte de connaissance » par le personnel médical.

Le bébé découvre un moyen pratique et efficace pour se protéger, quitter son corps, aller ailleurs.

Lorsqu'il sera de nouveau confronté à une situation trop violente pour lui, comme une intrusion sexuelle avec des sensations trop fortes pour lui, qu'elles soient douloureuses ou orgasmiques, ce moyen de protection se remettra spontanément en place.

Ces répétitions pourront faire que les portes, qui maintiennent habituellement la conscience dans le corps, s'ouvrent très facilement dès que l'enfant sera confronté à une réalité qui le dérange.

Le degré d'« échappée » de la conscience pourra aller de « la tête dans la lune », le refuge systématique dans l'imaginaire, « l'état perché », jusqu'aux troubles psychiatriques pour lesquels, à l'occasion d'une échappée liée à un trauma trop violent, la conscience n'est venue réintégrer le corps que partiellement, une part vaquant sur un autre plan de réalité.

Beaucoup de personnes hospitalisées en psychiatrie, qui présentent des troubles sévères qui relèvent des psychoses, cumulent des empreintes traumatiques de toutes les périodes passées en revue précédemment : une descente dans l'incarnation difficile, une vie intra-utérine de grossesse non désirée par la mère, souvent avec tentative d'avortement, une naissance très difficile, des abandons et séparations, des traumas sexuels (viols incestueux et autres viols, répétitifs).

En conclusion, ce seul risque plus ou moins important de déconnexion de la réalité qui peut découler d'une intrusion sexuelle subie pendant l'enfance est déjà suffisant en soi, indépendamment des autres risques, pour expliquer rationnellement l'interdiction de relations sexuelles entre adultes et enfants.

De la même façon que l'alcool est nocif pour l'enfant, alors qu'il ne l'est pas pour l'adulte (en quantité appropriée !), toute sexualité avec un adulte est nocive pour l'enfant, alors qu'elle ne l'est pas entre adultes (consentants).

L'enfant n'a pas les capacités physiologiques d'assimiler l'alcool, l'adulte a les capacités physiologiques de l'assimiler.

L'enfant n'a pas les capacités physiques, physiologiques, psychologiques et énergétiques d'assimiler des relations sexuelles avec des adultes, les adultes entre eux, oui. (Sous réserve qu'ils soient consentants et plus encore qu'ils en aient le désir !)

Ce n'est donc pas une question de morale puritaine, mais une question pragmatique de sécurité physique et psychologique.

La dépendance à l'excitation sexuelle imposée

Revenons sur le fait que l'intrusion sexuelle subie par un enfant, en stimulant des zones érogènes ou le sexe, déclenche une excitation sexuelle, même si, simultanément, de la peur, de l'incompréhension et aussi de la douleur peuvent être ressenties.

Il est important d'avoir à l'esprit que le corps de l'enfant, comme le corps de l'adulte, et plus particulièrement les organes sexuels et les régions érogènes sont sensibles aux stimulations, y compris sensibles à des stimulations d'origine mécanique.

Il n'est donc pas nécessaire physiologiquement d'avoir du désir et/ou du consentement pour qu'une stimulation de ces zones du corps déclenche de l'excitation sexuelle.

C'est bien souvent cette réalité qui pose problème.

En effet, comme je l'ai déjà évoqué, selon la croyance culturelle dominante, il est inimaginable qu'une agression sexuelle, attouchement, viol, inceste, puisse provoquer de l'excitation sexuelle.

Cette référence culturelle implicite, par ailleurs, fait que lorsque des victimes d'agressions sexuelles, enfants ou adultes, ressentent de l'excitation sexuelle pendant leur agression, cela s'accompagne après coup de beaucoup de culpabilité.

Elles pensent que si elles ont ressenti de l'excitation, c'est qu'elles ont désiré ou provoqué le passage à l'acte de leur agresseur et qu'elles sont donc responsables de ce qu'elles ont subi.

Cette définition de la réalité est tellement insupportable que cela conduit beaucoup de victimes à refouler dans l'inconscient le vécu d'excitation.

C'est ce qui rend, dans ce cas, le travail thérapeutique encore plus difficile, nous le verrons.

Beaucoup de personnes ayant subi, enfants, des intrusions sexuelles m'ont confié n'avoir jamais osé dire à quiconque que leurs agressions s'étaient accompagnées d'excitation sexuelle, tellement elles ressentaient de la culpabilité et de la honte à cela, se jugeant responsables de ce qu'elles avaient subi.

Beaucoup de personnes qui retrouvent en EMC des traumas sexuels me confient au cours de l'entretien de « retour sur expérience » qu'en reconnectant le moment de l'intrusion, elles ont reconnecté de l'excitation sexuelle, en parallèle à toutes les autres émotions, mais qu'elles n'ont pas osé le verbaliser pendant l'exploration, car elles en ressentaient trop de honte et de culpabilité.

Enfin, beaucoup d'autres personnes qui retrouvent en EMC des traumas sexuels découvrent pendant l'exploration que l'enfant qu'elles ont été avait ressenti de l'excitation sexuelle, en même temps que toutes les émotions douloureuses ressenties dans ces moments d'intrusion.

L'excitation sexuelle imposée par l'agresseur est donc la plupart du temps refoulée, pour se protéger de la culpabilité et de la honte qu'elle entraîne après être passée par le filtre culturel évoqué précédemment :

« Si la victime ressent de l'excitation, c'est qu'elle est responsable de l'agression ! »

Imaginons qu'une personne, encore plus une femme, victime d'un viol, après avoir porté plainte contre son agresseur, dise au cours du procès qui s'ensuit que pendant le viol qu'elle a subi, elle a ressenti de l'excitation sexuelle, il est alors fort probable, encore actuellement, qu'elle soit totalement décrédibilisée et désavouée, comme cela a pu effectivement se produire à différentes reprises !

Cela étant dit, il est important pour comprendre la suite qu'une intrusion sexuelle commise par un adulte sur un enfant va donc pouvoir déclencher une excitation sexuelle de nature différente et disproportionnée par rapport à une autostimulation.

Plus cette excitation imposée intervient à un âge précoce et plus elle est forte, plus elle est susceptible de créer une dépendance addictive inconsciente à cette excitation et aux conditions à partir desquelles elle a été générée.

C'est-à-dire que l'excitation sexuelle va s'associer, de façon pavlovienne, à ce que l'agresseur impose à sa victime : **contrainte physique**, **contrainte affective**, **menace**, **secret**, **domination**, **culpabilité**, **peur**, **sentiment de salissure**, **humiliation**, **dégoût**, etc.

Cela pourra générer des conduites masturbatoires compulsives pendant l'enfance et entraîner une sexualité génitale trop précoce.

La sexualité génitale pourra être caractérisée par la répétition des conditions initialement imposées, donc des rapports sexuels avec la marque de la contrainte physique, la contrainte et la manipulation affectives, la menace, le secret, la domination, la culpabilité, la peur, le sentiment de salissure, l'humiliation, le dégoût, etc.

L'expression ultime de ces différentes conséquences se trouve symptomatiquement dans les conduites de prostitution qui réunissent factuellement ou subtilement ces divers paramètres.

La dépendance au parent incestueux

Pour les situations d'inceste, en plus de certaines dépendances que je viens de présenter, une dépendance spécifique est très fréquemment présente.

Il s'agit d'une dépendance affective très importante à l'égard du parent incestueux, qui, pour l'enfant victime devenu adulte, pourra avoir l'une ou l'autre de ces conséquences :

- **difficulté ou impossibilité d'investir un(e) partenaire de sexe opposé et de vivre une vie de couple ;**
- **aimanter une relation de couple qui rappellera la relation incestueuse passée, en choisissant un(e) partenaire beaucoup plus âgé(e) ;**

- **éviter au maximum toute ressemblance avec la situation passée, en faisant un choix homosexuel.**

Des femmes ayant subi un inceste du père pourront choisir inconsciemment un partenaire beaucoup plus âgé ou choisiront l'homosexualité comme évitement.

Des femmes ayant subi un inceste de la mère pourront chercher à retrouver inconsciemment cette relation au travers d'une relation homosexuelle aussi.

Des hommes ayant subi un inceste de la mère pourront choisir une partenaire beaucoup plus âgée ou choisiront l'homosexualité comme évitement.

Des hommes ayant subi un inceste du père pourront chercher à retrouver inconsciemment cette relation au travers d'une relation homosexuelle.

Sans compter les autres conséquences symptomatiques recensées plus loin, qui sont inhérentes à l'intrusion sexuelle précoce.

Les conséquences de l'association pavlovienne entre l'excitation sexuelle et/ou le plaisir sexuel et les conditions (dégradantes) dans lesquelles il a été initialisé

Qu'il soit induit par des stimulations imposées ou par des stimulations consenties et désirées ou autoadministrées, l'excitation sexuelle ou le plaisir sexuel, dans tous les cas, appartient au corps de la personne concernée.

Il n'est ni bien ni mal, il est la résultante du fonctionnement physique et physiologique normal et naturel du corps humain.

Il est donc essentiel de faire la distinction entre :

- **l'excitation sexuelle et/ou le plaisir sexuel qu'un enfant peut ressentir, qui appartiennent à son corps ; et**
- **les conditions des stimulations et des émotions qui lui sont imposées au cours d'une agression sexuelle, conditions qui ne lui appartiennent pas et qui appartiennent à son agresseur.**

Un premier problème pour beaucoup de personnes ayant subi des agressions sexuelles pendant l'enfance est **l'association inconsciente** qui s'est établie entre :

- **l'excitation sexuelle et/ou le plaisir sexuel ressentis** ; et
- **les conditions initiales à partir desquelles il a été expérimenté par des stimulations contraintes et les émotions qui y sont rattachées.**

De cette association totalement pavlovienne, il en découle comme conséquences que :

- **Si la personne veut accéder au plaisir sexuel, elle ne pourra y accéder que si elle retrouve des conditions identiques à celles à partir desquelles elle y avait accédé initialement, à savoir les conditions de contraintes dégradantes recensées plus haut.**

Nous avons alors l'archétype du (de la) prostitué(e).

- **Si, inconsciemment, la personne ne veut pas vivre ces conditions dégradantes de contraintes** (contrainte physique, contrainte affective, menace, secret, domination, culpabilité, peur, sentiment de salissure, humiliation, dégoût), **elle doit alors renoncer au plaisir sexuel.**

Nous avons alors l'archétype de la « bonne sœur » ou du « curé ».

Entre ces deux extrêmes, pour beaucoup de personnes, il y a tous les dégradés qui tendent vers l'un ou vers l'autre de ces archétypes.

Enfin, quel que soit le point sur le curseur entre les deux extrêmes, il en résulte toujours un conflit intérieur extrêmement douloureux entre la sexualité comme besoin fondamental et le poison des conditions initiales qui s'y sont associées.

Dans le meilleur des cas, pour les plus « chanceux », cela se traduira par des troubles névrotiques.

Pour les moins « chanceux », cela se traduira par des troubles psychotiques, en fonction des autres traumas qui auront été aimantés.

La clef thérapeutique

Couper le lien de l'association qui s'est établie entre le plaisir sexuel et les conditions de contraintes dégradantes initiales

Pour permettre à la personne de retrouver sa liberté, elle devra couper le lien entre l'excitation sexuelle ressentie dans le passé, excitation-plaisir qui lui appartient, et les conditions qui lui ont été imposées enfant, qui appartiennent à son ou ses agresseurs.

Pour couper le lien entre les deux, il est nécessaire que la personne puisse accéder à leur conscience et plus particulièrement à la conscience de l'excitation sexuelle subie et ressentie par l'enfant.

Vient alors le deuxième problème qui fait suite au premier évoqué plus haut, quand l'excitation sexuelle ressentie par l'enfant au cours de l'agression qu'il a subie a été refoulée et reste refoulée ou est considérée comme inacceptable ou inenvisageable par, disons, le surmoi de la personne.

Comment accompagner le mental pour regarder autrement ?

Il s'agit, alors, d'aborder certaines croyances présentes chez les personnes accompagnées, telles que :

- **un enfant ne peut pas ressentir d'excitation et de plaisir sexuels ;**
- **un enfant peut encore moins ressentir d'excitation sexuelle quand il subit une agression sexuelle ;**
- **un enfant est sali lorsqu'il subit une agression sexuelle.**

Pour la première croyance, il s'agit de se dégager de la représentation désexualisée de l'enfant que peuvent induire des visions puritaines liées à diverses idéologies religieuses ou autres.

On le sait depuis longtemps, l'enfant, en faisant la découverte de son corps, en expérimente les différentes fonctions, dont celle de générer du plaisir avec l'autostimulation de certaines parties de son corps, dont le sexe entre autres, par la masturbation.

Comme nous l'avons vu, le fait que l'enfant puisse ressentir de l'excitation sexuelle et du plaisir sexuel ne cautionne pas les passages à l'acte sexuel commis par des adultes, ni ne signifie que ces passages à l'acte pourraient être sans conséquence, au contraire !

Avec la deuxième croyance vient une difficulté supplémentaire pour envisager qu'une excitation, lors d'agressions sexuelles et de viols, puisse être possible.

Les mots « agression » et « viol » induisent, au moins inconsciemment, des représentations de violences physiques.

Or, toutes les agressions sexuelles et tous les viols ne s'accompagnent pas forcément de violences physiques.

L'effet pervers de ces deux croyances réunies pourrait être que s'il n'y avait pas de violence physique, alors le passage à l'acte pourrait ne pas être problématique pour l'enfant !

Et pourtant, quand il n'y a pas de violences physiques, les conséquences peuvent être tout autant délétères, la qualification d'agression sexuelle ou de viol est toujours pertinente.

Car, même s'il n'y a pas de violence physique, il y a toujours intrusion sexuelle.

Qu'elle soit imposée ou pas, violente ou pas, fantasmatiquement désirée ou pas par l'enfant, l'intrusion sexuelle commise par l'adulte sur l'enfant aura toujours le même potentiel néfaste sur lui, tel que nous l'avons mis en évidence précédemment.

Il existe donc une croyance très répandue selon laquelle dans un contexte « sexualisé », s'il y a violence physique subie par une personne, elle ne peut pas ressentir d'excitation sexuelle.

Tout ce que nous avons vu à propos de la violence physique de la naissance et son association à l'empreinte sexuelle, tout ce que nous savons au sujet de la douleur qui, lorsqu'elle atteint un certain seuil, amène notre organisme à sécréter des endorphines en quantité et nous plonge dans un état d'extase, tout ce que nous savons de la sexualité sadomasochiste nous démontre l'inverse, à savoir que :

L'excitation sexuelle et le plaisir sexuel peuvent tout à fait être présents en même temps qu'une violence physique ou morale subie.

Enfin, pour la troisième croyance qui consiste à penser qu'un enfant est sali lorsqu'il subit une agression sexuelle, il me semble important d'éclairer plusieurs points.

Cette croyance suppose donc que la sexualité, le sexe et le corps sont sales.
On retrouve donc ici la vision puritaine de la sexualité de façon générale.

En quoi la sexualité, le sexe, le corps peuvent-ils être sales ?
Nous en sommes tous issus !

Un enfant ne peut pas être sali par quelque chose qui ne l'est fondamentalement pas !
Irions-nous dire qu'un enfant est sali si nous lui faisions boire de l'alcool ?

L'alcool ne le salit pas, mais il est totalement contre-indiqué de lui en faire boire, comme il est totalement contre-indiqué et hors la loi qu'un adulte commette un acte sexuel sur un enfant.

Si quelqu'un est sali dans ces situations, ce ne peut être que l'adulte agresseur qui se salit moralement lui-même.

Je le répète, **avancer l'argument moraliste et puritain de la salissure pour justifier l'interdit d'acte sexuel sur un enfant est totalement contre-productif et aussi néfaste pour les enfants victimes, qui intègrent que la sexualité est sale, ce qui vient hypothéquer encore plus l'avenir de leur sexualité adulte.**
La résultante de cette croyance transmise aux enfants est le symptôme de TOC de lavement, que l'on rencontre fréquemment chez les personnes qui, enfants, ont subi des agressions sexuelles.

C'est la difficulté à accepter cette réalité essentielle qui rend difficile, pour certaines personnes, d'envisager que l'enfant qu'elles ont été ait pu ressentir de l'excitation sexuelle (excitation sexuelle tout à fait légitime et normale), dans un contexte de contraintes diverses, physiques et morales.

En cascade, cela rend difficile de pouvoir envisager le lien entre les deux, un des deux n'existant pas pour la personne, **elle continuera donc, inconsciemment, à réduire la sexualité et le plaisir sexuel qu'elle pourrait ressentir aux conditions dégradantes à partir desquelles ils ont été initialisés.**

Comment couper le lien ?

- **Avec les éléments du protocole de mise en paix.**

Le travail de mise en paix qui suit l'exploration permet de couper le lien, le plus souvent, mais parfois un travail complémentaire est nécessaire.

Ce travail complémentaire peut se réaliser à l'aide du protocole du paquet restitué.

- **Avec le paquet restitué.**

J'ai déjà eu l'occasion de présenter ce protocole très intéressant, pour permettre aux victimes de redonner à leurs agresseurs ce qui leur appartient, dans mon premier ouvrage *Au cœur de nos émotions, un enfant intérieur : l'Enfant Gigogne*, aux éditions Trédaniel.

J'en retranscris ici une partie avec deux exemples dont un témoignage direct, qui illustre parfaitement son intérêt pour ces situations de traumas sexuels.

JOSETTE ET SON DÉSIR DE MATERNITÉ

Josette, éducatrice, qui désirait avoir un enfant avec son compagnon, mais ne réussissait pas à en avoir, bien que les résultats des différents examens médicaux réalisés soient tout à fait normaux.

Elle avait subi, dès l'âge de 9 ans jusqu'à l'adolescence, une relation incestueuse avec son père.

Bien qu'ayant suivi une psychanalyse de plusieurs années qui l'avait déjà beaucoup aidée, elle se sentait toujours sensible et vulnérable au niveau de sa vie sexuelle et n'avait donc pas pu jusque-là devenir mère.

C'est après avoir fait ce travail de restitution à son père, mais aussi à sa mère, qu'un an plus tard je recevais un faire-part de naissance.

Josette a fait ce travail de restitution, après avoir fait préalablement un travail de mise en paix de la petite fille victime...

Dans ce travail de restitution, Josette a fait deux « paquets », un pour sa mère, un pour son père.

Dans le paquet pour son père, Josette a mis divers objets appartenant à la petite fille, un sous-vêtement, une robe, une photo et un courrier.

Dans ce courrier Josette explique à son père qu'elle tient à lui rendre ces objets avec tout ce dont ils sont porteurs car, en tant que responsable des actes passés, ils lui appartiennent de fait.

Le travail préalable de mise en paix de la petite fille a permis à Josette de pouvoir faire ces paquets et de les remettre à ses parents dans un état d'esprit intègre et pacifié.

Pour qu'elle soit totalement efficiente, cette technique très symbolique doit être réalisée sans volonté de vengeance ou de revanche.

Il est très important de le faire comme on peut restituer à son propriétaire un objet qu'il a perdu et que l'on a trouvé, avec cette unique intention qu'il retrouve ce qui lui appartient de droit, indépendamment de la valeur ou des jugements de valeur que l'on peut porter sur l'objet lui-même, dans un simple esprit de faire la chose « juste ».

Si dans la réalisation de ce paquet, on sent qu'il y a une volonté de vengeance, il est important d'en tenir compte et de trouver un moyen plus approprié pour gérer ce sentiment.

La plupart du temps, une volonté de vengeance résulte d'une accumulation d'émotions de colère qui n'ont pas pu être évacuées ni verbalement ni physiquement.

C'est donc une indication pour d'abord faire un travail d'évacuation des énergies émotionnelles de colère bloquées.

Si parfois il peut y avoir la tentation de vengeance ou de revanche, d'autres fois, certaines personnes craignent de « faire du mal » aux auteurs des actes traumatisants en leur redonnant leur « paquet », surtout lorsqu'il s'agit de personnes proches comme les parents.

Dans ce cas de figure, il est alors important d'amener la personne à être consciente que continuer à porter en soi ce qui appartient à l'autre est non seulement nuisible pour soi, mais est aussi nuisible pour l'autre.

L'autre se trouve ainsi « dépossédé » de ce qui lui appartient et, de ce fait, il ne peut pas accomplir le travail de résolution personnelle qu'il doit nécessairement réaliser pour son propre chemin d'évolution.

Il en est dans le champ de notre vie psychoaffective, comme dans le champ de notre vie matérielle !

Ce qui n'est pas fait à un moment devra être fait un jour ou l'autre.

Nous finissons toujours par devoir faire ce que nous avons jusque-là reporté, en sachant que généralement plus nous « reportons », plus nous « payons » les « intérêts de retard ».

Rendre à son propriétaire ce qui lui appartient, c'est lui donner la possibilité de faire ce qu'il a à faire (assumer ses actes passés).

C'est en quelque sorte lui faire un cadeau, en lui rendant un élément de son puzzle personnel.

Le paquet remis, cela relève de sa totale responsabilité et de son total libre arbitre que de le recevoir comme cadeau bénéfique ou comme « fantôme tourmenteur ».

L'HISTOIRE DE VIOLAINE

Témoignage

À l'âge de 9-10 ans, la petite Violaine a eu une relation incestueuse avec son frère, qui avait alors 13 ans. Il la contraignait à des sodomies.

Un jour, après l'école, la petite Violaine rentra manger à la maison et trouva une maman inquiète qui voulait lui parler.

Pendant ce temps le père prit aussi le frère à part, pour le questionner.

La petite Violaine n'était pas à l'aise parce que rarement il y avait eu des entretiens intimistes dans la famille ou alors pour se faire réprimander.

La maman voulait savoir ce qui se passait entre la petite Violaine et son frère parce qu'elle avait constaté plusieurs fois que le lit dans la chambre d'amis était défait.

La maman lui demanda des détails : son frère l'avait-il pénétrée ?

Comme Violaine avait peur, elle répondit non. Ensuite la maman conseilla à sa fille de faire venir le prêtre, ami de la famille, pour qu'elle puisse se confesser.

Comme la petite Violaine avait une éducation religieuse très poussée, elle allait tous les mercredis au catéchisme et tous les dimanches à la messe.

Elle se sentit accusée d'un péché très grave et elle sentit qu'à cause de cette faute elle pourrait être vouée aux flammes de l'enfer et ne jamais aller au paradis comme on le lui avait appris.

La petite Violaine refusa de voir ce prêtre.

Sa mère dit alors à la petite Violaine, qui avait beaucoup pleuré, de dire à sa maîtresse, si elle l'interrogeait sur sa mine, qu'elle avait mal à la tête. Ainsi, la petite Violaine ne dirait rien à sa maîtresse.

Et la petite Violaine tint parole tant et si bien que pendant de nombreuses années son corps se mit à parler à sa place.

Violaine devint une femme à l'âge de 15 ans. Jusque-là elle souffrait de voir son corps se transformer, elle cachait sa poitrine qui se formait malgré elle, elle piétina ses premiers soutiens-gorge, elle enrageait de ne pas pouvoir dominer ce corps.

Ses règles étaient très irrégulières et elle réussit même à les bloquer pendant un an. La maman de la jeune Violaine lui avait déjà demandé de tenir pour elle le cahier où Violaine marquait ses menstruations.

Violaine ne voulut pas, elle estimait que c'était une violation de son intimité.

Comme elle ne put contrôler son corps, Violaine commença à le nourrir de moins en moins, elle refusait de manger de la viande ou du poisson, elle ne buvait plus que des litres de lait, elle voulait retourner à cette époque heureuse de sa vie où elle était bébé.

Puis d'anorexique, elle devint boulimique, parce que son corps aimait manger.

Violaine trouva le moyen de réconcilier son corps et son mental, elle avalait de grandes quantités de nourriture, achetait tout ce qu'elle s'interdisait, se levait la nuit pour s'empiffrer, puis elle se faisait vomir.

Une fois de plus son corps gagna, car la jeune Violaine, dès l'âge de 15 ans, se mit à perdre beaucoup de cheveux.

Violaine se détestait.

Violaine rencontra son premier grand amour à cet âge-là. Il habitait loin, mais cela ne l'empêcha pas de l'aimer avec une grande intensité pendant quatre ans.

Son grand amour venait de temps en temps passer ses vacances d'été avec sa famille chez Violaine.

Un jour la maman de Violaine surprit son grand amour dans le lit de Violaine un matin.

Ils n'avaient rien fait de ce qui était interdit dans la famille avant le mariage.

Violaine eut beau l'expliquer à sa maman, celle-ci rentra dans une rage folle et frappa Violaine avec une telle violence que Violaine se mit à saigner du nez.

La maman traita sa fille de « putain » et menaça Violaine de tout raconter à son père, de l'envoyer terminer sa scolarité enfermée dans une institution religieuse.

La jeune Violaine sombra dans une grande affliction, elle se sentait au bord du précipice, elle se sentait sale, honteuse, pécheresse et en même temps elle savait que ce grand amour, elle y avait droit, et qu'il était légitime.

Un jour la maman devait partir visiter son père.

Elle dit à Violaine qu'elle voulait bien la laisser à la maison à condition qu'elle ne flirte pas avec son grand amour.

Violaine qui était très amoureuse, par respect pour son grand amour, préféra partir avec sa mère chez le grand-père.

Des années passèrent encore, Violaine était toujours boulimique.

Le premier jour de son travail, elle révéla à sa mère son terrible secret, et Violaine se mit à consulter plusieurs psychiatres à l'âge de 23 ans.

Pendant sept ans elle ne put engager une relation sentimentale avec un homme, elle en avait peur, elle s'interdisait de « tomber amoureuse ».

Puis quand Violaine devint indépendante financièrement, elle eut quelques aventures sentimentales qui furent sans lendemain.

Aujourd'hui, à 30 ans, je suis allée à la rencontre de la petite Violaine de 9-10 ans pour la mettre en paix.

J'ai adressé à ma maman et à mon frère un paquet dans lequel je leur ai rendu ce qui leur appartenait.

À ma mère, j'ai offert une petite poupée à mon effigie portant l'étiquette « Viol-Haine », une mèche de mes cheveux d'adolescente, une carte représentant deux bébés posés dans une balance à plateaux, une image illustrant le Jugement dernier.

Ce cadeau était accompagné d'une lettre où j'expliquais à ma maman ma démarche et le contenu du paquet.

Je suis allée lui porter en main propre en lui disant que l'on pourrait en reparler ensemble.

La lettre était écrite à l'encre dorée sur un beau papier bleu, elle disait ceci :

« Chère maman,

Aujourd'hui la jeune femme de 30 ans que je suis devenue s'associe avec la petite Violaine de 10 ans.

Voilà plus de vingt ans que la petite Violaine garde ce qui t'appartient.

Il est temps que je soulage la petite Violaine de ce poids.

Avec tout le respect que nous éprouvons pour toi, nous te rendons la culpabilité, le jugement moral que la maman de 39 ans a porté sur la petite Violaine et qui ont fait qu'elle s'est sentie coupable de l'acte incestueux.

Nous te rendons également le choix du prénom Violaine qui porte en lui symboliquement le viol et la haine inscrits dans l'histoire familiale.

En te rendant ce paquet je libère la petite Violaine de la culpabilité, de la honte, de la peur qui ne lui appartiennent pas. »

Deux jours plus tard, ma maman m'a appelée pour me dire qu'elle n'avait pas voulu me faire de mal.

J'ai également adressé un paquet à mon frère.

Je n'ai pas voulu lui donner en main propre, parce que j'ai rompu les relations avec lui depuis plusieurs années.

J'ai empaqueté une étiquette portant la même inscription : « Viol-Haine », j'ai mis des mèches de mes cheveux d'adolescente et d'autres objets.

J'ai également glissé à l'intérieur du paquet cette lettre :

« Voilà plus de vingt ans, la petite Violaine de 10 ans avait une relation incestueuse avec son frère.

Elle a grandi avec ce poids sur la conscience.

La jeune femme de 30 ans que je suis devenue a beaucoup cheminé et aujourd'hui elle aimerait aider la petite Violaine à rendre ce qui l'encombre et qu'elle porte sur les épaules.

Nous aimerions vivre sereinement notre relation aux hommes, aussi nous nous associons pour t'offrir ce beau cadeau.

Nous te rendons tout d'abord la contrainte morale que tu as exercée sur la petite Violaine en l'obligeant à avoir une relation sexuelle.

Nous te rendons également l'agressivité que tu as mise dans l'acte en sodomisant la petite Violaine.

En reprenant ce qui t'appartient tu nous permets de nous libérer de la haine, de la violence, de la contrainte morale qui étaient liées à toute rencontre amoureuse ou autre, jusqu'alors.

Nous te souhaitons de pouvoir vivre également sereinement, de devenir un homme et un père de famille épanoui.

Merci beaucoup. »

J'ai accroché l'adresse de mon frère sur le paquet et l'ai fait brûler dans la cheminée en regardant danser les flammes.

J'ai alors vu la petite Violaine de 10 ans debout dans la chambre de son frère, l'air hagard.

Je suis allée à sa rencontre, je l'ai consolée et prise sur mes genoux tout en lui disant que je l'aimais beaucoup et qu'elle pourrait me demander de l'aider dès qu'elle le souhaiterait.

Cette démarche m'a permis de mettre à distance l'émotion liée à la situation initiale traumatisante.

J'ai appris à ne plus m'associer à l'intensité dramatique ressentie par la petite Violaine, à ne plus me confondre dans les évènements traumatisants de mon existence, à les attribuer à différentes Violaine qui n'existent plus aujourd'hui mais qui restent en moi.

Avec le recul maintenant, je pense que ce n'est pas tant la relation incestueuse que la petite Violaine a eue avec son frère qui l'a traumatisée, mais la signification et la culpabilité que les adultes lui ont induites.

Je ne me sens plus responsable ni de l'histoire de mes parents ni de celle de mon frère.

À chacun son chemin de vie et son thème de vie. Je leur ai rendu leur part, je ne porterai plus leur haine et leur violence, à mon frère et à ma mère de faire ce qu'ils ont à faire avec.

Je leur rends leurs moyens de communication « tordus ».

J'espère dans un avenir plus ou moins proche pouvoir tisser des relations sentimentales moins houleuses.

Cette démarche m'a permis de faire un tri dans la forêt de mes dysfonctionnements et d'aller au cœur de mon problème.

Je ne me focalise plus sur un évènement mais je vais à l'origine de mon ressenti.

J'ai appris à identifier quand pour la première fois j'ai éprouvé ce mal-être.

Mon expérience m'a rendue plus forte personnellement et professionnellement.

Je me sens à la fois en paix avec moi-même et plus pertinente dans l'aide que je peux apporter aux enfants dont je m'occupe.

Je suis devenue cohérente, j'accepte de montrer ce que je suis à l'intérieur de moi. Mes collègues et mes amis me trouvent plus calme, ils me disent que j'ai changé.

Résumé pratique de la technique du « paquet restitué »

Indications

Terminer un travail de libération psycho-émotionnel effectué sur un vécu traumatique « causé » par les actes d'un tiers.

Pour un trauma sexuel, couper les liens entre l'excitation sexuelle ou le plaisir sexuel, selon, et les conditions imposées par l'agresseur.

Préalables

Avoir évacué les émotions de colère dirigées sur l'auteur des actes traumatisants.

Déroulement

1) Identifier le vécu émotionnel induit par les actes de « l'agresseur ».
2) Associer ce vécu émotionnel de façon symbolique ou littérale à des objets, des supports qui représentent, qui portent « l'énergie nocive des actes posés par l'agresseur ».
3) Déposer concrètement ces supports matériels symboliques dans un « paquet », un carton, accompagnés éventuellement d'un courrier explicatif.
4) Remettre le paquet à son propriétaire :
   - variante 1 : en main propre ;
   - variante 2 : l'envoyer par la poste à l'adresse connue ;

- variante 3 : déposer le paquet sur la tombe du propriétaire ;
- variante 4 : brûler le paquet en imaginant « l'énergie » de sa fumée retourner vers son propriétaire (qu'il soit en vie ou pas).

Si un courrier est fait, veiller à ce que le courrier « parle » de l'Enfant Gigogne® concerné et des protagonistes contemporains de cet Enfant Gigogne®.

Les destinataires physiques du paquet sont en quelque sorte les « héritiers » des actes commis dans le passé par les personnes qu'ils étaient à l'époque !

Ces personnes n'existent plus physiquement maintenant.

Les destinataires auront donc à gérer l'héritage de « l'agresseur gigogne » en eux.

Les traumas supplémentaires liés au secret, aux tabous et aux croyances toxiques

En plus des traumas qui viennent d'être recensés, directement inhérents à l'intrusion sexuelle et à son auteur, viennent, le plus souvent, se surajouter des éléments traumatiques générés par les croyances culturelles toxiques dominantes qui ont été transmises à l'enfant, au sujet de la sexualité.

Parmi les facteurs que nous avions recensés précédemment, qui participent à ce qu'une situation soit traumatique, retenons ici :

L'impossibilité de pouvoir verbaliser l'expérience auprès d'une personne de confiance

Pour l'enfant victime, ne pas pouvoir dire, ne pas pouvoir parler vient amplifier, décupler, les effets inhérents à l'intrusion sexuelle même.

Le manque d'informations ou le fait de disposer d'informations fausses

Les croyances négatives autour de la sexualité amplifient les charges émotionnelles négatives associées à l'intrusion.

La possibilité pour l'enfant victime de verbaliser l'agression subie, d'être écouté et rassuré par rapport aux croyances négatives qui lui ont été inculquées constitue un moyen libérateur pour limiter l'impact traumatisant de l'intrusion sexuelle commise par l'adulte.

Cependant, lorsqu'un enfant est victime d'une agression sexuelle à un âge qui lui permet d'avoir un souvenir conscient immédiat de l'agression et qu'il dispose du langage verbal, il est confronté à plusieurs obstacles pour pouvoir parler de l'agression qu'il a subie.

Ces obstacles sont les suivants :

Le tabou autour du sexe

L'enfant qui grandit dans un environnement familial et culturel dans lequel on ne parle pas de « sexe » et dans lequel en parler génère du malaise intègre très vite cette règle implicite « qu'il ne faut pas en parler ».

Si, simplement par légitime besoin de connaître et de comprendre son propre corps, l'enfant, en posant des questions, s'aperçoit que les adultes sont gênés ou lui disent : « Ce n'est pas bien de parler de cela », alors comment pourrait-il parler quand il est victime d'une agression !

Le chantage et les menaces exercés par l'agresseur

Les témoignages recueillis auprès des personnes qui ont été victimes mettent en évidence que, très souvent pour obtenir le silence de l'enfant, les agresseurs ont recours au chantage et aux menaces : **« Tu ne dois pas en parler, si tu en parles tes parents iront en prison… »**, ou bien ils ont recours à la confidentialité : **« C'est un secret entre nous, il n'y a que nous qui devons le savoir, il ne faudra en parler à personne… »**, avec parfois un supplément de menace plus subtile : **« … si on dit un secret, ça porte malheur… »**

La dépendance affective

L'investissement affectif important que l'enfant a fréquemment opéré auparavant sur l'adulte agresseur le rend très dépendant affectivement de ce dernier.

Malgré l'inconfort que représente le silence, l'enfant préfère souvent se « sacrifier » pour protéger l'adulte des problèmes qu'il pourrait encourir.

La réalité mise en doute

L'enfant qui subit des intrusions sexuelles, qui sont le plus souvent répétitives et commises par des adultes dans la sphère familiale ou proches de la sphère familiale, est confronté à des moments qui sont en dehors de l'ordinaire, totalement différents de ce qu'il connaît habituellement du comportement des adultes.

Il se produit dans ces moments « quelque chose » en totale rupture avec la réalité quotidienne familiale et/ou sociale.

Après avoir subi ce moment de l'intrusion sexuelle, lorsqu'il revient à la réalité de la vie quotidienne familiale ou sociale, l'enfant voit son agresseur se comporter « normalement », ainsi que tous les autres membres de la cellule familiale ou sociale.

Alors que l'enfant vient de vivre un moment en rupture totale avec l'ordinaire, toutes les personnes autour de lui se comportent tout à fait comme d'habitude, exprimant par là, du point de vue de l'enfant, que rien « d'extra » ordinaire ne s'est passé.

Aucune parole, aucun signe, aucun comportement de quiconque ne vient valider la réalité du moment récent subi par l'enfant.

Les adultes étant le repère et la référence pour l'enfant, peut-être a-t-il tout inventé, peut-être est-ce le fruit de son imagination, peut-être est-il vraiment « méchant et mauvais » de prêter ainsi à cet adulte des comportements aussi incompréhensibles ?

Alors que cet adulte est si vertueux, si droit dans ses prises de parole, dans ses principes, cet adulte si souvent gentil avec lui !

L'enfant pourra donc facilement se persuader qu'à chaque fois il a tout inventé et finira par ranger ces moments dans une zone à part de sa mémoire.

C'est ce qui sera, plus tard, à l'origine de ce que j'ai appelé « le syndrome "J'ai tout inventé !" », que l'on rencontre fréquemment dans les commentaires des personnes après qu'elles ont retrouvé en exploration des situations de traumas sexuels impliquant des parents proches.

Les croyances culturelles toxiques et leurs conséquences

« Avec le recul maintenant, je pense que ce n'est pas tant la relation incestueuse que la petite Violaine a eue avec son frère qui l'a traumatisée, mais la signification et la culpabilité que les adultes lui ont induites. »

Le témoignage de Violaine met parfaitement en évidence les effets dévastateurs des croyances toxiques des adultes au sujet de la sexualité et de leurs réactions face aux situations d'agressions sexuelles subies par les enfants.

Même si les croyances puritaines toxiques véhiculées par les idéologies radicales de diverses religions cèdent le pas, grâce à une meilleure information des adultes et des parents, ces croyances restent malgré tout encore tenaces dans certains milieux.

Les adultes ont toujours beaucoup de difficultés à parler de façon simple de sexualité avec les enfants, tant la sexualité reste un sujet tabou au sein des familles.

Ainsi, les enfants sont confrontés à tout ou partie des croyances et de leurs influences suivantes :

La masturbation, « ce n'est pas bien » et « c'est sale »

Un très grand nombre d'adultes venant en consultation ont subi ce conditionnement au cours de leur enfance.

Beaucoup d'enfants continuent encore de subir ces propos de façon explicite ou de façon implicite, même si le discours officiel pédagogique et éducatif, tenu dans des revues grand public ou spécialisées, lève le tabou et replace la masturbation infantile dans un cadre normal de découverte de son propre corps et d'apprentissage autoérotique, nécessaires pour l'enfant.

Le seul argument que de nombreux parents trouvent encore pour inciter leurs enfants à ne pas se masturber en public est de leur dire que « c'est sale », que « ce n'est pas bien ».

La sexualité et le sexe, « c'est sale et dégoûtant. C'est un péché »

Ce que décrit Violaine met bien en évidence que même si l'enfant a été victime, ses croyances le conduisent à avoir peur d'être accusé, d'être fautif, d'avoir commis paradoxalement un acte horrible en ayant subi cet acte, et donc bien évidemment à ne pas oser parler.

« La maman voulait savoir ce qui se passait entre la petite Violaine et son frère parce qu'elle avait constaté plusieurs fois que le lit dans la chambre d'amis était défait.

La maman lui demanda des détails : son frère l'avait-il pénétrée ?

Comme Violaine avait peur, elle répondit non. »

Un palier supplémentaire dans l'escalade traumatique est franchi quand plane l'épée de Damoclès divine sur la tête de l'enfant pour tout ce qui concerne la sexualité.

Alors, quand un adulte lui impose du sexe, on peut facilement imaginer la peur, la culpabilité et la honte qu'un enfant peut ressentir en ayant été imprégné de telles croyances toxiques auparavant.

« Ensuite la maman conseilla à sa fille de **faire venir le prêtre**, ami de la famille, pour **qu'elle puisse se confesser**.

Elle se sentit accusée d'un **péché très grave** et elle sentit qu'à cause de cette faute elle pourrait **être vouée aux flammes de l'enfer** et ne jamais aller au paradis comme on le lui avait appris. »

Une fille qui a des relations sexuelles est une traînée ou une putain

« Un jour la maman de Violaine surprit son grand amour dans le lit de Violaine un matin.

Ils n'avaient rien fait de ce qui était interdit dans la famille avant le mariage.

Violaine eut beau l'expliquer à sa maman, celle-ci rentra dans une rage folle **et frappa Violaine avec une telle violence** que Violaine se mit à saigner du nez.

La maman traita sa fille de "putain" et menaça Violaine de tout raconter à son père, de l'envoyer terminer sa scolarité **enfermée dans une institution religieuse** ».

Les agressions sexuelles « inces-tueuses », accompagnées de ce genre de menaces explicites ou implicites, avec les traumatismes qui en découlent induisent donc très fréquemment des symptômes similaires à ceux décrits par Violaine :

« Comme elle ne put contrôler son corps, **Violaine commença à le nourrir de moins en moins**, elle refusait de manger de la viande ou du poisson, elle ne buvait plus que des litres de lait, **elle voulait retourner à cette époque heureuse de sa vie où elle était bébé**.

Puis d'anorexique, elle devint boulimique... Elle avalait de grandes quantités de nourriture, achetait tout ce qu'elle s'interdisait, **se levait la nuit pour s'empiffrer**, puis **elle se faisait vomir**.

Une fois de plus son corps gagna, car la jeune Violaine, dès l'âge de 15 ans, se mit à **perdre beaucoup de cheveux**. »

L'exposition à un déferlement d'images pornographiques, sans régulation éducative de la part des adultes

Avec les téléphones portables dont ils disposent de plus en plus tôt et l'accès sans limites à des sites pornographiques, les enfants sont surexposés à un déferlement d'images pornographiques qui s'avèrent être les seules références concrètes en termes d'éducation à la sexualité qui leur est offerte, tant le tabou reste toujours aussi important dans l'espace éducatif familial et scolaire.

L'expression symptomatique du tabou qui perdure se trouve dans le fait que leur accès à ces vidéos pornographiques se fait clandestinement, à l'insu des parents, ce qui montre bien qu'ils ont intégré qu'il ne fallait pas en parler.

Si la parole était libre, des questions sur la nature des images et des pratiques visionnées pourraient être posées et des réponses pourraient être apportées.

Mais rien de cela ne se produit, le tabou amplifie les effets délétères de l'exposition aux images pornographiques déshumanisées.

Dans un contexte d'accès sans limites à des vidéos pornographiques crues, qui nécessiterait, au minimum, une régulation des adultes avec du dialogue, de l'information, des explications, pour faire la distinction entre fantasme et réalité, au contraire le tabou perdure.

Le malaise des adultes induit par le tabou les conduit à l'évitement ; la curiosité naturelle des enfants les conduit à chercher de l'information là où ils peuvent y accéder le plus facilement. Ils se retrouvent une fois de plus seuls à gérer quelque chose qu'ils ne sont pas en mesure de gérer par eux-mêmes.

En l'absence de régulation et de dialogue de la part des adultes et des parents, les enfants n'ont que ces références comme modèles de relations sexuelles, qu'ils ne peuvent comprendre qu'au premier degré, donc comme étant la réalité de la sexualité, c'est-à-dire une sexualité de performances, une sexualité où l'autre est réduit à l'état d'objet, une sexualité de rapports de domination, une sexualité violente, une sexualité déshumanisée.

Dans les films-cinémas d'action qui présentent des scènes de combat où les belligérants s'assènent des coups à une cadence effrénée et d'une force qui, dans la réalité, laisserait le combattant le plus endurci K-O sur-le-champ, les enfants sont en mesure de faire la distinction entre la fiction cinématographique où tout est possible et la réalité des limites des capacités humaines, car ils peuvent en parler avec des adultes ou avec leurs parents qui peuvent leur donner des informations.

Les adultes peuvent leur donner des explications au sujet de ce qui relève du possible ou pas, en termes de capacités, mais aussi en termes de ce qui est légal ou pas dans la vraie vie.

La permanence du tabou sur la sexualité rend impossible ou du moins très difficile le dialogue entre adultes et enfants, dialogue qui peut parfaitement exister pour d'autres domaines de la vie.

Cela indépendamment du fait que, par ailleurs, pour de jeunes enfants, certaines scènes de pratiques sexuelles et d'images pornographiques peuvent avoir des effets semblables à ceux en lien avec une excitation sexuelle trop soudaine et trop forte provoquée par l'intrusion sexuelle sidérante, commise par un adulte, comme l'effet, entre autres, d'une addiction à ce genre artificiel d'excitation sexuelle.

Enfin, comment les adultes pourraient-ils être crédibles aux yeux des enfants et ne pas entretenir le tabou quand pour une scène d'amour quelque peu érotisée au cinéma, une mention « interdit aux moins de 12 ans » s'affiche, alors que par ailleurs ces enfants à qui l'on dit que cette scène du cinéma classique leur est interdite vont pouvoir en toute liberté accéder à des scènes sans commune mesure sur les sites internet pornographiques ?

L'intolérance obsessionnelle croissante des adultes et la judiciarisation de leurs réponses face aux jeux sexuels entre enfants de même âge

Pour reprendre et détourner une formule d'un certain président devant l'assemblée plénière du IVe Sommet de la Terre à Johannesburg en 2002 : **« Pendant que la sexualité de leurs enfants brûle, les adultes regardent ailleurs. »**

En même temps que le monde des adultes laisse, de fait, les enfants accéder secrètement à des sites pornographiques où ils sont submergés d'images et de pratiques sexuelles qu'ils ne sont pas en mesure de « digérer », ces mêmes adultes se comportent de plus en plus de manière hystérique lorsqu'ils sont confrontés au besoin naturel de leurs enfants de faire la découverte de la réalité anatomique de leurs corps, qui s'exprime depuis qu'il « existe des enfants » par des jeux sexuels entre eux, au même âge.

Bien souvent, faute de savoir comment parler à leurs enfants et de leur donner des repères éducatifs structurants, les adultes se défaussent de leur responsabilité éducative en faisant appel au pénal.

De tout jeunes enfants se retrouvent ainsi menacés des foudres de la justice comme ils étaient menacés auparavant des foudres divines !

Cela ne fait qu'« accen-tuer » encore plus la confusion entre interdit, sexualité, plaisir, respect, consentement, où l'enfant ne sait pas exactement ce qui est interdit et ce qui mérite l'intervention de la justice.

Les traumas générés par le traitement judiciaire des affaires

Quand, malgré tous les obstacles qu'il rencontre, l'enfant réussit à dénoncer une agression sexuelle commise par un parent proche et qu'il réussit à être entendu, qu'une enquête est déclenchée, que l'auteur présumé est mis en examen, qu'il est jugé, qu'il est reconnu coupable et condamné, puis qu'il est emprisonné, contrairement à une idée reçue, l'histoire pour l'enfant n'est pas forcément terminée.

En effet, quand l'auteur du passage à l'acte est une personne que l'enfant avait investie affectivement, faute d'un accompagnement psychologique approprié, l'enfant peut être confronté à une très grande culpabilité en se sentant responsable de l'emprisonnement de cet adulte dont il n'imaginait pas forcément que la dénonciation de son acte entraînerait cette conséquence.

La culpabilité peut être décuplée quand, à la suite de la dénonciation d'une situation incestueuse, la famille explose ou que l'enfant (pour être protégé) est placé en foyer ou dans une famille d'accueil, en se vivant ainsi de son point de vue non pas protégé, mais puni.

C'est ainsi qu'après coup, l'on retrouve certains de ces enfants en totale décompensation dans ce genre de situation.

Donc, contrairement à la croyance fréquente, y compris dans le monde psy, « la condamnation de l'auteur d'une agression sexuelle sur un enfant est un acte libérateur pour l'enfant victime ».

La condamnation de l'agresseur adulte n'a pas, en elle-même, une vertu thérapeutique pour l'enfant !

L'application de la loi ne peut pas faire office de travail thérapeutique pour l'enfant victime, surtout quand cette application lui induit de la culpabilité.

Cette culpabilité toxique ne pourra être traitée que par un accompagnement psychologique formel.

Enfin, la loi et son application sont telles qu'il n'existe actuellement aucune alternative à l'emprisonnement pour un parent condamné pour inceste.

Cela rend impossible un travail thérapeutique au sein du système familial intégrant le parent incestueux, travail qui pourrait permettre la préservation de la famille, en parallèle à la mise en place de mesures qui garantiraient la sécurité de l'enfant au sein de sa famille, alors qu'il en est souvent éjecté, avec toutes les conséquences traumatiques qui en découlent.

Pressions exercées par l'entourage familial pour faire taire l'enfant

Quand, malgré toutes les croyances qui empêchent l'enfant de parler, il réussit à se confier à un membre de la famille, il arrive parfois qu'on lui dise de se taire pour éviter le scandale et sauvegarder la famille.

« … sa maman lui conseilla de **dire à sa maîtresse**, si elle l'interrogeait sur sa mine, **qu'elle avait mal à la tête**. Ainsi, la petite Violaine ne dirait rien à sa maîtresse… »

Quand les moyens pour protéger les enfants finissent par leur être plus nocifs que ce dont on veut les protéger

THOMAS L'ÉDUCATEUR ET LE PETIT GARÇON AU COMPORTEMENT INHABITUEL

Thomas exerce comme éducateur au sein de l'internat d'un IME.

Il est l'éducateur référent de Cyril, jeune garçon pensionnaire de 10 ans que Thomas accompagne depuis deux années consécutives.

En conséquence, ce quotidien partagé fait que Thomas connaît bien les habitudes et la personnalité de Cyril.

Après la rentrée scolaire qui suit les vacances d'été, Thomas note un changement dans le comportement de Cyril, ce dernier lui apparaît fermé, silencieux, triste et solitaire, ce qui ne correspond pas à l'image que Cyril pouvait renvoyer jusque-là.

Intrigué par ce changement de comportement, Thomas s'interroge à juste titre sur ce qui peut en être la cause et décide d'interroger Cyril, pour lui permettre de se confier afin qu'il se sente mieux et qu'il recouvre la joie de vivre qu'il lui connaissait auparavant.

Thomas fait donc une première démarche auprès de Cyril qui lui répond : « J'sais pas, y a rien » et qui reste silencieux face à l'insistance de Thomas.

Thomas perçoit bien que Cyril n'ose pas parler, peut-être par timidité, pense-t-il.

Alors, quelque temps plus tard, Thomas revient vers Cyril et, pour l'encourager, lui dit : « Tu sais, j'ai vraiment l'impression qu'il y a quelque chose qui te fait du souci, qui te préoccupe.

Je trouve que tu n'es pas bien en ce moment et je pense que ça te ferait du bien que tu puisses m'en parler.

Tu sais que tu peux me parler, ça reste entre nous ! »

Probablement encouragé et rassuré par cette précision, Cyril commence à parler à Thomas et lui raconte ce qu'il a vécu dans sa famille pendant les vacances.

Cyril confie à Thomas son trouble et son inquiétude concernant des gestes et des caresses prodigués par son père pendant la douche à différentes occasions pendant l'été.

Cyril apporte des détails très précis qui ne laissent pas de doute pour Thomas quant à l'abus sexuel dont Cyril a fait l'objet et dont il fait peut-être encore l'objet de la part de son père.

Thomas se trouve stupéfié par la révélation que Cyril vient de lui faire.

À juste titre, il pense à la sécurité de Cyril et conclut qu'il ne peut pas garder cela pour lui tout seul.

Alors, oubliant la garantie qu'il venait juste de donner à Cyril « … Tu sais que tu peux me parler, ça reste entre nous ! », Thomas dit à Cyril : « Ce que tu viens de me dire est très grave, ton père n'a pas le droit de faire cela ! C'est interdit ! Et je suis obligé d'en parler au directeur. On doit te protéger ! »

Cyril dit timidement : « J'veux pas que ça se sache. »

Thomas lui rétorque : « Je suis obligé de faire quelque chose ! »

Thomas en réfère donc à son directeur, qui alerte les autorités « compétentes ».

Au cours du week-end, les gendarmes viennent au domicile familial arrêter le père de Cyril pour une garde à vue.

Le lundi qui suit, de retour à l'internat, Cyril est mutique et refuse de s'alimenter. Trois jours plus tard, Cyril doit être hospitalisé en psychiatrie infantile pour l'état psychologique et physique inquiétant dans lequel il se trouve.

Profondément bouleversé par l'état de Cyril, Thomas ressent une énorme culpabilité et démissionne dans le mois qui suit, décidant de mettre un terme à sa carrière d'éducateur.

Cet exemple met dramatiquement en évidence que la seule bonne volonté et le désir de bien faire ne suffisent pas aux professionnels, aux juges et à la société, de façon générale, pour avoir la garantie de mettre en œuvre des interventions pertinentes et écologiques !

RÉPERCUSSIONS

&

SYMPTÔMES

DES TRAUMAS SEXUELS

DE LA PETITE ENFANCE

&

DE L'ENFANCE

Dire l'indicible

Les mots et les maux

Notre cerveau gauche utilise le langage verbal que l'on appelle aussi « langage digital », avec les mots, pour dire et décrire ce que nous vivons.

À la base du langage verbal, il y a l'alphabet constitué de ses vingt-six lettres à partir desquelles sont construits les mots qui forment eux-mêmes les phrases.

Lorsque, pour de multiples raisons, nous ne pouvons pas dire avec des mots ce que nous vivons ou ce que nous avons vécu, nous devons trouver un autre moyen pour le dire, nous utilisons alors le langage analogique, qui est symbolique, métaphorique, c'est le langage de l'inconscient avec l'un de ses moyens d'expression qu'est le corps.

Les symptômes, au sens général, les troubles physiques, les troubles comportementaux, les troubles émotionnels, sont des alarmes, comme les voyants du tableau de bord de notre véhicule, qui se déclenchent pour nous alerter des déséquilibres au niveau de notre fonctionnement global.

En plus de leur fonction d'alerte, ils nous renseignent aussi sur la part « endogène » du déséquilibre.

Je m'explique.

Deux personnes peuvent être en contact avec le même facteur exogène que représente un virus, l'une va devenir malade, l'autre pas.

Il y a donc un facteur endogène (interne) qui entre en compte, celui, par exemple, de la vitalité du système de défense immunitaire.

Pour l'une, son système immunitaire est suffisamment fort, pour l'autre, son système immunitaire est trop faible.

Ce sont les conditions et les choix de vie de chacune qui ont impacté positivement ou non son système immunitaire.

Nous savons que le stress prolongé a une influence délétère sur le système immunitaire.

Les émotions enkystées des traumas passés amnésiés et refoulés ont aussi une influence négative sur le système immunitaire.

La maladie nous informe donc sur la part qui nous revient dans le déséquilibre, autant pour notre gestion du passé que pour notre gestion du présent.

Pour nous renseigner sur cette part endogène du déséquilibre, l'inconscient, par le moyen du corps, utilise donc le langage analogique dont l'alphabet, les mots et les phrases sont **les maux**, comme nous le dit un autre langage, le langage des oiseaux !

Les symptômes sont un peu comme les chansons, qui sont en nombre incalculable, pour nous faire fredonner sur des thèmes qui sont limités et récurrents : l'amour, la mort, l'injustice, etc.

Pour une même part endogène du déséquilibre, c'est-à-dire pour un même type de traumatisme initial, il va y avoir une variété de moyens différents pour le dire, c'est-à-dire une variété de symptômes différents pour parler du même type de traumatisme.

Cependant, il est intéressant de noter que les différentes natures de symptômes utilisés pour manifester un même type de traumatisme auront un dénominateur commun, celui **d'une même structure**, déjà évoquée précédemment.

Les multiples variétés pour « chanter » le thème des traumas sexuels refoulés

Les différents symptômes consécutifs aux traumas sexuels de la petite enfance et de l'enfance s'organisent à partir de trois composantes principales :

- **les symptômes à dominante physique ;**
- **les symptômes à dominante comportementale ;**
- **les symptômes à dominante psycho-émotionnelle.**

Les symptômes à dominante physique

En ce qui concerne plus particulièrement les maladies qui impactent le corps, chaque discipline thérapeutique a souvent tendance à réduire la cause de la maladie au seul facteur qui concerne plus particulièrement sa discipline.

Le facteur physique pour la médecine contemporaine.

Le facteur affectif et émotionnel pour la psychologie, etc.

Cette compréhension limitée et réductrice de nos fonctionnements et dysfonctionnements se trouve résumée dans ce conte traditionnel dont l'histoire se déroule dans un petit village au beau milieu de la savane africaine.

Ce village a la particularité de n'être habité que par des personnes aveugles qui, malgré leur handicap visuel, vivent paisiblement grâce à une organisation très solidaire entre tous les habitants.

Chaque jour est rythmé par le chant de chacun, affairé à son travail pour le bien-être de tous.

Quand un jour, cette tranquillité journalière est perturbée par la présence d'une étrange créature, inconnue jusque-là des villageois.

Le chef du village envoie ses six meilleurs pisteurs pour identifier l'étrange créature. À leur retour, le premier pisteur dit qu'il s'agit d'un être longiligne comme une grosse liane ondulante, le deuxième est persuadé qu'il s'agit d'un être en forme de nénuphar, le troisième dit qu'il s'agit en fait d'une créature en forme de tronc de jeune baobab, le quatrième est persuadé qu'il s'agit d'un animal au corps très dur en forme de croissant, le cinquième affirme que tous les autres se sont trompés et qu'il s'agit d'une créature en forme de barrique, enfin pour le dernier, il s'agit d'une créature semblable à une sorte de courte liane terminée par une petite touffe poilue.

Pendant de nombreux jours, les débats vont bon train dans le village, personne n'étant d'accord sur la nature véritable de la créature.

Le chef du village décide alors de faire venir le marabout d'un village voisin pour lever le mystère autour de cette créature.

Dès son arrivée, chacun décrit au marabout ses observations au sujet de la créature.

Après avoir entendu toutes les observations qui avaient été effectuées par les meilleurs spécialistes du village, le marabout s'exclame : « Ah, je vois (car il n'était pas aveugle), vous voulez sans doute parler de l'éléphant que j'ai croisé à l'entrée de votre village ! »

Comprenons bien, nous sommes tous des descendants des habitants de ce village de la savane africaine et nous avons fréquemment tendance à prendre la partie pour le tout.

Il s'agit donc de se rappeler que nous sommes un tout, constitué de différentes parties et de différentes dimensions qui interagissent entre elles.

Comme je l'ai évoqué précédemment, pour le déséquilibre que représente toute maladie, nous sommes toujours en présence de facteurs endogènes et de facteurs exogènes.

Par exemple, pour des maladies dites « virales », le virus n'est pas le seul facteur, tout ce qui a contribué à créer un « terrain » favorable au développement du virus en question correspond à plusieurs autres facteurs, dont le stress et les émotions traumatiques enkystées qui en sont des exemples.

Pour les symptômes à dominante physique qui vont être énumérés, comprenons donc que les traumas sexuels subis par une personne vont créer un terrain favorable sur lequel tel ou tel facteur extérieur pourra intervenir ou non, suivant les circonstances.

Des symptômes sur les parties du corps qui ont été impactées par l'agression

Au cours de l'intrusion sexuelle que l'enfant subit, l'énergie des charges émotionnelles qui sont induites par l'intrusion peut en quelque sorte « s'enkyster » plus particulièrement dans la partie du corps qui est impactée.

Un kyste « énergético-émotionnel » peut donc se créer et rester en sommeil pendant de nombreuses années.

Il va pouvoir à la longue fragiliser cette partie du corps qui devient plus vulnérable.

Pour ces différentes parties du corps ainsi fragilisées, divers symptômes et pathologies pourront s'y développer.

Les parties du corps impactées par les traumas sexuels sont bien sûr les organes sexuels et les différentes zones érogènes.

Lorsque ces différentes parties du corps, rendues vulnérables par les traumas, sont exposées aux différentes pollutions et substances cancérigènes de plus en plus présentes dans l'environnement et dans les aliments, elles présentent des terrains très favorables pour le développement de diverses maladies dont les cancers.

Les pénétrations vaginales subies pendant l'enfance pourront créer un terrain favorable aux symptômes suivants :

- **douleurs vaginales (dyspareunie)**

Ces douleurs vaginales lors des rapports sexuels peuvent être dues à des lésions provoquées par ces pénétrations subies au cours de l'enfance.

Ces microlésions des tissus provoquées par les pénétrations se cicatrisent en fibrose avec durcissement des tissus qui perdent leur élasticité et deviennent ainsi douloureux lors des rapports, comme l'explique le gynécologue d'Olga dans son témoignage à venir ;

- **cystites (infections urinaires) ;**
- **métrorragie (saignements en dehors des règles) ;**
- **cancers de l'utérus et des ovaires.**

Les viols par sodomie impactent beaucoup la région colorectale qui, en conservant la mémoire de l'agression subie, peut rendre difficile le bon fonctionnement des sphincters et générer des problèmes d'**encoprésie** chez des enfants qui ont subi ces agressions sexuelles.

La constipation peut être aussi un moyen d'éviter d'activer la mémoire non consciente des sensations provoquées par l'agression de la pénétration.

Des saignements rectaux, rectorragie et rectocolite hémorragique, peuvent aussi se manifester plus tard, au cours de la vie adulte, par crises épisodiques ou bien à l'occasion d'un réveil massif de l'expérience traumatique passée.

Les pénétrations anales subies pendant l'enfance pourront donc créer un terrain favorable aux symptômes suivants :

- **constipation ;**
- **encoprésie ;**
- **saignements rectaux : rectorragie et rectocolite hémorragique ;**
- **cancer colorectal.**

Les fellations subies pendant l'enfance pourront créer un terrain favorable aux symptômes suivants :

- **troubles de l'œsophage ;**
- **reflux gastro-œsophagien.**

Les attouchements et les caresses subis pendant l'enfance pourront créer un terrain favorable aux symptômes suivants :

- **psoriasis ;**
- **eczéma ;**
- **cancer du sein ;**
- **cancer des testicules ;**
- **obésité.**

Concernant l'obésité, le monde médical a tendance à considérer que la cause principale de l'obésité est la malbouffe, trop sucrée-salée.

Certes c'est un facteur très important, mais dans de nombreux cas, l'obésité se développe sur un terrain psycho-émotionnel de trauma sexuel, où l'enveloppe graisseuse est le moyen symbolique et littéral de protéger le corps des agressions de l'extérieur.

Très souvent, l'obésité s'accompagne de la compulsion boulimique que nous retrouverons dans les symptômes à dominante comportementale.

La médecine contemporaine intervient avec de plus en plus d'efficacité sur toutes ces différentes maladies.

Cependant, parfois les traitements ne permettent pas les rémissions et les guérisons escomptées et l'on assiste à des rechutes éprouvantes.

Dans la mesure où les traitements de la médecine contemporaine agissent principalement sur les conséquences de facteurs exogènes, les difficultés de guérison et les rechutes peuvent indiquer qu'un autre facteur non traité continue d'être actif !

À savoir le facteur endogène que représente une empreinte liée à un trauma passé, le plus souvent refoulé, sur cette partie du corps où la « **mal a dit** » s'est développée.

Récapitulatif des principaux symptômes à dominante physique

- douleurs vaginales (dyspareunie) ;
- infections urinaires ou cystites ;
- saignements en dehors des règles (métrorragie) ;
- constipation et encoprésie ;
- saignements rectaux (rectorragie et rectocolite hémorragique) ;
- troubles de l'œsophage ;
- reflux gastro-œsophagien ;
- psoriasis ;
- eczéma ;

- obésité ;
- cancer du sein ;
- cancers de l'utérus et des ovaires ;
- cancer colorectal ;
- cancer des testicules.

Témoignages et cas avec symptômes à dominante physique

Douleurs lors des rapports sexuels, difficulté à ressentir du plaisir

OLGA

Témoignage

J'ai toujours été intéressée et intriguée par l'être humain.

Travailleuse sociale de formation, j'ai très vite entrepris un chemin thérapeutique afin d'essayer de comprendre et de lever certains blocages que je pouvais ressentir dans ma vie professionnelle et personnelle.

J'avais essayé plusieurs thérapies (hypnose, gestalt, psychologie clinique, PNL...).

Même si j'avais pu ressentir des bénéfices, je sentais que je n'étais pas allée en profondeur, comme si quelque chose m'échappait, comme si je n'étais pas allée au cœur de mes émotions.

J'ai tout d'abord rencontré le concept d'Enfant Gigogne® par la lecture du livre L'Enfant gigogne.

J'ai alors ressenti un vrai coup de cœur intellectuel et émotionnel.

J'avais alors 24 ans et je venais de vivre une rupture amoureuse très douloureuse. Il était l'homme de ma vie... enfin, c'est ce que je croyais avant de comprendre que cet homme, comme tous ceux qui ont partagé ma vie, était venu réveiller chez moi un foyer émotionnel très, très fort.

À la lecture de ce livre, j'ai beaucoup pleuré comme si chaque histoire racontée était un peu la mienne : attouchements sexuels vécus de mes 11 à 13 ans, par un oncle paternel, infections urinaires à répétition, difficulté à prendre la parole en public, non désirée (j'étais un fameux « Bébé retour de couches »), naissance très difficile avec rejet de ma mère, évanouissement à chaque situation difficile depuis la petite enfance (diagnostic médical : « Votre fille est trop émotive »), sentiment de solitude viscéral, de me sentir spectatrice de ma vie, incapacité à dire non, à faire des choix, alcoolisme de mon père, « handicap » de mon frère...

À la fin de cette lecture, deux évidences me sont apparues :

J'avais enfin trouvé la méthode thérapeutique qui allait me permettre de me libérer de mes blocages et j'avais enfin trouvé l'outil thérapeutique auquel je voulais me former afin de devenir un jour thérapeute.

J'ai tenu mes deux promesses puisque, vingt ans après, j'ai pu parcourir ce merveilleux voyage intérieur qui m'a amenée à remettre en place le puzzle de ma vie, et j'exerce comme thérapeute Enfant Gigogne®.

Il m'a fallu quatre années entre la lecture du livre et ma première consultation auprès de J.-P.

En effet, à l'âge de 28 ans, un déclic.

Celui de la naissance du premier fils de mon frère.

Lorsque j'ai tenu ce petit bébé dans mes bras, j'ai senti une vague d'émotions me submerger, comme si quelque chose de profondément enfoui au fond de moi émergeait, quelque chose de vital avec une impossibilité de revenir en arrière.

À cette seconde précise, j'ai su que je deviendrais un jour mère et que je me devais, pour l'enfant que je porterai dans mon ventre, d'apaiser mon passé et poser mes lourdes valises afin de ne pas les lui transmettre.

À partir de ce moment, j'ai consulté régulièrement J.-P.

Chaque protocole m'a permis de mettre en lumière une petite fille gigogne en souffrance qui était à l'origine de mes symptômes qui se manifestaient le plus douloureusement dans ma vie amoureuse.

Je répétais inlassablement le même schéma amoureux depuis l'âge de mes 16 ans : vie en couple puis séparation au moment d'un engagement officiel (mariage), incapacité à ressentir un sentiment amoureux ou à l'inverse ne rechercher que la passion amoureuse, difficulté à exprimer mes sentiments, difficultés dans ma sexualité (infections urinaires à répétition, douleurs lors des rapports sexuels, difficulté à ressentir du plaisir, sentiment de subir les rapports sexuels sans vraiment savoir si j'en avais envie, repousser les « avances » de mon partenaire jusqu'à l'en décourager, éviter toute situation d'intimité...).

J'attirais des partenaires éperdument amoureux qui « m'étouffaient » ou des partenaires ayant un comportement autoritaire, blessant, et dans le déni de leurs comportements.

J'alternais des périodes de relation amoureuse et de célibat total que je pouvais vivre très difficilement.

Je ressentais alors un sentiment de solitude profond, viscéral, comme s'il me manquait une partie de moi-même, comme si je n'existais qu'au travers de l'autre, comme si quelqu'un m'attendait quelque part et qu'il était ma partie manquante, comme si je ne pouvais pas être complète sans l'autre.

Pour combler ce manque, ce vide abyssal, je remplissais mon agenda en sorties avec mes amis, en activités diverses et variées, en projets.

J'étais la bonne amie toujours prête à rendre service, qui accourait à la moindre demande d'aide, la « tata » qui projetait tout son amour et tout son désir d'enfant sur ses neveux, la « fille et la sœur » toujours prête à venir en aide à sa famille...

Je prenais toujours l'initiative de la séparation que je vivais comme une véritable libération.

Paradoxalement, lorsque mes partenaires revenaient malheureux vers moi, alors j'étais prise par une douleur extrême de me sentir être à l'origine de leurs souffrances que je cherchais à atténuer en reprenant la relation amoureuse qui conduisait inexorablement vers une nouvelle séparation...

J'ai répété ce même schéma pendant des années jusqu'à pouvoir donner du sens à ce fonctionnement grâce à la Thérapie Enfant Gigogne®.

J'ai tout d'abord souhaité aborder mes difficultés rencontrées dans mon couple, notamment mes difficultés sexuelles.

J'avais un souvenir conscient des attouchements sexuels que j'avais vécus durant ma préadolescence, ce qui pouvait déjà expliquer certains de mes symptômes.

En partant de cet évènement, j'ai pu retrouver une autre situation où la petite fille que j'étais subissait des attouchements sexuels de la part de son grand-père paternel pendant la sieste.

En effet, lorsque j'étais enfant, nos grands-parents paternels nous gardaient (mon frère et moi) tous les mercredis et les samedis.

Lors de cette scène, à l'heure de la sieste, cette petite fille de 5-6 ans était allongée dans le lit de la pièce adjacente à la pièce principale à côté de son grand-père. Alors qu'elle dormait, elle commence à ressentir de la chaleur et un frottement au niveau de son sexe.

Cela la réveille et elle voit que c'est la main de son grand-père qui lui caresse le sexe.

Alors, elle ne bouge pas, ne comprend pas ce qu'il se passe, le corps pétrifié, l'envie de crier pour appeler sa grand-mère qui fait la cuisine à côté, mais elle n'y arrive pas… alors elle attend que « ça se termine ».

Son grand-père se lève et fait comme si tout était « normal », comme si rien ne s'était passé.

Après le choc d'avoir retrouvé ce souvenir, immédiatement est arrivé un sentiment d'apaisement comme si je le savais déjà et que cela donnait du sens à mes ressentis et à mes comportements :

– Je faisais régulièrement des cauchemars dans lesquels je montais l'escalier qui menait à la chambre de mes grands-parents, je sentais la présence d'un homme derrière moi qui avait un grand chapeau et qui respirait fort, j'étais alors prise de panique, j'entendais les battements de mon cœur résonner dans mes oreilles.

Puis je me réveillais tétanisée.

– Même épuisée, je ne parvenais pas à faire de sieste les après-midi.

Lorsque je me l'autorisais, alors je faisais souvent des rêves érotiques et me réveillais en sursaut avec des sensations d'excitation au niveau de mon sexe.

– Enfant, je ressentais une certaine gêne physique à être à proximité de mon grand-père, je me sentais mal à l'aise, sur le qui-vive, et je détestais devoir lui faire la bise pour le saluer.

– Ses paroles à l'égard des femmes étaient humiliantes et dégradantes et du haut de mes 5-6 ans, je ressentais du dégoût pour cet homme-là, en même temps que de l'affection.

Tout était confus.

– Souvent, il faisait des commentaires sur mon corps et ma grand-mère lui rappelait que j'étais sa petite-fille (la seule et l'unique parmi tous ses petits-enfants).

Après ce premier protocole et le sens donné à mes symptômes, j'ai ressenti un réel apaisement qui s'est traduit par une facilité à m'endormir, à me reposer même pendant l'après-midi, à être moins en hypervigilance par rapport à mes partenaires, à accepter et à ressentir du plaisir lors de simples caresses intimes, et tout simplement à ne plus ressentir du dégoût et de la honte en lien avec la sexualité.

Mon grand-père paternel étant décédé à l'époque, je n'étais pas confrontée à sa présence, ce qui a facilité mon apaisement.

Cet abus sexuel retrouvé avec mon grand-père m'a permis également de voir ma famille paternelle sous un autre angle et peut-être d'avoir des éléments de compréhension : mes deux tantes présentaient toutes les deux des symptômes significatifs : obésité morbide, tentative de suicide à l'adolescence, l'une a déclaré la maladie d'Alzheimer au dernier stade dès le décès de son père et en est décédée quelques années après ; la seconde a déclaré une sclérose en plaques...

Mes oncles et mon père souffrent tous de diverses maladies : alcoolisme, polyarthrites diverses, psoriasis, dépression chronique, obésité, troubles de l'humeur, hypocondrie... Un oncle a été accusé d'attouchements sexuels sur son fils aîné et j'ai subi également des attouchements sexuels de la part du plus jeune frère de mon père.

Ma grand-mère souffrait du syndrome de « l'intestin irritable », faisait chambre à part avec mon grand-père depuis des années, se réfugiait dans la lecture et, au décès de son mari, elle a repris du poids et a recommencé à manger normalement. Tous ses symptômes ont disparu.

Retrouver cet abus sexuel avec mon grand-père m'a permis de donner du sens à mes symptômes, qui ont disparu ensuite, et aussi à cette « ambiance familiale malsaine » que je ressentais profondément en moi.

Même si certains symptômes avaient disparu, d'autres perduraient.

Ce qui m'a conduite à effectuer un autre protocole en partant de ce que je ressentais lors de mes relations sexuelles avec mon partenaire : corps tendu et crispé, douleur lors de la pénétration, infection urinaire.

Parallèlement, mon partenaire souffrait également de difficultés d'érection, rendant nos relations intimes difficiles. Je me retrouvais alors complètement bloquée et frustrée.

Ce nouveau protocole m'a amenée à retrouver un nouvel abus sexuel, un viol, avec mon père cette fois-ci !

Cette scène s'est déroulée lors d'une balade dans un bois alors que j'avais environ 3 ans.

Nous étions tous les deux avec mon père et j'ai décrit une scène assez floue : mon père s'arrête de marcher, se retourne et vient vers cette petite fille, il s'allonge sur elle, baisse son pantalon et la petite fille sent une douleur intense dans son sexe, elle regarde le ciel, elle n'est plus dans son corps, elle est partie loin pour ne plus souffrir.

Elle se dit « Je suis morte » plusieurs fois.

Son père se lève et repart sans une parole.

La petite fille se lève comme une marionnette et marche… son corps est vide… elle pense qu'elle est dans un cauchemar, que ce n'est pas vrai, son corps n'est que douleurs et son cœur est explosé en mille morceaux. Elle veut mourir…

Retrouver cet abus sexuel a été tellement déstabilisant, tous mes repères s'effondraient et, en même temps, la même sensation que pour mon grand-père, comme si je le savais au fond de moi et que cela venait simplement confirmer mes ressentis.

Dire que j'ai accepté facilement de retrouver ce traumatisme serait faux.

J'ai pleuré, hurlé de douleur, j'ai cru que j'allais mourir une deuxième fois avec un sentiment d'urgence à dire à tout le monde ce que mon père m'avait fait, le dire à ma mère et à mon frère, aller voir mon père pour le confronter, porter plainte…

J'ai vécu un tsunami émotionnel : colère, haine, envie de vengeance, dégoût, honte, tristesse, désespoir de vivre dans cette humanité, envie de mourir, de tout quitter, sentiment d'injustice.

Et, paradoxalement, comme un apaisement de comprendre enfin l'origine de mes maux, de ma détresse, de ma souffrance.

Non, je n'étais pas folle : j'avais subi un inceste !

Je comprenais enfin les ressentis physiques que je pouvais avoir lors de mes relations intimes avec des hommes que j'aimais pourtant.

Comme si à chaque fois les fantômes de mon père et de mon grand-père venaient parasiter mes relations amoureuses.

Des souvenirs sont remontés à la surface, mes ressentis d'enfant, ce corps tétanisé lorsque j'étais à côté de mon père, avoir envie de vomir lorsque je sentais son odeur, serrer mes mâchoires continuellement, cette boule au ventre du matin au soir, cette envie de vite grandir pour quitter la maison, ce sentiment de dégoût, de honte qui me collait à la peau et aussi de culpabilité…

Puis, me retrouver en face de mon père m'était tellement difficile.

Je me suis aperçue que je n'étais pas vraiment présente lors des repas de famille comme si j'étais ailleurs, pas dans mon corps.

J'ai enfin compris le phénomène de dissociation que j'utilisais inconsciemment. Ce mécanisme de défense qui avait permis ma survie était en train de me nuire en me rendant complètement spectatrice de ma vie.

J'étais totalement coupée de mes émotions, de mes désirs.

Comprendre, mettre du sens, apaiser la petite fille que j'avais été, intégrer cet élément à mon histoire.

J'ai décidé d'en parler à mon compagnon sans nommer l'auteur.

Je souhaitais qu'il comprenne mes comportements vis-à-vis de lui et notamment les difficultés dans notre vie sexuelle.

Mon compagnon a su trouver les mots justes : je me suis alors sentie accueillie avec bienveillance et amour.

Peu à peu, j'ai continué à cheminer et à constater combien cet acte avait été destructeur pour l'enfant que j'avais été et pour la femme que j'étais.

Quelques mois après avoir fait ce travail thérapeutique, j'étais enceinte comme si maintenant je pouvais accueillir la vie.

Je pouvais enfin commencer un nouveau chapitre de ma vie.

Après une grossesse idéale, l'accouchement de ma fille a été « traumatique » : césarienne en urgence, car mon col ne s'ouvrait pas...

J'étais tellement déçue de ne pas avoir pu accoucher par voie basse.

Ma sage-femme m'indique que les femmes ayant subi des abus sexuels ont un plus grand risque d'accoucher par césarienne... Encore une fois, la réalité me rappelle l'inceste que j'ai subi enfant.

Avec ma fille, je deviens une maman totalement épanouie et vigilante.

J'avais tellement attendu ce moment que je profite de chaque seconde avec elle. La regarder grandir dans un univers aimant et sécurisant me permet aussi de réparer la petite fille que j'étais.

La naissance de ma fille m'a enfin permis d'atterrir dans ma vie et d'en devenir actrice.

C'est ainsi que deux ans après, j'ai commencé la formation de psychopraticienne auprès d'Espace Transformation.

Lors de la première session, un souvenir d'un nouvel abus sexuel avec mon père me revient en mémoire.

C'est un flash. J'entreprends alors un nouveau protocole pour découvrir un attouchement sexuel vécu à l'âge de 7-8 ans avec mon père alors que nous étions dans sa voiture.

Lors de ce travail, je retourne voir la petite fille de 3 ans.

Le travail de libération est plus précis, plus complet.

Je ressens vraiment que cette fois-ci le travail est fini.

Je me sens libérée, je n'ai pas besoin de preuves, les doutes que j'avais pu avoir tout au long de ce travail s'envolent et laissent place à un profond sentiment d'unité, comme si mon puzzle intérieur était enfin complet.

Je me sens enfin présente dans mon corps, je ressens mes émotions, je suis enfin là…

Quelques jours après avoir mis en paix ce traumatisme d'abus sexuel, j'ai RDV avec mon nouveau gynécologue.

Je lui parle de mes douleurs lors de mes rapports sexuels.

Après m'avoir auscultée, il me regarde et me dit :

« Bon, là il faut qu'on parle ! Avez-vous accouché par voie basse, et si oui, est-ce que l'accouchement a été particulièrement difficile ?

— Non, j'ai accouché par césarienne en urgence.

— Je vais vous poser une question très directe : avez-vous été abusée sexuellement lorsque vous étiez enfant ? »

Je suis surprise par son questionnement et lui réponds :

« Je viens de faire un travail thérapeutique où j'ai retrouvé un viol subi quand j'étais enfant.

— Oui, madame, je vous confirme que les lésions que j'observe sont le résultat d'une pénétration particulièrement violente vécue vers l'âge de 2-3 ans…

— C'est exactement le souvenir que j'ai retrouvé ! Comment pouvez-vous le voir ?

— Les lésions que vous avez, qui sont à l'origine des douleurs lors des rapports sexuels, sont dues à un processus de fibrose entraînant un durcissement des tissus qui perdent leur élasticité et qui leur confèrent un aspect figé, rugueux, dur.

Alors, vous pourrez dire à votre thérapeute qu'il vous a permis de retrouver un souvenir qui correspond bien à une réalité que je peux observer aujourd'hui par rapport aux lésions que vous avez.

Si vous souhaitez porter plainte contre l'agresseur, étant expert auprès des tribunaux, je pourrai attester de la véracité des faits et vous gagneriez le procès. De plus, au regard des lésions que vous avez, un accouchement par voie basse était impossible et cela explique le recours à la césarienne. »

Mon gynécologue m'a ensuite informée qu'il était possible de procéder à une intervention chirurgicale réparatrice qui pourrait améliorer ma sexualité.

En quelques secondes, j'ai obtenu la preuve irréfutable que le viol que j'avais retrouvé lors de ma Thérapie Enfant Gigogne® était bien réel, car mon corps en avait gardé les traces indélébiles et que je n'avais aucune responsabilité dans le fait de ne pas avoir pu accoucher par voie basse.

Soulagement, stupéfaction et, en même temps, immense tristesse de constater encore une fois combien cet acte avait pu impacter ma vie dans le moment le plus important pour moi, qui était celui de donner naissance à ma fille.

Au jour d'aujourd'hui, je n'ai pas souhaité porter plainte contre mon père.

Par ailleurs, au cours de mon cheminement thérapeutique, j'ai été amenée à retrouver le départ d'un frère jumeau vécu pendant la vie intra-utérine.

Lors du travail d'exploration, j'ai retrouvé précisément les sensations d'être reliée à mon frère jumeau, puis, sans comprendre, je le vois s'éloigner peu à peu de moi, devenir sombre puis disparaître totalement de mon champ de vision.

J'ai vu précisément en détail le contexte de cette scène : ma mère qui marchait pour aller chez ma grand-mère maternelle en poussant le landau de mon frère de treize mois mon aîné.

Lorsque j'ai évoqué cette scène à ma mère, elle a été stupéfaite et m'a confirmé la réalité des faits : alors qu'elle parcourait à pied les cinq kilomètres qui la séparaient de ses beaux-parents, elle avait ressenti quelques contractions, avait perdu du sang et avait eu très peur de perdre son bébé.

Ce jour-là, elle a perdu l'un de ses bébés, et moi, je suis restée avec toutes les conséquences que cela a impliquées : sentiment d'abandon, culpabilité, peur de perdre ma place, sentiment pesant de solitude extrême, impossibilité à me séparer, être toujours en recherche de ma part manquante...

Les bénéfices de ce travail d'identification et de libération ont été surtout marquants dans mes relations amoureuses et amicales.

Depuis ce jour, je parviens à quitter une relation qui ne me convient pas, je n'entre plus dans les relations amicales fusionnelles, je ne ressens plus ce sentiment de solitude et de tristesse intense, et je suis certaine que ce travail m'a permis d'avoir une relation plus sereine avec ma fille, qui n'est pas le fantôme de mon jumeau.

En conclusion, la Thérapie Enfant Gigogne® m'a permis d'aller chercher au plus profond de moi-même les sources de mes maux, de leur donner du sens et de m'en libérer.

Je peux affirmer qu'aujourd'hui, je ne subis plus les conséquences des traumatismes de mon enfance : je les ai identifiés, sortis du placard, regardés en face, désactivés et intégrés à ma biographie.

Puis, j'ai décidé d'avancer vers la femme que j'ai choisi d'être et de devenir.

Cancer du sein

SAHRA : « MON CHEMIN POUR COMPRENDRE CE QUE MON CORPS VOULAIT ME DIRE... »

Témoignage

En octobre 2014, je me rends à une visite proposée par les services de l'État pour le dépistage du cancer du sein.

J'ai une boule assez importante sur le sein droit, et je ne me fais aucune illusion quant au diagnostic.

L'examen révèle un cancer au sein droit, et vu l'ampleur du nodule, on me fait immédiatement, malgré mon objection catégorique, une biopsie sur ce nodule. Alors que, seule, l'imagerie échographique ne laisse plus de place au doute, je ne comprends pas pourquoi cet acharnement à me « charcuter » !!!

Puis, la machine infernale se met en route, malgré toutes mes objections, on me donne un RDV le surlendemain pour une IRM.

On contacte ma gynécologue (je ne leur avais pourtant donné aucune information), bref, on décide tout pour moi, comme si je n'avais plus aucun droit de regard sur mon corps, ma vie, comme si j'étais devenue sénile… J'arbore tout juste la cinquantaine !!

Je ne pense alors qu'à une chose, sortir au plus vite du cabinet de radiologie, reprendre mes esprits et me dégager le plus rapidement de toutes ces obligations, qui, je ne sais pourquoi, sont contraires à ce que ma petite voix intérieure me demande.

En temps ordinaire, j'aurais suivi ce protocole sans broncher, mais là, ô surprise, ma petite voix se fait entendre, d'une manière si intense que je ne peux que suivre ses conseils, en toute quiétude.

Le plus dur reste à faire. Dans un premier temps, il faut sortir du système médical… c'est vital pour moi.

Ce ne fut pas chose facile.

Ma motivation eut raison de ce harcèlement, et je finis par sortir définitivement des radars de la médecine conventionnelle.

J'étais enfin apaisée. J'avais rempli ma première mission. Une seconde allait immédiatement se mettre en place, que faire de ce cancer ???

Je me suis alors souvenue d'une phrase prononcée par une amie : « Il faut plonger dans son obscurité pour en ressortir les pépites !! »

Cette phrase ne me quittait pas… Je pris donc RDV chez une médecin, qui, je savais, avait une vision un peu différente du monde médical dominant et de la maladie…

Celle-ci fut catégorique, vous n'avez aucune chance, je vous donne un mois, et ensuite ce sera ablation du sein, chimio et tout ce qui va avec !!!

Ces mots ne pouvaient raisonner en moi, je le savais, il y avait autre chose à vivre !

Elle me dit alors : « Vous pourriez aller voir un psychothérapeute, J.-P. F., pour commencer une thérapie sur l'Enfant Gigogne®, une psychothérapie qui aide à guérir des blessures oubliées du passé.

Mais vos chances sont pratiquement inexistantes, il faut vraiment faire preuve d'humilité pour réaliser ce travail ! »

Enfin, j'entendais ce que j'étais venue chercher… ma petite voix était en accord avec cette proposition.

Je savais les risques qu'elle encourait pour cette proposition, le corps médical était intransigeant à ce sujet !

Je la remerciai du fond du cœur, et je m'empressai d'aller voir sur Internet les coordonnées dudit thérapeute !

J'aurais surtout souhaité travailler ce souci avec une femme mais je ne baissai pas les bras et je pris mon téléphone immédiatement pour prendre un RDV.

Après quelques échanges, j'obtins mon RDV le mois d'après.

Le jour « J » arriva.

Le cabinet était à trois heures de mon domicile, une contrainte de plus qui s'ajoutait à la terreur de travailler avec un homme, mais j'étais motivée comme jamais, et j'irais donc jusqu'au bout !

Je savais intuitivement que c'était cette thérapie que je devais choisir, ce thérapeute et rien d'autre…

Je puis vous assurer que j'ai dû faire appel à des forces insoupçonnées pour ne pas faire machine arrière !

La porte s'ouvre, mes jambes tremblent… Oh là là, comment vais-je faire pour lui expliquer ce dont je souffre… Il m'accueille pourtant avec beaucoup de gentillesse, dans un univers plutôt feng shui, mais j'ai peur…

Je lui explique que l'on vient de me découvrir un cancer au sein droit, que je ne peux me résoudre à suivre le protocole traditionnellement proposé, et que sur les conseils d'un médecin, je viens le consulter.

En même temps que j'exprime ces quelques phrases, je prends conscience qu'il va sans doute me prendre pour une folle !!!

Soigner un cancer, avec la TEG, il va me jeter dehors !

Je lui exprime donc très vite que la seule motivation qui explique ma présence est de comprendre ce que mon corps veut me dire, et c'est là ma seule motivation…

Je veux comprendre, c'est un cri « au secours » à l'intérieur de mon être !

Et là, alléluia, il entend ma demande !

Mon cœur bat la chamade.

Car je suis toujours impressionnée par cet homme au physique imposant, et dans mon esprit se succède une multitude de questions…

Je n'ai pas le temps de m'attarder sur mon état intérieur que J.-P. F. pose ses premières questions…

Émotionnellement, j'ai l'impression de passer un oral de bac !!!

Il me pose des questions sur ma vie, ma famille, mes soucis de santé. Je prends alors conscience que mes soucis les plus importants se manifestent toujours à l'approche de ma date anniversaire, et puis…

Question que je ne comprends absolument pas sur le coup... « Lequel de ces deux hommes vous pose le plus de soucis : votre père ou votre grand-père ?? »

Je ne comprends vraiment pas le sens de cette question, ce sont deux hommes que j'aime plus que tout, pourquoi ne me pose-t-il pas la question au sujet de mon mari... lui, effectivement, il me pose problème !

Pourtant cela ne semble pas du tout l'intéresser, il sait exactement où il va, il maîtrise parfaitement la situation, avec une adresse exceptionnelle !

Je comprendrais des mois plus tard que ses questions étaient pertinentes, comme influencées par un détecteur intérieur, dont lui seul connaît le fonctionnement !!!

Sur ces quelques échanges, il prit des notes, m'expliqua le déroulement du travail qui allait suivre.

Si je le désirais, d'ici un mois nous pourrions faire une séance d'exploration de la mémoire non consciente à partir de l'émotion en lien avec mon « problème », pour me permettre d'accéder à l'ouverture de la porte d'un vécu traumatique possible, et quelques semaines après une autre séance pour la mise en paix de la petite fille retrouvée.

Si vous vous interrogez sur le déroulement des séances : « on ne dort pas », on reste conscient, et surtout, malgré les souvenirs parfois violents que nous pouvons faire remonter à la surface de notre conscient, la TEG nous donne les ressources pour mettre en paix ce petit enfant qui a souffert.

Nous ne sommes donc pas assommés de douleurs, lorsque nous ressortons de séance.

À l'issue de cette première rencontre, J.-P. F. me fixa un nouveau RDV.

De retour à mon domicile, j'éprouvai le besoin impérieux de méditer.

Derrière chaque méditation, des images arrivaient, plus parlantes les unes que les autres, bien que je ne les comprenne pas sur le coup.

Puis arriva le deuxième RDV avec la première exploration en état modifié de conscience.

C'était très angoissant et si impressionnant à la fois.

Nous allions commencer le premier voyage en état modifié de conscience.

Finalement, ce voyage s'établit très rapidement, il me donna accès à mon disque dur interne, verrouillé depuis des années pour me permettre de survivre aux évènements vécus dans l'enfance et la vie intra-utérine.

Le corps est un être fabuleux, doué d'une intelligence subtile et remarquable.

Au fil des séances, je découvris très vite que j'avais été abusée dans ma plus tendre enfance vers l'âge de 3 ans.

Abus vécu d'une extrême violence, qui m'obligea, à l'époque, à renouer très vite avec « le monde d'ailleurs » d'où je venais pour y reprendre les ressources nécessaires à mon incarnation.

Je garderai cet accès particulier à ce monde tout au long de ma vie, car semée de grandes souffrances.

Je savais que j'allais avoir besoin de cet amour inconditionnel, pour traverser toutes les épreuves qui allaient être mises sur ma route.

Épreuves nécessaires à une libération personnelle, mais familiale aussi, pour ne pas dire transgénérationnelle.

Et j'avais de toute évidence fait le choix de cette incarnation !

Ma mission était intense, mon acharnement à réussir immarcescible !

Je venais de revivre en état modifié de conscience cette charge émotionnelle non évacuée à l'époque, s'enkystant au fil des années.

Ces émotions s'étaient mises en sommeil, dans les oubliettes de l'inconscient, oubli nécessaire à cet enfant pour continuer sa route.

J'avais donc attiré à moi tout au long de ma vie, tel un aimant, les épreuves nécessaires à cette libération !

Lors d'autres explorations de l'Enfant Gigogne®, je retrouvai des attouchements imposés par mon grand-père, cet homme que j'aimais tant…

Ce fut le premier grand mouvement au niveau de mes cellules !

Le corps avait été entendu et reconnu dans ses souffrances.

C'est tout naturellement que celui-ci se mit en mode réparation !

Je sentis, sur le chemin du retour de cette mémorable consultation, une douleur violente dans mon sein, comme quelque chose qui éclatait !

Et, en même temps, ma petite voix me disait : « Ne touche pas ton corps, laisse faire », et ce, pendant presque une semaine !

J'étais tellement impatiente de toucher ce sein, habituée depuis des mois à le caresser comme une maman qui caresse son enfant en souffrance !

Ce jour arriva très vite, bien que je ne m'attende à rien de particulier, juste cette envie de caresser à nouveau ce sein.

Quelle ne fut pas ma surprise… il n'y avait plus de nodule, tout du moins je ne sentais plus rien…

Très vite, je fis confirmer ce ressenti par un examen qui ne découvrit plus aucune cellule cancéreuse ! Je n'en croyais pas mes yeux !!!

Mon corps, cet être doué d'une intelligence hors normes, dépassant toutes mes visions du corps humain, venait d'accomplir « l'impossible ».

Il s'était autoréparé !!

La reconnexion avec ces moments traumatisants de mon enfance, puis la mise en paix de cette petite fille avaient permis cela !!!

J'aurais eu envie de clamer à tous cette guérison, mais cela n'était pas possible.

Je vivais cette maladie seule, dans le plus grand des silences, afin de réunir en moi toute l'énergie nécessaire à ce travail, sans me laisser influencer ou perturber par les pensées ou convictions des autres.

Je savourai donc pratiquement seule cette première victoire !

Puis j'enchaînais les consultations, car je savais que l'histoire ne s'arrêtait pas là...

Comment le savais-je ??

Car, entre chaque RDV, des émotions, des mots, ou des maux, refaisaient surface... avec cette même sensation : « C'est plus fort que moi, je ne peux pas m'en empêcher... »

Phrase mythique que j'ai très vite mémorisée, car étant le signe annonciateur d'un Enfant Gigogne® pointant le bout de son nez...

Ces comportements que nous jugeons inappropriés ou difficiles sont les indices d'un processus de réveil des mémoires émotionnelles en rapport avec le vécu d'un Enfant Gigogne® qui s'agite en nous pour attirer notre attention.

Après avoir retrouvé cette petite fille abusée de nombreuses fois par son entourage masculin, je découvris qu'elle était née d'un viol.

Que sa maman et l'homme en question avaient cherché à tuer ce fœtus, qu'ils ne souhaitaient pas voir le jour.

Que pour me sauver de cette monstrueuse agression au sein de cet utérus, mon frère jumeau avait fait « le choix » de quitter le nid, pour me laisser la vie sauve.

Mon père n'était donc pas mon père biologique...

La TEG m'avait donné les outils pour aller de l'avant et rester dans l'amour inconditionnel.

À chacune des libérations de l'Enfant Gigogne®, j'avais la sensation de grandir, de m'ancrer, de me densifier... je me sentais de mieux en mieux.

Pour moi, c'était donc devenu très clair, grâce à ce travail.

J'avais fait le choix de cette incarnation, les investigateurs s'étaient tous donné RDV tout au long de ma vie, afin d'établir tous ensemble cette cocréation de la vie et de l'incarnation.

J'avais cette conscience qui me permettait de regarder les choses au-delà du voile...

Je ne souhaitais maintenant que permettre aux autres d'avoir accès à cette lecture afin de pouvoir se libérer eux-mêmes et vivre leur incarnation dénuée de tous ces sacs à dos qui ne demandent qu'à se vider.

Mission difficile et ô combien délicate, car j'appris très vite que tous n'étaient pas prêts à ce changement, et qu'il fallait donc attendre le MOMENT !

Il fallait attendre que cet Enfant Gigogne® frappe à la porte, ou accepter que celui-ci ne se manifeste jamais dans cette vie.

J'accueillis tout cela avec beaucoup de bienveillance et d'amour inconditionnel.

Cet amour qui a jalonné tous les instants de ma vie... le poumon de mon existence.

Cet état d'esprit me permit de traverser d'autres épreuves ô combien douloureuses dans ma vie de femme.

Toutes ces années, à travailler sur mes Enfants Gigognes®, m'ont permis de devenir MOI.

De regarder la vie, les évènements au-delà du filtre !

De ne jamais juger.

Mais, au contraire, d'avoir cette lecture presque intuitive de la trame qui se joue derrière chaque personnalité complexe que j'ai pu rencontrer.

Aujourd'hui, je me sens enfin libre, je m'aime et je m'accepte telle que je suis.

Je peux, grâce à tout ce travail accompli sur l'Enfant Gigogne®, aller vers ce qui m'attend en toute quiétude.

Je suis emplie d'un Amour inconditionnel, qui me permet de regarder la vie différemment.

J'ai enfin compris pourquoi, dans ma plus tendre enfance, je me posais toujours cette question : « Suis-je une enfant adoptée ? »

Cette aversion totale pour le milieu médical (mon géniteur étant un médecin !).

Plus rien de tout cela n'existe aujourd'hui, car mes Enfants Gigognes® ont été mis en paix, et je pense avoir stoppé la transmission intergénérationnelle.

Je suis heureuse et profondément touchée aujourd'hui de pouvoir vous faire partager mon parcours.

Et je souhaite à chacun d'avoir ce bonheur immense de vivre et de réaliser pleinement ce pour quoi il s'est incarné.

Mes remerciements les plus profonds à J.-P. F., pour avoir été inspiré avec autant de grâce et de sensibilité à la création de cette méthode de la Thérapie Enfant Gigogne®.

Pour sa patience, son écoute active, ainsi que son abnégation durant les séances.

Et aussi à son élève, C. R., pour son travail remarquable, et la touche féminine qu'elle a su insuffler à son accompagnement.

Tous deux m'ont accompagnée durant presque trois ans, sans eux, rien n'aurait été possible.

Vous resterez à jamais une étoile scintillante en mon cœur.

La TEG m'a permis de naître à moi-même... quelle douceur, pour le cœur et l'âme, je puis vous l'affirmer.

Je souhaite également remercier mon mari d'avoir permis cette rencontre entre nos deux âmes.

De m'avoir fait suffisamment confiance pour me suivre dans cette démarche libératrice pour chacun.

Je sais combien cela a pu être compliqué pour lui de briser tous ses schémas, et l'armure qu'il s'était construite.

Son travail n'est toujours pas terminé... il faut accepter que nous n'avancions pas tous au même rythme !

Je n'oublie pas non plus cette amie rencontrée au détour d'une conférence, qui me livra cette phrase magique, qui fut le premier déclencheur de cette remise en question.

Et enfin, cette médecin, qui m'a accompagnée avec une attention toute particulière, et beaucoup de bienveillance.

C'est elle qui a permis cette rencontre fabuleuse, avec J.-P. F., qui changea à jamais ma vie.

Si vous faites ce choix de la TEG, soyez patient, cela peut prendre du temps.

Ce travail nécessite une motivation et un engagement personnels importants et il faut avoir conscience, comme le dit J.-P. F. dans ses écrits, que :

« Le travail d'exploration de la mémoire non consciente peut faire remonter à la conscience des vécus douloureux dont la nature peut être susceptible de remettre en question la représentation que l'on se fait de notre histoire et de nos relations passées avec nos proches. »

Mais quel bonheur de vivre ensuite LIBRE et tellement plus légère...

OPHÉLIE SE SENT TRAHIE PAR SON CORPS...

Extraits de consultation

Ophélie vient consulter, car un kyste cancéreux au sein droit vient de lui être diagnostiqué.

Extraits du premier entretien

Depuis quelque temps, je sentais une petite grosseur au niveau de mon sein droit, comme j'avais déjà eu de petites grosseurs comme ça, et qu'elles avaient disparu spontanément, je ne me suis pas inquiétée…

Et puis j'ai fini par en parler à mon médecin traitant qui m'a envoyée faire une mammographie qui a révélé une anomalie suspecte évocatrice d'un cancer de type ACR5, comme ils disent dans leur jargon.

On m'a donc prescrit une biopsie du kyste qui s'est révélé être cancéreux.

Quand j'ai appris la nouvelle, par téléphone, ça a été un choc… je ne m'attendais pas vraiment à ça !

C'est comme si je m'étais sentie trahie, comme trahie par mon corps !

Je ne sais pas encore ce que je vais faire à un niveau médical, le kyste n'est pas encore très développé… je vais voir ce qu'ils me disent…

En fait, ce qui m'interroge à côté des raisons de ce cancer que j'ai développé, c'est ce qui s'est passé pendant la mammographie…

Quand le médecin a posé sa main sur mon sein pour le palper, je me suis évanouie !… Ça a mis un peu le bazar dans la salle d'examen… mais bref, c'est une autre histoire !…

Ce qui m'interroge, c'est pourquoi je me suis évanouie, alors que j'y allais relativement tranquille… même si je m'en serais bien passée, de me faire tripoter la poitrine…

Voilà, j'aimerais bien comprendre pour quelles raisons je suis tombée dans les pommes… Je trouve qu'il y a quelque chose de bizarre par rapport à cela !

Bien sûr, j'ai bien pensé à des histoires de traumas, d'attouchements, mais je n'ai absolument aucun souvenir de quelque chose comme ça !

Ophélie connaît déjà la façon dont je travaille par l'exploration de la mémoire non consciente en état de relaxation.

Par précaution, je lui rappelle néanmoins qu'un tel travail est susceptible de faire émerger des souvenirs enfouis qui peuvent modifier sa représentation de son histoire personnelle et familiale.

Extraits de la séance d'exploration

Avec l'état de conscience induit par la relaxation, Ophélie se laisse guider par la sensation du contact de la main du médecin sur son sein pour la palpation et l'état émotionnel présent juste avant sa perte de connaissance.

Je dois avoir environ 13 ans, il y a une réunion familiale, je crois que… c'est la fête anniversaire des 40 ans de mariage de mes grands-parents maternels…

Tous les adultes ont bien « picolé » et mon oncle, le frère de mon père, est à moitié ivre, il est en train de dire que le temps passe vite, qu'hier encore j'étais une petite fille qu'il faisait sauter sur ses genoux, et que maintenant je suis devenue une vraie femme avec la poitrine qui a poussé, et en disant cela il se retourne et dit « Regardez ça, comme ça a poussé, hein, Ophélie, tu es une femme maintenant ! » en avançant sa main vers ma poitrine…

Je crois même qu'il m'a touchée... ça m'a pétrifiée... je n'ai pu rien dire... j'entends encore son rire graveleux et le rire de tout le monde, même les femmes riaient aussi... je ne savais pas où me mettre, j'aurais voulu disparaître tellement je me sentais mal. Surtout, c'est que je n'ai pu rien dire ni faire comme si j'étais paralysée…

J'invite Ophélie à laisser sa conscience se diriger vers un évènement plus ancien qui est la cause de la sidération vécue par la jeune Ophélie de 13 ans.

Je suis allongée dans un lit... c'est un grand lit, c'est dans la chambre de mes parents... j'ai 4 ans, je crois... je ne sais pas bien pourquoi je suis là... j'ai... j'ai les cheveux mouillés... je crois que je viens de prendre un bain... je suis enveloppée dans une grande serviette... ah oui c'est papa qui m'a fait prendre le bain et qui est en train de m'essuyer... Je ne sais pas où est maman... silence…

Et ensuite ?

Papa il m'essuie avec la serviette, mais je le trouve bizarre... il m'essuie et puis il enlève la serviette et il me caresse... il me caresse... mais pas des caresses normales…

Ophélie se crispe.

De quelle façon ne sont-elles pas normales ?

Il a des yeux bizarres, c'est comme si c'était pas lui... pourtant c'est lui... il me caresse sur la poitrine... et puis sur le ventre... non c'est pas possible...

Des larmes.

Ophélie décrit ensuite des attouchements et des baisers sur le sexe, puis des caresses plus fortes sur la poitrine et le sexe du père sur la partie droite de la poitrine qui se retrouve en contact avec du sperme.

Quelque temps après le travail de mise en paix, Ophélie, ne sentant plus la grosseur au niveau du sein, demande un nouvel examen.

L'examen s'avère négatif... les médecins disent à Ophélie qu'il y a probablement eu une erreur de diagnostic.

Cancers de l'utérus et des ovaires

AURORE

Extraits de consultation

Aurore veut comprendre pourquoi elle a développé un cancer aux ovaires.

Extraits du premier entretien

Depuis dix-huit mois, j'ai un cancer ovarien, donc chimio... je suis en cours de chimio...

J'ai fait une séance de constellation, j'ai fait de la sophro-analyse... j'ai changé mon alimentation...

J'arrive à m'affirmer... enfin, voilà, j'ai grandi... en dix-huit mois, je ne suis plus la même... j'ai... ah c'est génial quoi... je... voilà...

Mais... mais malgré tout, je ne suis toujours pas guérie... et je me dis, avec tout ça !...

Je ne sais pas... j'ai découvert... je ne sais pas ce qui bloque quoi... je ne sais pas ce qui ne va pas, parce que j'ai découvert plein de choses, dans les liens avec mes parents.

J'étais un peu soumise entre guillemets, je ne prenais pas mes décisions toute seule, j'avais toujours besoin de l'appui de mes parents, aujourd'hui c'est fini...

Ça ne fait pas longtemps, mais c'est... voilà je leur dis... quand j'ai pas envie, j'ai pas envie quoi... enfin... gentiment... mais...

J'ai appris pas mal... j'ai appris, dans les constellations, que j'avais eu deux frères jumeaux... pendant la vie intra-utérine...

Parce que, à un moment donné dans les constellations, j'ai pris conscience, pour moi, au fond de moi, qu'être libre, c'était mourir... donc y avait ça aussi qui ressortait... donc y avait une part de moi qui ne voulait pas guérir... ça pouvait pas fonctionner.

Voilà ce qu'il en est... voilà un peu tout ça ! un peu toutes les petites choses (rire)*... mais voilà... je suis en train de me dire : voilà, j'aimerais bien guérir... j'aimerais bien guérir pour faire autre chose de ma vie...*

Par rapport à tout ce que vous venez de dire, qu'est-ce que vous attendez de moi ?

Ben, d'abord je voudrais... je voudrais comprendre pourquoi j'ai développé ce cancer aux ovaires... je pense que ça m'aiderait par rapport à la chimio... je sais qu'il y a quelque chose, mais je n'ai pas encore trouvé, même avec tout ce que j'ai fait... c'est mon amie qui a fait un travail avec vous qui m'a conseillé de vous rencontrer...

Alors, avec tout le travail que vous avez fait par rapport à cette partie de votre corps qui est concernée par ce cancer... qu'est-ce que vous en avez compris jusque-là ?

Si cette partie de votre corps vous donnait un message, si c'était comme un panneau indicateur, un message qu'elle vous donnait, pour vous, ça serait quoi le message ?

Y a cette notion de liberté... ouais... peut-être de... peut-être de ne pas vivre pour les autres entre guillemets... de ne pas faire toujours plaisir aux autres, de ne pas vivre comme les autres attendent de moi... enfin... je ne sais pas comment m'exprimer... j'ai toujours fait les choses en fonction de si ça allait plaire à mes parents surtout...

Vous avez des informations au sujet des conditions dans lesquelles vous avez été conçue et si à ce moment-là vos parents désiraient avoir un enfant ?

Oui, je crois que c'était... c'était une grossesse désirée... enfin... ouais...

Et à ce moment-là, quand votre maman était enceinte de vous, vos parents, ils attendaient plutôt un garçon, une fille ?

Ça, je ne sais pas...

Vous n'avez jamais demandé ?

Non, ben non, je sais pas du tout...

Vous avez des informations au sujet de comment s'est passée votre naissance ?

Oui, je suis née trois semaines avant le terme... euh... maman était très fatiguée parce que... en fait, elle a travaillé quasiment jusqu'au bout... elle était toujours debout...

En fait, quand je suis née, j'étais incapable de me nourrir... en fait, ils m'ont gavée... je ne pouvais boire ni au biberon ni au sein... pourtant trois semaines avant... c'est pas... c'est pas trop, c'est pas prématuré... ça reste euh... c'est courant quoi... et par contre j'ai été en couveuse, séparée de ma mère, parce qu'on n'était pas dans le même service... je suis restée un mois en couveuse et je faisais deux kilos...

Donc ça a été compliqué... ma mère a... m'a expliqué que la naissance a été quand même... difficile... et il y a eu cette séparation qui a été très compliquée, j'imagine pour moi aussi...

Avec la sophro-analyste, qu'est-ce que vous avez fait comme travail ?

J'ai fait un week-end de constellation, c'est là où il y avait la notion de liberté, et d'autonomie.

Sinon, on a travaillé... j'ai travaillé en individuel... c'est là que j'ai retrouvé les deux jumeaux...

Je reviens à ma question concernant l'information que cette partie de votre corps peut vous donner au sujet de la cause de cette maladie.

Souvent, quand une partie du corps développe un symptôme, c'est qu'il y a eu un marquage... Est-ce que vous avez réfléchi à comment cette partie de votre corps a pu être marquée ?

Je ne sais pas...

Je ne sais pas, je me suis dit que c'était peut-être un tout... de ce que j'avais découvert et dont je viens de vous parler...

Précisément... je ne sais pas très bien...

Si vous renommez la partie de votre corps impactée par le cancer, quelle est cette partie du corps ?

Les ovaires...

Qu'est-ce que cela vous évoque ?

C'est la féminité... c'est la reproduction...

Ah oui... c'est peut-être important... je devais me marier y a dix-huit mois... mais je n'avais pas envie de me marier... c'était pourtant moi qui étais à l'initiative... c'est comme si... je le faisais... mais avec contrainte, pas avec plaisir quoi... pas comme ça doit se faire normalement...

Plus ça avançait, moins j'avais envie de faire des démarches... et puis je n'étais pas heureuse en fait...

Quand est-ce que les médecins vous ont dit que la maladie avait pu commencer ?

Euh, ils ne savent pas...

Mais moi, je pense que c'est lié à... quand on a décidé de se marier...

Et pour vous ça représentait quoi de se marier ?

J'associais le mariage à un état de dépendance, à un état... d'appartenir à l'autre... d'être possédé par l'autre... comme être la chose de l'autre... Je définissais le mariage comme cela et en même temps je voulais me marier... C'est un peu contradictoire !...

Ce qui pourrait être intéressant, ce serait d'identifier ce qui vous a conduite inconsciemment à avoir cette représentation-là, cette signification-là, au sujet du mariage.

Au cours de votre enfance, avez-vous le souvenir que la petite fille que vous avez été a pu vivre une situation où elle s'est sentie appartenir à quelqu'un, lui appartenir, être possédée et être sa chose ?

Là, comme ça... non, pas particulièrement...

Extraits de l'exploration en EMC

Alors dans un instant je vais vous inviter à laisser votre conscience se diriger vers un évènement vécu par cette petite fille qui a favorisé la maladie de la femme qu'elle deviendra...

Je vois... je vois comme... Y a un grand cadeau, c'est bizarre, c'est imagé... un grand cadeau, un énorme paquet cadeau... je surplombe la scène... c'est un cadeau coloré avec un nœud... il est suspendu... c'est bizarre, en fait il prend toute la place, il grossit, il grossit... il est en train de prendre toute la place... et il s'ouvre... il s'ouvre jusqu'à devenir du carton, il s'ouvre...

Qu'est-ce qu'il y a à l'intérieur ?
Un vélo... un vélo bleu... avec une marionnette dessus mais qui fait peur, une tête de... une tête de diable, oui une tête de diable... C'est un minivélo bleu... C'est la taille d'une poupée...

Cette poupée, à qui elle ressemble ?
À personne, hein, parce qu'elle a une tête de diable... là ce qui me vient c'est que ma mère elle a été violée... voilà ce qui me vient...

Elle a été violée à quel âge ?
Je ne sais pas...

Laissez votre conscience se diriger vers l'évènement en lien avec ce viol et à quel âge...
Trois ans, c'est l'âge qui me vient...

Je vous invite à laisser venir toutes les informations qui sont en lien.
Là, je suis dans sa maison quand elle était petite... y a mon grand-père... y a ma grand-mère et on est dans le salon... ben... heu... je me recentre parce que... voilà, y a ma mère, sa mère et son père... elle a des couettes, elle est brune, enfin châtain... elle joue... mon grand-père, il est assis de dos à une table... en fait, elle, elle joue derrière lui... et... ma grand-mère, elle fait plein de trucs, elle est à droite à gauche, la cuisine, elle bouge quoi... et lui il est statique.

Et ma mère, elle a l'air assez joyeuse... enfin... elle joue dans le dos de mon grand-père... voilà... et là il se retourne et là il a la tête du diable... elle lui fait un câlin, elle lui dit « papa »... voilà... pour elle, ça semble normal qu'il ait cette tête-là quoi... ça lui fait pas peur... elle va vers lui... et sa maman, elle est affairée dans ses affaires quoi... elle s'occupe pas de tout ça, elle est très occupée...

Ben, il lui caresse les cheveux... elle est assise sur ses genoux et c'est tout...

Et ensuite ?

Il se lève... il paraît tellement énorme par rapport à elle... il grandit en fait, il devient comme un... c'est imagé hein... il devient comme un... comme un grand poteau... il devient comme un grand poteau en face de ma mère quoi...

Alors il l'emmène... y redescend... il l'emmène... il la prend par la main... elle a pas envie d'y aller... elle a pas envie de le suivre... il lui met une claque, mais sans raison quoi... elle, elle comprend pas pourquoi... et elle, elle est mal quoi, elle comprend pas ce qu'elle a fait de mal pour mériter ça quoi (sanglots)... *elle se sent toute seule* (sanglots)... *elle se demande ce qu'elle a fait de mal quoi* (sanglots)... *je vois sa culotte en bas des jambes... à ma mère... et... ah là là... ben, il baisse son pantalon lui aussi du coup... il est habillé en haut mais pas en bas... il a son sexe en érection... et ouais ma mère elle... et c'est tout, je vois que ça...*

Et comment elle est cette petite fille de 3 ans par rapport à cette situation ?

Elle n'a pas le choix, elle peut pas bouger, elle est... elle est dominée quoi... elle subit... mais avec une incompréhension... sur ce moment elle comprend pas elle...

Que fait le grand-père ?

Il se masturbe... et il remet son pantalon... et... il retourne dans le salon se rasseoir à sa place... et ma mère elle remet sa culotte et sa jupe et puis voilà... et puis c'est tout... et ma grand-mère elle est toujours affairée dans ses trucs...

Dans quelques instants je vais vous inviter à conduire votre conscience dans un évènement que la petite Aurore a pu vivre au même âge à 3 ans...

C'est ce que j'ai vu aux constellations, moi avec ma brouette et mon grand-père avec sa brouette dans la petite ferme... c'est la même image, la même scène en fait... heu... moi j'ai mes couettes aussi... je ressemble à ma mère... enfin petite... mes parents sont à côté, figés... ils ne bougent pas... et mon grand-père il a sa brouette avec un bébé dedans et moi j'ai la mienne aussi... voilà...

Et ensuite qu'est-ce qui se passe ?...

Laissez se dérouler le temps... et laissez votre conscience se diriger vers un évènement précis en lien avec cette scène et qui est la cause de ce kyste développé aux ovaires d'Aurore la femme... La première impression qui vous vient ?

J'ai lâché ma brouette et je suis à côté de mon grand-père qui a toujours sa brouette, mais je suis à côté de lui... il est grand aussi... il met sa grosse main sur mon épaule... il me sourit... moi aussi d'ailleurs... et heu aff... il me met la main aux fesses... enfin comme ça, par-dessus ma jupe... mes parents ils disparaissent de la scène... ils sont comme aspirés et... ils sont plus là... enfin ils sont là, mais sans être là enfin, c'est bizarre...

Qu'est-ce qui se passe avec grand-père ?

Il m'emmène dans le box... avec les chevaux... et pareil, je le vois avec son sexe en érection... à se masturber tout seul... et moi ça ne me choque pas, c'est bizarre, ça me... je suis spectatrice, voilà quoi... et c'est tout, il se rhabille et voilà...

Comment il se comporte avec cette petite Aurore ?

Silence...

Il a le sourire...

Elle est placée où par rapport à lui ? À quelle distance ?

Je ne sais pas, à deux mètres... oui deux-trois mètres, face à lui...

Alors dans ce moment-là, dans cette scène-là, dans ce contexte-là, je vais vous inviter à conduire votre conscience vers l'évènement précis, dans ce contexte-là, qui est la cause du développement de ce kyste cancéreux aux ovaires d'Aurore la femme... La première impression qui vous vient dans ce contexte-là ?

C'est une image encore, cette image du cadeau qui s'ouvre... et qui laisse retomber le vélo avec le diable... c'est... c'est... ce n'est pas réel... c'est ça qui... du coup, le... il s'est transformé en petit poney, c'est le poney, le shetland qu'on montait... oui voilà...

Et il est où ? Dans le box ?

Non, là on est devant, je suis dessus, enfin je monte à cheval... voilà...

Alors qui est présent ?

Ma mère, mon père et mon grand-père, par contre il est plus loin, il est à côté des box, mais un peu plus loin...

Alors c'est dans ce contexte-là, de cette relation avec ce grand-père et avec ces box, que je vous invite à laisser votre conscience se diriger vers un évènement précis qui est la cause du développement de ce kyste cancéreux... La première impression qui vous vient ?

Je suis de nouveau devant lui avec son sexe en érection...

Et là qu'est-ce qui se passe ? Laissez se dérouler le temps, tout doucement, au ralenti.

Euh... il me demande de regarder... et moi, c'est comme si ça ne me faisait rien du tout quoi... y a pas de sentiment... moi, j'ai aussi ma culotte en bas des chevilles... en bas des jambes... y a toujours un écart... on n'est pas collés, hein...

Comment la culotte de cette petite fille s'est-elle retrouvée en bas de ses chevilles ?

C'est moi qui l'ai... enfin c'est lui qui a dû me demander de l'enlever... de la descendre... il a plutôt des propos... ouais, voilà il a plaisir à ce que je le regarde faire... c'est tout...

Pourquoi il demande à la petite fille de baisser sa culotte ?...

Pour voir aussi, pour voir mon sexe...

Pour qu'il voie le sexe de la petite fille, il faut qu'il lui demande de relever sa jupe ou sa robe ?

Aussi...

Et puis... il demande autre chose ?

Il me demande de m'approcher... de toucher son sexe aussi... mais... je le fais, mais je ferme les yeux quoi...

Oui... et puis...

C'est comme si c'était normal... comme si je le faisais, voilà je fais ça... je sais pas comment vous dire... c'est pas comme si c'était la première fois quoi... c'est tellement normal... ça semble... je fais ça par habitude, ça me fait plus rien quoi... je sais pas comment dire... après il se rhabille, je remonte ma culotte... je rebaisse ma jupe et puis voilà...

Oui... alors dans quelques instants je vais vous inviter à conduire votre conscience vers une situation semblable, une situation que cette petite fille a déjà vécue... la première impression qui vous vient ?

Baff... c'est compliqué là...

Dites-moi, tout simplement.

Y a de nouveau la scène de ma mère qui apparaît quand elle est petite, oui c'est ça et moi aussi... je suis dans la petite ferme de l'autre côté, dans les champs... avec mon grand-père aussi... on donne de l'eau aux chevaux...

Et là qu'est-ce qui se passe ?

Rien de spécial...

Laissez venir toutes les informations qui vont avec cette scène-là... Si cette scène-là vient, c'est qu'il s'est passé quelque chose d'important...

Il sourit, il a des dents pointues... comme le diable... il me sourit, mais il fait un peu peur quand même...

Oui...

Non c'est tout...

Dans cette scène-là, laissez votre conscience se diriger vers un comportement, un évènement précis, qui est un élément qui a favorisé le développement de ce kyste cancéreux... chez Aurore la femme...

Là, il me prend par la gorge... il m'attrape par la gorge... là par contre, y a de la surprise quoi... dans le regard de moi quand j'étais petite...

Et qu'est-ce qui se passe ? Il prend par la gorge cette petite fille, elle est surprise... et ensuite ?

Il la frappe... il est fâché en fait... ben... il... il dit « Tu vas m'écouter »...

Et ensuite qu'est-ce qui se passe ?

Je ne sais pas, ma conscience, elle bloque...

Laissez venir sans porter de jugement… « Tu vas m'écouter » pour quoi faire ? La première impression qui vous vient ?

C'est ouais, « Tu vas m'écouter, tu vas m'obéir »…

Pour quoi faire ?

Ben, ce que je vois hein, c'est que toujours, il veut mettre ses mains sur ses fesses, par-dessus sa jupe…

Oui et ensuite… Demandez sincèrement à votre conscience de laisser venir les informations, les éléments qui sont en lien avec le développement de cette maladie… et engagez-vous, vis-à-vis de cette petite fille, à être dans l'acceptation inconditionnelle et l'accueil, quoi qu'elle ait pu vivre… et lui garantir votre amour…

On retourne dans le box… où là, il demande que la petite fille lui fasse une fellation, c'est l'image que j'ai… mais c'est tout…

Et que fait la petite fille ?

Elle le fait… mais pas longtemps et… et puis en fait après c'est comme si de rien n'était quoi !…

C'est bizarre, après elle rejoue… après voilà elle rejoue… elle va dans la petite ferme, elle joue… elle joue normalement… voilà… mais y a pas… C'est drôle, y a pas d'émotion… enfin ce n'est pas drôle… mais y a pas d'émotion… pas plus que ça quoi !…

Alors, je voudrais vous inviter à conduire votre conscience maintenant dans un autre évènement, où cette partie du corps de cette petite fille en lien avec ses ovaires a pu être impliquée… la première impression qui vous vient…

Ben… je suis chez ma grand-mère, là où ma mère… où l'image de ma mère… de tout à l'heure… je suis donc dans cette maison-là… dans le couloir… et effectivement j'ai… je n'ai pas de bas, je suis habillée, mais j'ai que le haut, j'ai pas de culotte… si, j'ai une jupe, mais j'ai pas de culotte… elle est à mes chevilles… voilà…

Et là qu'est-ce qui se passe ?… Oui… Qui est présent ?

Toujours mon grand-père…

Il est où le grand-père ?

Ben, il est... il est à côté de moi... euh, il me prend par le bras... et il m'emmène dans la chambre, dans sa chambre... y a plein d'affaires partout, tout est... c'est bizarre... en désordre dans cette chambre...

Quel âge a-t-elle, cette petite fille-là ?
Ben je ne sais pas, dans le couloir elle avait 3 ans, mais dans cette chambre c'est comme si elle en avait 6 quoi...

Oui...
Quelque chose comme ça...

D'accord... Et là qu'est-ce qui se passe ?
Ben... ça paraît tellement irréel quoi, c'est bizarre...

Laissez venir, sans porter de jugement...
C'est comme si... ben... il lui met les... ses doigts dans son vagin... mais ça paraît tellement bizarre... Oui... Je ne sais pas...

Continuez de décrire ce que vous percevez sans porter de jugement...
Ça fait comme des nuages noirs dans la pièce... les vêtements que je disais... ça fait comme des taches noires qui se baladent dans toute la pièce... c'est un peu comme un tourbillon... c'est un peu comme des mémoires qui flottent...

Oui... et que fait le grand-père ?
Ben... c'est bizarre, il était... il était donc en érection et voilà... mais il devient une statue en fait... il est devenu une statue, avec la tête de diable, euh, à côté de moi quoi...

Qu'est-ce qui se passe pour la petite fille, quand il met ses doigts ?
Je n'arrive pas à savoir ce qu'elle ressent. Y a pas d'émotion...

Comment vous la percevez, si vous mettez votre conscience à l'extérieur du corps de cette petite fille ?
Interrogative quand même... c'est... ce qui me vient, c'est que c'est rapide quoi... ça ne dure jamais longtemps... oui...

Alors dans quelques instants, je vais vous inviter à prendre conscience des pensées, des sentiments, qui animent cette petite fille pendant ces moments de passage à l'acte de ce grand-père sur elle... Quelles conclusions cette petite fille tire-t-elle de tous ces passages à l'acte ?

C'est triste, hein, ce que je vais vous dire !... Elle se dit que ça fait du bien !...

En quoi c'est triste ?

Non, c'est moi qui dis cela, ça me choque !...

C'est normal qu'elle ressente cela cette petite fille...

(Sanglots) *Non, ce n'est pas normal...* (pleurs).

Ce qui n'est pas normal, c'est le comportement du grand-père... mais que, elle, elle ressente cela, c'est tout à fait normal...

(Pleurs)...

C'est pour cela qu'il est important que vous n'ayez pas de jugement sur ce que peut ressentir cette petite fille... parce que ce qu'elle ressent est tout à fait normal et légitime... Ce sont les comportements de ce grand-père qui ne sont pas adaptés et légitimes.

Cette petite fille a un corps qui est sensible, comme le sont tous les corps des enfants, et son corps fonctionne tout à fait normalement...

(Pleurs)...

Ce n'est pas elle qui est responsable de ce que son grand-père lui fait subir...

Prenez conscience de cela...

Cette petite fille que vous venez de retrouver a été confrontée à la mémoire du traumatisme vécu par sa propre maman et a été confrontée aux mêmes comportements de la part de son grand-père sur elle-même, à ses attouchements, à ses abus sexuels et au viol par pénétration de ses doigts dans son vagin.

Alors je vous invite à identifier quels liens vous semblent exister entre ce qu'a vécu cette petite Aurore dans ces différents moments de son enfance et ce qui est difficile à vivre pour Aurore la femme et plus particulièrement par rapport à cette maladie...

Quels sont les liens qui vous semblent exister entre ce qu'a vécu cette petite fille et la maladie de la femme Aurore ?

Le mot « sale » me vient... « encombrée »... le mot « douloureux » aussi... « contaminée »...

Nota bene

Que ce soit pour le cas d'Aurore ou les cas de Sahra et d'Ophélie et tous les autres cas de personnes qui ont développé des affections graves comme des tumeurs cancéreuses, il me semble important de rappeler que le recours à **la Thérapie Enfant Gigogne® ne peut avoir que le seul objectif de comprendre la genèse et les facteurs psycho-émotionnels historiques qui peuvent intervenir dans ce type d'affection, et permettre de rétablir un terrain psycho-émotionnel assaini** qui favorise le processus d'autoguérison et **les processus de guérison par traitements médicaux** qui sont, par nature, hors du champ d'intervention, d'action, de compétences et de responsabilité du praticien de la Thérapie Enfant Gigogne®.

C'est cet assainissement du terrain psycho-émotionnel qui favorise le processus d'autoguérison, qui parfois est seul suffisant et qui, dans bien d'autres cas, pour les symptômes à dominante physique, n'est bien évidemment pas seul suffisant et nécessite un accompagnement médical spécialisé.

Nous l'avons vu, la Thérapie Enfant Gigogne® ne cherche pas à agir sur le symptôme et donc encore moins à vouloir l'éliminer, le faire disparaître, puisque le symptôme est regardé comme porteur d'un message émis par l'inconscient pour aller à la rencontre de l'Enfant blessé et le libérer.

Lorsque cette libération est réalisée, le symptôme ayant accompli sa mission, il n'a plus de raison d'être et a ainsi la possibilité de disparaître de lui-même.

Pour Sahra et Ophélie, le processus d'autoguérison qu'a permis la libération des foyers émotionnels traumatiques a été suffisant, sans doute aussi parce qu'elles se trouvaient à un stade de début de la maladie.

Pour Aurore qui se trouvait à un stade beaucoup plus avancé de la maladie, l'assainissement psycho-émotionnel apporté par la Thérapie

Enfant Gigogne® ne pouvait être qu'une aide complémentaire au traitement de chimiothérapie en cours.

Papillomavirus

CHLOÉ : « MA GYNÉCOLOGUE M'A DIT QUE MON CORPS S'ÉTAIT AUTORÉPARÉ »

Témoignage

Des symptômes de nature différente peuvent avoir une même origine traumatique.

Il arrive donc qu'une personne vienne consulter au sujet d'un symptôme, comme c'est le cas pour Chloé avec des TOC de vérification des fermetures, dont le témoignage est présenté dans la partie qui concerne les symptômes à dominante comportementale.

À l'issue du travail d'exploration et de mise en paix de l'enfant victime d'un trauma sexuel, le symptôme pour lequel la personne est venue consulter n'a plus lieu d'être et disparaît (les TOC de vérification pour Chloé), et un autre symptôme dont la personne pensait qu'il ne pouvait pas être concerné par sa démarche « psy » (le papillomavirus pour Chloé) se trouve résolu.

Concernant ses TOC de vérification de fermetures, Chloé retrouve, au cours de l'exploration, une scène de viol d'une petite Chloé de 4 ans, commis par son grand-père.

... J'ai vu une petite fille dormant paisiblement dans le lit de chez ses grands-parents, elle faisait la sieste pendant que les adultes partageaient un repas de famille dans une pièce voisine.

J'ai ensuite vu un homme à la porte de la chambre qui regardait cette petite fille avec insistance, il a fermé la porte à clef derrière lui et bien vérifié que plus personne ne pouvait entrer.

Il s'est approché de la petite fille d'environ 4 ans, il lui a caressé les cheveux et lorsqu'elle a ouvert les yeux, il lui a mis la main sur la bouche pour qu'elle ne puisse ni parler ni crier.

Il l'a caressée brièvement, et rapidement l'homme a pénétré cette petite fille... À ce moment-là, la conscience de la petite fille s'est échappée de son corps après avoir tenté de résister.

La petite fille était totalement sidérée par ce qui se passait, envahie d'une totale incompréhension.

J'ai pu identifier cet homme… c'était ce grand-père décédé.

La séance de travail de résolution qui a suivi trois semaines plus tard a mis en lumière la peur ressentie par la petite fille qui s'était sentie menacée par le grand-père par ce geste de la main sur la bouche et qui avait été à l'origine, par la suite, de son impossibilité de pouvoir parler.

Le lien avec la mise en place des TOC m'est apparu tellement évident.

Les TOC accompagnés de la petite voix et le rêve où ce grand-père apparaissait menaçant étaient apparus juste après sa mort !

Pour finir en beauté, lors de mon contrôle gynécologique, le papillomavirus s'était totalement résorbé !

Ma gynécologue m'a dit que mon corps s'était autoréparé, elle-même en était stupéfaite !

Mais moi, je savais que la mise en lumière du traumatisme avec sa résolution avait permis à mon vagin qui avait été meurtri de s'autoguérir.

Saignements rectaux. Rectorragie

SAM

Extraits de consultation

Sam est âgé d'une trentaine d'années, il vient me consulter pour des saignements rectaux fréquents.

Les examens médicaux effectués se sont avérés négatifs en ce qui concerne une origine hémorragique liée à une tumeur maligne.

Sam a constaté que ces saignements survenaient plus particulièrement ou étaient plus abondants dans des périodes de stress ou de contrariété.

Extraits du premier entretien

Comme les traitements qui m'ont été proposés n'ont pas été concluants et que je me suis aperçu que mon état psychologique et émotionnel avait une influence sur les saignements, je me suis dit qu'il pouvait peut-être y avoir quelque chose de cet ordre-là.

C'est pour cela que j'ai décidé de faire cette démarche et que clarifier cet aspect émotionnel pourrait peut-être m'aider.

Ces saignements ont-ils toujours été présents, sinon quand sont-ils apparus ?

Je crois que j'ai toujours été un peu sujet à ce problème depuis l'enfance, enfin c'est ce qu'on m'a dit, parce que je n'ai pas beaucoup de souvenirs d'avant le collège, mais apparemment ce n'était pas autant que depuis que je me suis marié, c'est-à-dire il y a environ six ans.

Vous souvenez-vous exactement à quel moment cela a commencé dans cette période ?

Ce n'est pas évident de se rappeler comme ça... mais... non ce n'était pas tout à fait au début de notre mariage... peut-être un an après environ...

Que s'est-il passé un an après votre mariage ?

Eh bien, je ne sais pas... rien d'anormal... enfin si, mais c'était plutôt normal et sympathique, la naissance de notre fils... je crois bien que c'est à partir de là que ça a recommencé, je n'avais plus eu de problème depuis pas mal de temps, sans doute depuis le collège... Au début ça n'était que de temps en temps et puis ça s'est aggravé après...

À quel moment cela s'est aggravé ?

Peut-être un an et demi ou deux après ?... Ce n'est pas facile de retrouver tout ça !

Et à ce moment-là, qu'est-ce qu'il y a eu de particulier dans votre vie ?

Ben, rien de particulier, je travaillais normalement, c'est ma femme qui, elle, a repris le travail et on a dû mettre notre fils chez une nourrice la journée, c'est moi qui l'emmenais le matin chez la nourrice et c'est ma femme qui le récupérait en fin de journée après son travail.

Donc, votre fils avait quel âge exactement, quand il a été chez la nourrice ?

Eh bien, il avait exactement 2 ans !

Même si vous n'avez pas de souvenir de votre enfance, vous savez ce qui s'est passé pour vous à 2 ans ?

Je ne me souviens pas de cette période, mais je sais qu'à 2 ans j'ai été placé dans une famille d'accueil, ma mère ne pouvait plus s'occuper de moi, mon père la frappait, puis il l'a quittée et elle a fait une dépression...

Pourquoi vous me demandez cela ?

Eh bien, vous venez de me dire que vos saignements ont recommencé à partir de la naissance de votre fils et qu'ils se sont intensifiés quand vous avez commencé à le laisser chez une nounou.

J'ai posé l'hypothèse que l'arrivée de votre fils et sa garde chez une nounou à 2 ans ont pu être des déclencheurs de réveil d'un foyer émotionnel pour vous.

Ce qui semble se confirmer puisque vous me dites qu'à l'âge de 2 ans vous avez été placé dans une famille d'accueil.

L'arrivée de votre fils, donc comme garçon, et surtout sa garde chez une nounou sont probablement venues réveiller le traumatisme de la séparation du petit garçon de 2 ans d'avec sa maman et son papa, et peut-être un autre traumatisme en lien avec ce placement.

Oui, je comprends, je n'avais pas pensé à tout cela...

Je comprends mieux l'enchaînement de toute mon histoire, parce que je ne sais pas pourquoi je ne suis pas resté très longtemps dans cette famille d'accueil, peut-être un peu plus de deux ans, après on m'a orienté dans un foyer de l'enfance.

J'ai dû y rester jusqu'à mes 8 ans, quand ma mère a pu me reprendre.

Je me souviens quand même que je pleurais souvent dans ce foyer, j'étais le souffre-douleur des plus grands, mais je ne voulais pas le dire parce que je ne voulais pas repartir en famille d'accueil, je ne sais pas pourquoi exactement, mais je sais que je ne voulais pour rien au monde repartir dans une famille d'accueil.

Qu'ont fait subir les plus grands à ce petit Sam pour qu'il soit leur souffre-douleur ?

Je ne me souviens pas très bien, mais je crois que j'ai subi des attouchements, c'est assez vague dans ma mémoire, il me semble que j'ai été contraint à des fellations... Il y a un grand dont je me souviens un peu, je ne l'aimais pas du tout celui-là, je crois que c'est lui qui me coinçait dans les toilettes...

Exploration en état modifié de conscience

Au cours d'une première exploration, Sam retrouve plusieurs moments de la période de son placement en foyer.

Il retrouve le harcèlement subi par le petit Sam, de la part des plus grands, dont un plus particulièrement qui l'avait contraint à des fellations à de nombreuses reprises.

Ce souvenir que Sam avait vaguement conservé dans sa mémoire.

Mais les éléments retrouvés les plus significatifs et les plus douloureux physiquement et psychologiquement que Sam avait totalement refoulés sont les viols par sodomie, commis la nuit par un veilleur de nuit, qui se sont régulièrement répétés pendant la période du placement.

Suite à cette exploration de la mémoire non consciente et après le travail de mise en paix et de résolution de ces traumatismes retrouvés, les symptômes de Sam diminuent, mais ne disparaissent pas totalement.

Un cauchemar vient perturber les nuits de Sam.

Dans ce cauchemar, un personnage avec une tête de diable vient le transpercer avec une lance.

Ce cauchemar peut probablement être en lien avec un foyer émotionnel plus ancien.

Au cours de la première exploration, Sam n'a pu accéder qu'à la seule période du placement en foyer, et non à la période du placement en famille d'accueil.

Or l'entretien initial avait mis en évidence que les saignements étaient devenus plus abondants aux 2 ans du fils de Sam, l'âge du placement du petit Sam en famille d'accueil.

Sam décide d'entreprendre une nouvelle exploration, guidé par les émotions induites par le cauchemar.

Il retrouve le petit garçon de la période du placement en famille d'accueil, qui, les nuits, terrorisé, a subi des sodomies commises par le fils aîné de la famille d'accueil.

Sam comprend alors pour quelles raisons le petit Sam du foyer ne voulait pas dénoncer ce qu'il y subissait, par peur de retourner dans une famille d'accueil, tellement son passage dans la famille d'accueil avait été douloureux par ce qu'il y avait subi.

Rectocolite hémorragique

ROSE

Témoignage

Je suis âgée d'une trentaine d'années, et mon activité professionnelle dans le domaine de la relation d'aide m'a tout naturellement conduite à me perfectionner vers des approches et des pratiques psychothérapeutiques.

C'est ainsi que je me suis trouvée à me former auprès de l'organisme de formation Espace Transformation.

Parmi les différentes approches enseignées dans le cadre de la formation de psychopraticien, celle de la Thérapie Enfant Gigogne® m'a particulièrement intéressée et passionnée.

Les éléments théoriques et les situations présentées faisaient écho à beaucoup d'évènements de ma propre histoire, de mon adolescence et de mon enfance.

À l'âge de 10 ans, mes parents se sont séparés.

J'ai vécu difficilement l'absence de mon père que je ne voyais que rarement (anniversaires et quelques week-ends à son domicile).

Cette séparation de mes parents, ce manque de relation avec mon père ont sans doute favorisé une adolescence explosive avec beaucoup de colère et d'ambivalence, souffrir de l'absence de ce père et parfois espérer qu'il disparaisse, qu'il ne soit plus là, qu'il meure !

Colère, culpabilité mélangées (que je comprendrai plus tard !).

Au cours de ce parcours de formation, je me suis interrogée au sujet de certains évènements de cette période de ma vie.

Pourquoi avais-je tellement eu besoin de vivre des relations fusionnelles, comme avec ma meilleure amie d'adolescence, comme avec mes premières relations amoureuses ?

Des relations fusionnelles nombreuses qui se terminaient souvent par des ruptures brutales et douloureuses.

Pourquoi avais-je eu ce besoin « plus fort que moi » de toujours pousser les limites plus loin, jusqu'à me mettre en danger, sortir faire la fête, m'alcooliser, multiplier les relations sans lendemain ?... Ce besoin de chercher l'Amour et de se mettre en danger !

Pourquoi la jeune adolescente que j'étais (avant ses 18 ans), lors d'une soirée, a rencontré un garçon avec qui elle a passé la nuit et au petit matin elle s'est rendu compte qu'un autre jeune homme s'était introduit dans son lit pour la violer ?

Elle s'est sentie alors tellement trompée, abusée, honteuse et dans l'incompréhension !

Pourquoi cette relation de couple passée avec un homme beaucoup plus âgé, de plus de vingt ans ?

Pourquoi dans ma vie ces répétitions ?

J'ai alors décidé de me faire accompagner avec la Thérapie Enfant Gigogne®.

Ma problématique autour de mes relations fusionnelles qui se soldaient par des ruptures douloureuses m'a conduite à retrouver la perte d'un fœtus jumeau in utero.

Un pan de ma vie affective et relationnelle s'est alors éclairci et apaisé.

Ce vide affectif que je ressentais s'en est allé.

Je pouvais enfin rester seule tranquille et complètement sereine plus d'une journée, bien avec moi-même : une réelle libération !

Mais comme les références théorico-pratiques de la Thérapie Enfant Gigogne® le disent, un foyer émotionnel traumatique peut en cacher un autre !

Parfois dans les temps de formation, la fréquence des traumas sexuels mis en évidence dans les situations présentées me semblait exagérée.

La vie s'est chargée de m'en donner des preuves concrètes !

Pendant cette période, j'ai emménagé dans une maison dont j'ai pris conscience après coup qu'elle ressemblait étrangement à la maison de mes grands-parents paternels…

J'ai ensuite été confrontée au décès de mon père qui a passé la fin de sa vie seul, dans la maison de ses parents, la maison de mes grands-parents paternels !

J'ai dû alors rapatrier dans ma maison de location qui ressemblait tellement à celle des grands-parents beaucoup d'objets ayant appartenu à mon père et à mes grands-parents, car je ne voulais pas jeter, sans doute par rapport à une certaine loyauté.

Quelques mois après, des ballonnements au niveau des intestins sont apparus, puis ces ballonnements intermittents sont devenus des constipations avec saignement et mucus dans les selles.

J'ai été orientée par mon médecin traitant vers un spécialiste gastro-entérologue qui, avant d'envisager une coloscopie, a procédé à un toucher rectal que j'ai vécu physiquement et relationnellement avec une extrême violence ! La coloscopie pratiquée par la suite a révélé une rectocolite hémorragique au niveau du rectum.

Je me suis interrogée sur l'enchaînement de tous ces évènements et leurs liens que je ne percevais pas sur le moment, bien que vaguement je ressentisse que tout cela n'était pas que du hasard !

J'ai décidé d'aller explorer les profondeurs de ma mémoire pour identifier les causes passées possibles de cette rectocolite hémorragique dont les spécialistes que j'ai consultés me disaient qu'aucune étude n'avait jamais démontré de liens psycho-émotionnels avec cette maladie !

J'ai réalisé deux explorations menées à quelque temps d'intervalle.

Avec la première exploration, j'ai retrouvé une petite fille qui subit un viol par sodomie, perpétré par son grand-père paternel dans la maison des grands-parents dont il a été question !

Avec la deuxième exploration, j'ai retrouvé une petite fille de 6 ans qui a subi un viol par fellation et des viols par pénétration, dont un viol par sodomie, perpétrés par son père.

J'ai pris conscience aussi que cette petite fille avait choisi de taire ce qu'elle avait subi de la part de son père par peur de le perdre et perdre son amour.

Toute mon histoire de vie s'est éclairée enfin !

Mes relations fusionnelles amicales tumultueuses en lien avec la perte gémellaire !

Mes relations avec les hommes où je me mettais parfois en danger, le viol subi à l'adolescence, la relation de couple avec un homme beaucoup plus âgé en lien avec les empreintes incestueuses !

La maison de location qui ressemblait à la maison des grands-parents, le décès de mon père et les objets rapportés qui ont réveillé la mémoire du corps avec la RCH en lien avec les viols par sodomie subis par la petite fille de 3 et 6 ans.

Même le toucher rectal vécu et réalisé violemment par le « spécialiste » (encore un homme), qui était comme une répétition des sodomies subies enfant !

Les saignements se sont arrêtés après plusieurs jours, suite à la mise en paix.

Je me sentais plus légère, plus confiante avec un « poids » énorme en moins.

Même si cela peut paraître surprenant, je me sens beaucoup plus en paix vis-à-vis de mon père, car j'ai compris aussi que bien qu'il ait été l'auteur de ces actes inqualifiables, il a sans doute été aussi victime de tels traumatismes pendant son enfance.

Depuis, pour consolider le travail de libération des mémoires traumatiques, j'ai aussi entamé une méthode de soin par l'alimentation afin de diminuer les risques d'inflammation sur le plan physique.

J'utilise aussi quotidiennement le pouvoir des affirmations et des intentions positives et de gratitude.

Reflux gastro-œsophagien

JULIEN

Extraits de consultation

Julien vient consulter pour un problème de reflux gastro-œsophagien et de spasme œsophagien.

Extraits du premier entretien

C'est après avoir vu une interview où vous présentiez la Thérapie Enfant Gigogne® que j'ai pensé que ça pourrait m'aider par rapport à mon problème.

Je suis régulièrement sujet à des reflux gastro-œsophagiens et aussi à des spasmes œsophagiens...

Les réponses que j'ai eues, après mes démarches auprès du corps médical, les examens, les traitements, ne m'ont pas satisfait...

Je n'ai pas eu d'amélioration notable... et surtout, aucun médecin n'a été en mesure d'avancer une quelconque hypothèse sur la ou les causes possibles de ce genre de problème...

Comme alternative aux médicaments, on m'a proposé l'intervention chirurgicale...

J'ai constaté que j'avais ces spasmes plus particulièrement dans des moments de stress et de fortes émotions...

J'ai l'impression que c'est dans des moments... quand il y a des choses difficiles avec des personnes... des choses difficiles qui me restent en travers de la gorge...

C'est le cas de le dire !... Je n'avais pas fait le rapprochement !...

Quand ces spasmes et ces reflux ont-ils commencé ?

Ça fait déjà un moment... Je crois que je devais avoir 20 ans, il me semble...

Qu'est-ce que vous viviez de particulier à cette époque-là, qui pouvait être différent de ce dont vous aviez l'habitude ?

Je ne sais pas... j'étais étudiant... rien de spécial... Enfin... C'est à cette époque-là que je me suis rendu compte que j'étais plus attiré par les garçons que par les filles... C'est là que j'ai eu ma première aventure avec un homme... Je dis un homme, parce qu'il était plus âgé que moi, il m'a en quelque sorte initié...

Et vous établissez un lien entre cette rencontre et vos spasmes ?

Ben, non, je vois pas... Je ne me suis jamais posé la question ! C'est juste pour répondre à votre question...

Extraits de l'exploration en EMC

J'ai environ 5 ans... Je suis en train de jouer... C'est sur du sable... oui, je suis sur une plage... Je reconnais la plage où j'allais enfant, en vacances, avec mon oncle et ma tante... Ils n'avaient pas d'enfants, ils m'emmenaient en vacances avec eux...

Là, je suis seul avec mon oncle... On est assis tous les deux... On vient de se baigner et on a joué à s'arroser... Mon oncle a pris une serviette et il est en train de m'essuyer... Voilà, c'est tout... Et après on s'en va pour rentrer à pied à leur maison de vacances...

(Au cours d'une scène retrouvée, « Voilà, c'est tout » est souvent l'indication d'un moment que le surmoi, ou une partie du mental, veut éviter. Il est alors intéressant d'encourager la personne à explorer plus en détail.)

Prenez le temps d'observer, comme au ralenti, ce qui se passe après que Julien et son oncle se sont baignés.

Eh bien, ils se dirigent vers l'endroit où ils ont laissé leurs affaires, mon oncle prend une serviette et m'entoure avec la serviette pour m'essuyer... Il m'essuie... euh...

Oui...

Il m'essuie le sexe et puis il se met à me caresser... Je ne comprends pas bien ce qui est en train de se passer... Et puis il prend ma main et la pose sur son sexe à lui... Il me demande de le caresser... Il me dit : « Tu vois, ça fait du bien. Mais il ne faut pas en parler, ça sera notre secret à tous les deux... »

Et ensuite, qu'est-ce qui se passe ?

On se rhabille, il me prend par la main et on s'en va pour rentrer à la maison de vacances...

Et puis ?

On rentre et on retrouve ma tante qui nous attend et on fait un goûter, je crois... Oui... Elle demande comment s'est passé notre après-midi... Mon oncle répond qu'on s'est bien amusés et qu'on s'est baignés... Je ne sais pas quoi dire... je me sens gêné...

Et ensuite ?

La soirée continue normalement, comme si rien ne s'était passé...

Là, maintenant, je me retrouve... J'ai à peu près le même âge, je suis allongé, je suis au lit...

C'est dans la chambre, la chambre où je dors dans la maison de vacances de mon oncle et ma tante... Je crois que je fais la sieste parce que je vois de la lumière à travers les persiennes...

Et là, qu'est-ce qui se passe ?

Je ne sais pas, rien de particulier...

Laissez doucement se dérouler le temps.

J'entends la porte de la chambre s'ouvrir et grincer, c'est mon oncle, il entre et ferme la porte sans faire de bruit... Il s'approche et s'assoit sur le bord du lit... Il glisse sa main sous le drap et me caresse le dos et puis les fesses... Et puis... et puis mon sexe... Il me fait « Chuut » et puis après il me soulève et me met debout devant lui. Il ouvre sa braguette... Il se masturbe... J'ai son sexe juste devant ma bouche... Il me dit : « Tu vas voir... c'est bien... » (sanglots).

Julien décrit alors une fellation qui étouffe le petit garçon et qui provoque des spasmes de vomissements, avec la sensation du sperme au fond de la gorge.

Cystites chroniques

PASCALE : « JE ME SUIS GUÉRIE DE VINGT ANS D'INFECTIONS URINAIRES »

Témoignage (retranscription d'une interview)

Je faisais des infections urinaires à répétition. J'ai passé pendant des années des examens, des échographies, il n'y avait rien au niveau anatomique et physiologique qui pouvait expliquer ces infections urinaires.

Donc, j'en faisais à répétition, je prenais beaucoup d'antibiotiques et j'étais épuisée. Et je faisais ces infections urinaires uniquement lorsque j'avais un partenaire sexuel et que j'avais des relations sexuelles.

C'était compliqué, et du coup ça avait un impact sur mes relations sentimentales, car c'était associé aux rapports sexuels.

Je déclenchais ces infections urinaires uniquement le week-end, à part une ou deux exceptions, elles arrivaient tout le temps le week-end.

Une fois que l'infection urinaire se déclenchait, c'étaient des brûlures au moment de la miction... Je prenais des antibiotiques et c'était fini.

Le traitement faisait effet, par contre je pouvais très bien en refaire une un mois après. L'antibiotique ne faisait plus effet et du coup mon corps refaisait encore une infection.

Ça a bien duré quinze-vingt ans, à peu près.

Au cours des séances en EMC, j'ai visualisé la petite Pascale que j'ai estimée à l'âge de 5 ans, la petite Pascale qui était couchée dans son lit, la nuit.

Son papa est venu s'asseoir à côté d'elle et il a fait des attouchements sexuels sur cette petite fille que j'étais. Ma mère n'était pas là, et ça s'est arrêté quand elle est rentrée le soir.

La petite fille savait que ce n'était pas normal de par l'attitude de son papa qui n'était pas comme d'habitude... Ça ne lui plaisait pas vraiment et elle n'était pas capable de lui dire non.

Il avait une expression sur le visage qui n'était pas celle du papa au quotidien.

Je pense qu'il y avait une forme de culpabilité par rapport à ce qu'il faisait, même si c'était sans doute quelque chose de plus fort que lui.

Il y avait une gêne, il y avait quelque chose de difficile à percevoir par l'enfant, mais il y avait quelque chose qui lui faisait comprendre que ce n'était pas bien.

La scène s'est arrêtée quand la maman est revenue le soir, parce qu'elle était partie dîner avec des amis ou des collègues... Et quand le thérapeute m'a demandé quel jour cela s'était passé, j'ai réalisé que c'était un samedi soir.

J'ai compris alors pourquoi je faisais les infections urinaires le week-end, ces attouchements avaient eu lieu un samedi soir.

C'était une façon d'exprimer et de mettre au jour ce qui s'était passé.

Après la mise en paix, les infections urinaires se sont arrêtées, je n'ai plus jamais fait d'infections urinaires depuis.

Ça fait maintenant un certain nombre d'années !

J'ai pris conscience que ces infections urinaires étaient la traduction de ce que la petite fille voulait mettre en lumière, le fait que son papa avait pratiqué des attouchements sur elle.

Il fallait dire ce que la petite fille n'avait pas pu dire et que j'avais totalement oublié, mon corps l'exprimait de cette façon-là.

Il fallait que j'aille retrouver ce traumatisme que la petite fille avait eu pour la mettre en paix.

Ça a été très libérateur, parce que quand on va voir x médecins, qu'on fait x examens, qu'on prend pendant des années des antibiotiques, qu'on ne sait pas pourquoi on fait ces infections, puisqu'il n'y a rien médicalement qui les explique, de pouvoir enfin résoudre ce problème en identifiant ces attouchements et en mettant en paix la petite fille qui les a subis. Ça a été une grande, grande libération pour ma vie de femme.

Les symptômes à dominante comportementale

Il semble assez évident que des traumas sexuels subis au cours de l'enfance et de la petite enfance puissent avoir d'abord et avant tout des répercussions directes sur la vie sexuelle de ces personnes devenues adultes.

Ces répercussions peuvent prendre différentes formes suivant la façon subjective et singulière dont ont été vécus les traumatismes, suivant l'âge et suivant leur nature.

L'absence de désir et de plaisir

En dehors des causes physiques et physiologiques, comme la fatigue, le surmenage et certains médicaments qui ont une action inhibitrice sur la libido, l'absence de désir correspond au mécanisme de défense présenté plus haut, lorsque la personne ne veut pas inconsciemment revivre les conditions dégradantes de contraintes (contrainte physique, contrainte affective, menace, secret, domination, culpabilité, peur, sentiment de salissure, humiliation, dégoût) qu'elle a pu vivre enfant.

Pour cela, elle doit alors renoncer au désir et au plaisir sexuels.

Ce qui correspond à ce que j'ai nommé l'archétype de la « bonne sœur » ou du « curé ».

Par ailleurs, les croyances limitantes assimilées au cours d'une éducation rigoriste et pudibonde, bien sûr, ne sont pas aidantes et créent, *a minima*, un conflit intérieur entre la manifestation naturelle de la libido et la censure répressive du surmoi.

Enfin, les causes profondes les plus fréquentes, mais les plus cachées à la conscience des personnes concernées, sont les traumas sexuels de l'enfance et de la petite enfance, qui sont restés amnésiés ou ont été refoulés.

Ces foyers émotionnels traumatiques qui peuvent être en sommeil pendant de nombreuses années se réveillent souvent à l'occasion du mariage ou de l'officialisation de la vie de couple, suite à l'accouchement pour les femmes et l'arrivée des enfants aussi bien pour la femme que pour l'homme.

Un désir envahissant et incontrôlable

L'inverse de l'absence de désir, à savoir un désir envahissant et incontrôlable, se rencontre aussi dans la palette des troubles de la libido, également appelé « **hypersexualité** », **nymphomanie** pour les femmes et **satyriasis** pour les hommes.

Ces désirs envahissants et incontrôlables sont directement en lien avec des vécus traumatiques sexuels de l'enfance et de la petite enfance dont l'intensité émotionnelle et énergétique a été telle qu'elle a créé une dépendance addictive à l'excitation sexuelle associée par ailleurs aux conditions initiales traumatiques imposées à l'enfant par l'auteur ou les auteurs des passages à l'acte.

Dans ces cas de figure, cette dépendance addictive à l'excitation sexuelle que l'intrusion génère chez l'enfant se trouve plus forte que le processus de censure et de répression exercé par le surmoi, cependant cela ne va pas sans culpabilité et sans honte après la manifestation irrépressible du désir.

L'intensité de la dépendance générée par le traumatisme sexuel dont le souvenir est le plus souvent refoulé dans la mémoire non consciente nécessite généralement une exploration de la mémoire non consciente en état modifié de conscience et un accompagnement psychothérapeutique régulier qui doit s'inscrire dans la durée.

La difficulté à avoir ou à maintenir une érection

La difficulté à avoir ou à maintenir une érection est souvent expliquée par le monde médical et le milieu des sexologues comme la conséquence de l'angoisse de la performance, c'est-à-dire la peur de ne pas avoir une érection suffisante ou suffisamment durable pour « satisfaire » la partenaire.

Une fois encore, si cette angoisse est bien réelle, bien souvent elle ne constitue que la partie visible d'un processus psycho-émotionnel où des empreintes traumatiques anciennes sont présentes.

En aucun cas, on ne peut attribuer la cause profonde de ce trouble de l'érection exclusivement à l'angoisse de la performance qui est, en fait, plus une conséquence d'un traumatisme passé qu'une cause du problème présent, contrairement à l'illusion des apparences.

En dehors des problèmes physiologiques et fonctionnels et du surmenage, de la fatigue ainsi que de la prise de certains médicaments, la difficulté à avoir ou à maintenir une érection est fréquemment liée à une empreinte où, dans le passé, une érection ressentie ou vue s'est associée de façon pavlovienne à un vécu douloureux et inhibiteur que l'on retrouve dans les multiples situations de traumatismes sexuels infantiles : punitions ou culpabilisations en lien avec la masturbation infantile, masturbation subie de la part de la mère ou du père, fellation subie de la part d'un enfant plus âgé, d'un parent ou de façon plus générale d'un adulte.

L'éjaculation précoce

L'éjaculation précoce conduit aussi de fait à ne pas maintenir une érection prolongée.

Elle peut être la manifestation d'une émotion de colère très ancienne refoulée envers la figure maternelle.

La dureté du sexe en érection, plus l'acte et le mouvement de la pénétration peuvent venir réveiller les archaïsmes de pulsion de destruction de la période sadique-anale, qui peuvent alors entrer en résonance avec toute une colère refoulée envers la mère qui, par ailleurs, a pu être très investie affectivement.

La partenaire est alors l'objet de ce transfert. Maintenir l'érection pourrait alors conduire à réveiller toute cette colère contenue et accumulée.

La peur inconsciente d'être submergé par cette colère et la violence qui pourrait en découler par le moyen de la pénétration du sexe dur conduisent alors à l'évacuation de cette colère et de la violence qu'elle pourrait induire par l'éjaculation.

Ce qui est un moyen inconscient de protéger la partenaire de cette violence refoulée envers la mère.

C'est aussi pour cette raison que bien souvent les problèmes d'éjaculation précoce sont plus importants et plus fréquents quand le sentiment amoureux envers la partenaire est d'autant plus fort.

L'anéjaculation

L'anéjaculation est l'inverse de l'éjaculation précoce, c'est l'impossibilité pour l'homme, bien qu'ayant une érection normale, de pouvoir éjaculer.

Parfois, l'éjaculation est possible par la masturbation solitaire, alors que pendant la relation sexuelle elle n'est pas possiblc.

Le monde médical et de la sexologie distingue là encore deux types d'anéjaculation :

- **l'anéjaculation primaire**, qui a toujours existé depuis le début de l'activité sexuelle génitale ; et
- **l'anéjaculation secondaire**, qui survient après une période normale.

Elle fait suite à des évènements variables considérés comme en étant la cause.

Pour certains hommes confrontés à ce problème, cela peut se produire dans la vie adulte, après avoir été surpris en train de se masturber.

Généralement, un tel évènement n'est que le déclencheur du réveil d'un traumatisme en lien avec la masturbation pendant l'enfance.

L'anéjaculation peut être aussi en lien avec un trauma de l'enfance et de la petite enfance, au cours duquel le contact avec le sperme de l'adulte agresseur a été associé à un sentiment profond de salissure.

Éjaculer, donc émettre du sperme, est alors associé inconsciemment à une salissure infligée à la ou au partenaire et de façon plus générale pour l'anéjaculation totale agir salement.

Ne pas émettre de sperme est aussi un moyen de se protéger du réveil du traumatisme de l'enfance, le plus souvent refoulé dans les oubliettes de l'inconscient.

Ici aussi, les causes peuvent être, parfois, des causes toxiques liées à la prise de médicaments et de toxiques, l'alcool, les antidépresseurs, les antipsychotiques, les antihypertenseurs.

Le vaginisme

Le vaginisme est une réaction de contraction involontaire des muscles qui entourent le vagin en provoquant sa fermeture partielle ou totale.

Une pénétration sexuelle peut alors entraîner de vives douleurs et la rendre ainsi très difficile, voire impossible.

Le monde médical distingue deux types de vaginisme :

- **le vaginisme primaire**, qui se manifeste dès les tout premiers rapports sexuels ; et
- **le vaginisme secondaire**, qui se manifeste après une période de rapports sexuels sans manifestations de cet ordre.

En dehors de cette différence entre les manifestations symptomatiques dans le temps, dans un cas comme dans l'autre, ces contractions musculaires manifestent littéralement une « volonté » du corps de se protéger de toute intrusion vaginale.

Ce réflexe de protection est, bien sûr, lié à une empreinte traumatique en lien avec des intrusions subies pendant l'enfance et la petite enfance.

Dans les cas de vaginisme primaire, l'empreinte est restée suffisamment présente pour que les premiers rapports sexuels recherchés dès le début de la vie sexuelle génitale suffisent à réveiller le foyer émotionnel traumatique.

Ce réflexe de protection peut aller jusqu'à l'impossibilité d'un examen gynécologique et de l'utilisation de tampon hygiénique.

Dans le cas de vaginisme secondaire, le foyer émotionnel traumatique peut rester en sommeil pendant les premières années de pratique sexuelle génitale, et c'est souvent une agression sexuelle, un viol, une tentative de viol, ou une relation sexuelle consentie particulière qui vient réveiller le foyer émotionnel traumatique en sommeil jusque-là.

C'est donc pour cette raison que les observations médicales classiques vont attribuer comme causes directes au vaginisme secondaire des évènements qui se produisent dans la vie présente de la personne, une agression sexuelle, une tentative d'agression sexuelle, un viol, un accouchement, une infection vaginale, une insuffisance de lubrification, qui rendent un rapport consenti douloureux.

Tous ces évènements ne sont que des déclencheurs du réveil d'un foyer émotionnel traumatique ancien, qui a, par ailleurs, aimanté subtilement ces situations, pour révéler à la conscience de la personne le traumatisme initial refoulé.

L'anorgasmie

L'anorgasmie est le terme le plus fréquemment utilisé pour désigner l'impossibilité, permanente ou ponctuelle, d'atteindre l'orgasme pour la femme, alors que de l'excitation et du plaisir ont pu être ressentis au cours de préliminaires, de caresses et de stimulations.

Les causes les plus fréquentes peuvent être un refus inconscient de jouir totalement du plaisir parce que, dans le passé, l'enfant a vécu un trauma au cours duquel elle s'est vu imposer des stimulations qui ont suscité une excitation trop intense qui a pu conduire à une incompréhension, à une grande peur, comme la peur de mourir, ou bien une sortie de corps (décorporation) angoissante.

Plusieurs types d'anorgasmie ont été recensés.

L'anorgasmie primaire

L'anorgasmie primaire est l'impossibilité de jouir, que ce soit par la masturbation seule ou avec un partenaire, et au cours d'une relation sexuelle, et ce, depuis les débuts de l'activité sexuelle de la personne.

La cause en est généralement un traumatisme sexuel infantile important.

L'anorgasmie secondaire

L'anorgasmie secondaire est l'impossibilité de ressentir un orgasme, qui survient après une première période sans problème, à l'occasion comme nous l'avons déjà vu d'un déclencheur situationnel qui vient réveiller un foyer émotionnel traumatique.

L'anorgasmie relative

C'est l'impossibilité d'atteindre l'orgasme en se retrouvant dans une situation spécifique : le lieu, le moment de la journée, la nature des caresses, le type de position, le comportement du partenaire, qui peuvent être des déclencheurs de réveil de foyers émotionnels traumatiques.

L'anorgasmie situationnelle

L'anorgasmie situationnelle est l'inverse de l'anorgasmie relative, c'est la possibilité de ne ressentir l'orgasme que dans certaines conditions très spécifiques. Paroles, fantasmes, comportements particuliers du partenaire.

Dans ce cas de figure, il peut s'agir d'une dépendance, proche d'une dépendance addictive, qui s'est établie à l'occasion d'une première expérience de plaisir sexuel imposée au cours de l'enfance, la personne ayant besoin de retrouver les conditions imposées passées pour retrouver l'intensité de la jouissance.

Le suicide et les tentatives de suicide

En plus des perturbations qui viennent d'être recensées peuvent venir s'y rajouter d'autres manifestations symptomatiques dont les plus graves et les plus dramatiques sont le suicide et les tentatives de suicide.

Certains traumas sexuels infantiles, qu'ils aient été amnésiés ou non, peuvent induire un sentiment diffus de culpabilité, d'autodévalorisation extrême, qui s'amplifient au fil des années, en finissant par rendre la vie insupportable.

Ce sentiment d'insupportabilité, de dégoût de soi, pour peu qu'il vienne réactiver un vécu de sans issue de la naissance, peut alors conduire à des tentatives de suicide comme appel à l'aide ou de suicide comme résolution définitive du problème.

Lorsque la personne a été victime de traumas sexuels pendant son enfance et qu'elle tente inconsciemment de les exorciser en passant à son tour à l'acte sur des enfants, la culpabilité déjà présente comme victime passée peut alors être démultipliée par la culpabilité induite comme agresseur.

Le degré d'insupportabilité que cela génère consciemment ou inconsciemment peut conduire à la même résolution finale que représente le suicide.

Les automutilations et les scarifications

C'est le même phénomène de culpabilité, de dégoût de soi et d'autodévalorisation, que l'on retrouve à l'œuvre chez les adolescents, avec les coupures qu'ils s'infligent sur certaines parties du corps, qui sont littéralement et symboliquement la synthèse des traces des agressions sexuelles qu'ils ont subies avec la culpabilité et l'autodévalorisation qui en ont découlé.

L'alcoolisme et les dépendances addictives

Un autre moyen fréquent pour gérer les foyers émotionnels de traumas sexuels avec les émotions négatives qui les accompagnent est le recours à l'alcool et aux substances addictives.

Bon nombre de symptômes, dont l'inconscient dispose, ont cette extraordinaire et subtile capacité à pouvoir à la fois protéger et détourner le mental de la réalité du traumatisme passé et de le reproduire symboliquement.

Les dépendances à des substances comme la dépendance à l'alcool dans les cas d'alcoolisme important remplissent ces deux fonctions simultanément.

L'alcool constitue un moyen pour la personne alcoolique de gérer et d'anesthésier le foyer émotionnel traumatique, qui est souvent de nature incestueuse.

Par le bien et le mal qu'il fait, par la dépendance qu'il crée, il reproduit l'inceste qui fait du bien et du mal en même temps.

La dépendance que crée l'alcool reproduit la dépendance affective de l'enfant à l'égard du parent incestueux.

L'anorexie

L'anorexie est définie, classiquement, comme un trouble des conduites alimentaires, caractérisé par une restriction alimentaire drastique qui conduit à un amaigrissement sévère, avec une préoccupation importante autour de l'apparence physique, avec la peur obsessionnelle de grossir.

L'amaigrissement conduit de fait à faire disparaître toute forme et toute rondeur féminines, jusqu'à provoquer l'aménorrhée, autre disparition d'une caractéristique sexuelle féminine majeure.

Psychanalytiquement parlant, l'anorexie en tant que refus de la nourriture est l'expression symbolique du refus initial de la nourriture maternelle.

Ce refus de la nourriture maternelle est généralement consécutif au vécu subjectif intra-utérin de ne pas s'être senti(e) accepté(e) par la mère comme enfant ou pour son genre.

Nous avons abordé précédemment en détail comment une telle empreinte intra-utérine crée un terrain favorable aux intrusions et abus sexuels au cours de la petite enfance et de l'enfance.

Cela du fait de l'impossibilité de pouvoir dire non, verbalement, comportementalement et énergétiquement, de peur de ne plus être aimé(e) et perdre la relation privilégiée établie avec l'adulte agresseur.

Ce qui au niveau de l'étiologie de l'anorexie, après le vécu subjectif de ne pas s'être senti(e) accepté(e) par la mère et avoir refusé sa nourriture, nous amène à un deuxième facteur qui est celui du **trauma sexuel**.

La tentative par l'amaigrissement d'effacer tout caractère sexuel visible et toute fonction du stade génital, comme la menstruation, en est une illustration significative et révélatrice de la conséquence du trauma sexuel infantile.

Les nombreux cas d'agressions sexuelles de fellation subies dans l'enfance, par des personnes venues consulter pour des troubles d'anorexie, identifiés au cours des accompagnements en EMC, permettent de comprendre l'association symptomatique entre le refus d'incorporer un aliment (donc par la bouche) et le refus inconscient de présenter tout caractère physique sexuel, dans l'anorexie.

Bien souvent l'anorexie s'accompagne d'épisodes boulimiques, selon les estimations en psychiatrie, 50 % des personnes anorexiques font au moins un épisode boulimique.

La boulimie

La boulimie est un autre trouble alimentaire caractérisé par des crises qui se déroulent principalement en trois temps.

1er temps

Au cours du premier temps, à partir d'un déclencheur qui active un manque affectif, la personne a une **sensation oppressante de faim**, d'angoisse et d'irritabilité.

2e temps

Le deuxième temps se manifeste par une **surconsommation alimentaire**, de survenue brutale, vécue comme incontrôlable, impérieuse et irrépressible, avec des aliments le plus souvent hypercaloriques, sucrés ou gras (diététiquement interdits !) ingérés assez rapidement de façon « gloutonne » et en cachette, qui s'accompagne d'une sensation de soulagement et de plaisir.

3e temps

Le troisième temps est, en quelque sorte, comme celui de la redescente après la prise de certaines substances psychotropes.

La consommation effrénée fait place à des **sensations d'étouffement**, de maux de ventre, d'**écœurement**, de **nausées**, de maux de tête, qui s'accompagnent de honte, de remords, de culpabilité, d'autodévalorisation, de dégoût et de mépris de soi, pour terminer la plupart du temps par des vomissements provoqués ou réflexes.

Comme pour l'anorexie, on retrouve une préoccupation obsédante autour de l'apparence physique et du poids.

Les conséquences des répétitions de surconsommation et de vomissements peuvent entraîner des troubles semblables à ceux observés avec l'anorexie, troubles du cycle menstruel, aménorrhée ou métrorragie (saignements en dehors des règles).

Les vomissements répétés peuvent générer des troubles au niveau de l'œsophage comme des spasmes et des reflux gastriques.

L'anorexie et la boulimie sont manifestement le recto et le verso d'une même pièce

Pour l'anorexie, la personne est dans l'évitement de la reproduction métaphorique du trauma de fellation.

Pour la boulimie, la personne reproduit inconsciemment le processus du trauma sexuel de fellation subi.

1er temps

- **Symptôme :** manque affectif, sensation oppressante de faim, angoisse et irritabilité.
- **Trauma :** manque affectif, stress et angoisse de la situation imposée par l'agresseur.

2e temps

- **Symptôme :** incorporation compulsive, incontrôlable, impérieuse et irrépressible d'aliments « interdits », en cachette et en secret.
- **Trauma :** incorporation forcée du corps étranger interdit dans la bouche et la gorge qu'est le sexe de l'agresseur imposé en cachette et en secret.

3e temps

- **Symptôme :** étouffement, maux de ventre, écœurement, nausées, maux de tête, honte, remords, culpabilité, autodévalorisation, dégoût et mépris de soi.
- **Trauma :** écœurement, nausées, honte, remords, culpabilité, autodévalorisation, dégoût et mépris de soi.

Comme pour l'anorexie, les accompagnements en EMC révèlent, de façon significative, la survenue de ce traumatisme sexuel de fellation subi dans l'enfance des personnes venues consulter pour des troubles de boulimie.

Cela donne tout son sens au constat de structures isomorphes entre le symptôme boulimique et le trauma de fellation.

Que ce soit pour l'anorexie ou pour la boulimie, dans l'immense majorité des cas, le traumatisme subi pendant l'enfance ne se limite pas au trauma de fellation, il s'accompagne généralement d'attouchements, voire de pénétrations anales ou vaginales.

Le moyen retenu par l'inconscient pour dire l'indicible s'est concentré sur l'empreinte laissée par l'agression orale dont l'étouffement qu'elle peut induire a pu faire écho avec l'étouffement et l'asphyxie d'une naissance difficile en réactivant son trauma.

La prostitution

Nous avons abordé précédemment le « problème » que constitue l'association inconsciente qui peut s'établir au cours d'une agression sexuelle pendant l'enfance, entre :

- l'excitation sexuelle et/ou le plaisir sexuel ressentis ; et
- les conditions initiales à partir desquelles il a été expérimenté par des stimulations contraintes et les émotions qui y sont rattachées.

Nous avons vu que de cette association totalement pavlovienne, il en découle comme conséquence que si la personne veut accéder au plaisir sexuel, elle ne pourra y accéder qu'à la condition de retrouver des conditions identiques à celles à partir desquelles elle y avait accédé initialement, à savoir les conditions de contraintes dégradantes recensées plus haut.

Nous avons alors **l'archétype du (de la) prostitué(e)**.

Les conditions qui sont imposées à l'enfant et à partir desquelles il expérimente pour la première fois cette contrainte de relation sexualisée peuvent être si profondément engrammées que la personne qu'il deviendra pourra aimanter des conditions semblables à celles imposées dans le passé, et sera aimantée vers des contextes dont l'« ADN » est celui de la prostitution.

Une fois encore, le parallèle entre :

- **le symptôme** que sont les conditions dans lesquelles se retrouvent les personnes qui se « prosti-tuent », dans leurs relations avec leurs clients et dans leurs relations avec leurs proxénètes ; et
- **le trauma** qu'ont été les conditions de contraintes, de dépendance, de soumission, qui ont été imposées dans le passé par leur agresseur

est pour le moins évident.

Les enrôlements sectaires

Le même rapport de séduction et de dépendance dans un premier temps, de domination et de contrainte, y compris de domination et de contraintes sexuelles, dans un deuxième temps se retrouve fréquemment avec les enrôlements sectaires, avec lesquels les personnes revivent et répètent inconsciemment la dépendance affective et la soumission sexuelle qui leur avaient été imposées enfants.

L'engagement religieux ou spirituel

Dans d'autres cas, nous avons vu que si, inconsciemment, la personne ne veut pas revivre les conditions dégradantes de contraintes, elle doit alors renoncer au plaisir sexuel.

Nous avons alors **l'archétype de la « bonne sœur » ou du « curé »**.

La sexualité, associée de façon pavlovienne à ces conditions insupportables, peut alors conduire certaines personnes à un engagement religieux ou spirituel, dont elles pensent inconsciemment qu'elles seront protégées sexuellement par la règle de l'abstinence sexuelle, mais certaines revivront leurs traumas passés par des passages à l'acte de certains de leurs supérieurs, qui rejouent eux-mêmes leurs traumas passés dans le rôle du séducteur-agresseur.

La mythomanie

Comme je le présente plus loin, dans « **Le syndrome "J'ai tout inventé !"** », pendant les périodes de traumatismes sexuels, l'enfant se trouve confronté à une situation profondément déstructurante.

Après le ou les passages à l'acte, de retour à la vie sociale et familiale normale, non seulement l'auteur du passage à l'acte communique par son comportement, ainsi que par l'absence de paroles au sujet de son acte, que rien ne s'est passé, mais aussi l'entourage, ignorant ou passivement complice, communique à l'enfant que ce qu'il a vécu n'a jamais existé, puisque personne n'en parle !

Cela conduit l'enfant à douter de ce qu'il a vécu, à douter de ses ressentis, à douter de sa mémoire, tant ce qui lui est renvoyé par ceux en qui il a le plus confiance lui dit implicitement que tout est normal, que rien d'interdit ou d'anormal ne s'est produit !

L'enfant se convainc alors que rien ne s'est passé, il se convainc qu'il a tout inventé, pour finir par tout oublier.

Son rapport à la réalité devient totalement faussé.

Certains ne parviennent plus à faire la distinction entre ce qu'ils vivent réellement et ce qu'ils imaginent.

Ils finissent donc par être persuadés qu'ils ont imaginé ce qu'ils ont vécu (le passage à l'acte), et qu'ils ont vécu ce qu'ils finissent par imaginer (tout est normal).

Si à cela se rajoute le mécanisme de défense assez fréquent de sortie de corps pour se protéger d'une réalité douloureuse, et qui s'était déjà installé au cours d'une naissance violente, l'enfant apprend rapidement à se réfugier dans un imaginaire abondant où il s'invente des histoires, dont il ne sait plus faire la distinction d'avec le réel !

Imaginaire, mensonges, réalité sont confondus, tous les ingrédients sont présents et opérationnels pour des comportements de mythomanie.

Selon les définitions psychiatriques classiques, « la mythomanie est une tendance à la fabulation… » (vocabulaire de la psychologie) où réalité et imaginaire finissent par se confondre.

Il est intéressant de noter que le comportement mythomaniaque est souvent présent dans les troubles hystériques, dont nous verrons qu'ils comportent toutes les caractéristiques d'empreintes traumatiques sexuelles, le plus souvent « incestueuses ».

Les TOC de lavage des mains et du corps

L'idéologie culturelle puritaine judéo-chrétienne depuis des siècles, de génération en génération, a distillé dans l'inconscient collectif une « vision sale » de la sexualité !

La sexualité sale, le sexe sale, le corps sale et honteux, la nudité sale et honteuse restent des pollutions toujours et encore enfouies dans l'inconscient collectif et maintenues enkystées, par la survie d'un tabou paradoxalement toujours tenace, dans une société qui a remplacé les revues de photos porno diffusées sous le manteau par des tsunamis de vidéos toujours cachées sous le manteau des sites porno.

Des sites porno accessibles en un clic par des enfants, dont les parents sont toujours incapables de leur parler intelligemment des réalités de la sexualité.

Alors, rien d'étonnant dans ces conditions que tant d'enfants, victimes d'agressions sexuelles, finissent parfois par souffrir plus de se sentir salis que par l'acte physique inapproprié lui-même qui leur a été imposé.

Ce sentiment de salissure est très régulièrement présent chez les personnes qui soit se souviennent consciemment de traumas sexuels, soit retrouvent des traumas sexuels en EMC.

Alors, tout naturellement, lorsque l'on se sent sale ou sali, on se nettoie, on se lave !

C'est ce que l'inconscient d'un certain nombre de personnes victimes d'agressions sexuelles pendant leur enfance leur fait faire, avec ce que l'on appelle des « TOC de lavage des mains et du corps ».

Le trouble obsessionnel compulsif de lavage des mains et du corps, comme tous les TOC, réunit :

- une **obsession**, la salissure et la contamination ; et
- une **compulsion**, le lavage des mains et du corps.

Les personnes qui présentent ces troubles sont obsédées et dégoûtées principalement par le contact physique, les sécrétions corporelles, tout ce qui peut être transmis *via* le corps physique d'autrui.

Leur peur phobique d'être contaminées ou salies les conduit à se laver excessivement, nombreuses et longues douches, lavages des mains incessants.

Parfois, le langage de l'inconscient et du corps est tout autant « parlant » que le langage verbal !

À la différence près que le langage de l'inconscient réussit à dire ce que le langage verbal ne réussit pas à dire !

Les TOC de vérification des fermetures

Parmi tous les enfants victimes d'attouchements et d'agressions sexuels commis par des adultes ou de plus grands enfants, un certain nombre est confronté au scénario souvent répétitif suivant.

Alors qu'ils sont dans leur lit, dans une chambre, le soir au coucher, la nuit, au moment de l'endormissement, pendant le sommeil ou pendant la sieste, chez eux, chez la famille proche, chez la nounou, en vacances, la porte de la chambre s'ouvre doucement, une ombre s'approche du lit, s'assoit au bord du lit ou s'allonge dans le lit contre eux et commet des attouchements et/ou des pénétrations sexuelles.

C'est ainsi que pour bon nombre de ces enfants, il s'établit une autre association inconsciente, l'espace intime de la chambre s'associe à une double intrusion, celle de la chambre et celle du corps.

Ensuite par extension, tout espace d'intimité, chambre, maison, appartement, est associé à une menace potentielle d'intrusion.

Lorsque cette menace devient obsédante, plus particulièrement le soir à la tombée de la nuit ou lorsque la personne se retrouve seule chez elle, elle développe des comportements compulsifs irrésistibles (« C'est plus fort que moi, j'peux pas m'en empêcher ! »), en allant vérifier à plusieurs reprises que toutes les portes, toutes les fenêtres et tous les volets sont bien fermés.

Ce sont des **TOC de vérification des fermetures**.

Le témoignage de Chloé qui suit dans la partie « illustrations » en est un exemple parfaitement représentatif.

L'homosexualité

La nature des traumas sexuels de l'enfance et de la petite enfance, associée à la façon dont l'enfant s'est senti attendu pour l'autre sexe, peut évidemment avoir une influence sur l'orientation sexuelle future, plus particulièrement pour ce qui concerne l'homosexualité, selon deux processus qui peuvent être à l'œuvre.

Soit l'orientation homosexuelle se fait par une **attirance** vers les personnes de même sexe, en fonction de marquages inconscients à dominante positive et relatifs au passage à l'acte commis dans le passé par une personne de même sexe (homosexualité masculine, le plus souvent consécutive à un marquage incestueux masculin ou homosexualité féminine consécutive à un marquage incestueux féminin).

Soit l'orientation homosexuelle se fait par **répulsion** à l'égard du sexe opposé qui est associé au traumatisme passé (homosexualité féminine, le plus souvent consécutive à un trauma incestueux masculin, ou homosexualité masculine consécutive à un trauma incestueux féminin).

Voir « La dépendance au parent incestueux » dans « Les traumas liés aux actes sexuels commis par un adulte ».

Récapitulatif des principaux symptômes à dominante comportementale

- problèmes sexuels ;
- tentatives de suicide et suicide ;
- automutilations et scarifications ;
- alcoolisme et dépendances addictives ;
- anorexie ;
- boulimie ;
- prostitution ;
- enrôlements sectaires ;
- engagement religieux et spirituel ;
- mythomanie ;
- TOC de lavage des mains et du corps ;
- TOC de vérification des fermetures ;
- homosexualité.

Témoignages et cas avec symptômes à dominante comportementale

TOC de vérification des fermetures

CHLOÉ : DERRIÈRE DES TOC ENVAHISSANTS... LES APPELS À L'AIDE D'UNE PETITE FILLE...

Témoignage

Ma rencontre avec la Thérapie Enfant Gigogne® remonte à quelques années.

Je souhaitais me renouveler professionnellement et une personne m'a parlé d'un certain Jean-Paul Fluteau qui formait sur l'enfant intérieur.

Ne connaissant pas du tout ce dont il s'agissait, je suis allée visiter le site et j'ai été saisie d'une évidence lorsque j'ai découvert la présentation de cette thérapie.

Je souhaitais donc me former à l'ensemble du cursus psychopraticien pour pouvoir accéder à la formation de la Thérapie Enfant Gigogne®.

Je ressentais au fond de moi que c'était l'évolution professionnelle qu'il me fallait.

J'étais loin d'imaginer à quel point j'allais en apprendre sur moi-même. Le voyage intérieur qui m'attendait allait être aussi intense, douloureux que libérateur !

Après quelques mois de formation, les liens qui s'énonçaient entre les histoires de vie présentées en formation et le cadre conceptuel de l'Enfant Gigogne® commençaient à me déstabiliser.

Je me questionnais depuis longtemps sur mon enfance dont je n'avais que très peu de souvenirs avant l'âge de 8 ans, au point de devoir regarder des photos de la petite fille que j'avais été pour avoir accès à elle, cette petite Chloé me paraissait si étrangère !

Néanmoins je ressentais que je m'étais toujours sentie seule, incomprise, dans un monde un peu à part, aimant me réfugier dans ma bulle pleine d'imaginaire.

J'avais du mal à goûter pleinement ma vie, je ressentais une forme de culpabilité à être en vie, à l'adolescence j'avais souvent des pensées suicidaires qui à l'âge adulte revenaient à l'occasion de chaque rupture sentimentale.

Sur le plan professionnel, je me suis toujours sentie à ma place et épanouie, mais sur le plan personnel, c'était le néant, je n'arrivais pas à m'engager dans une relation et j'attirais des hommes qui me quittaient souvent brusquement.

Je vivais avec une douleur nostalgique qui m'était familière, mais que je ne m'expliquais pas.

Je me résignais à vivre seule avec ce paradoxe d'espérer encore rencontrer mon âme sœur un jour.

Et puis, il y a une dizaine d'années, mon monde s'est entièrement écroulé suite à un burn out professionnel.

Plus rien ne tenait dans ma vie, l'un des seuls endroits (excepté ma sphère amicale) où je me sentais épanouie volait aussi en éclats !

Ce burn out, que je considère aujourd'hui comme un cadeau, m'a ***réveillée*** *et j'ai entamé tout un travail intérieur par le biais de différentes thérapies jusqu'à mon arrivée à Espace Transformation qui m'a permis par la suite de transcender mes blessures au plus profond de mon Être.*

Un jour de novembre, au cours d'une session à laquelle je participais, Jean-Paul nous partageait des exemples d'accompagnement avec la Thérapie Enfant Gigogne®.

Lorsqu'il a exposé la situation d'une femme ayant retrouvé un traumatisme sexuel dans son enfance, cela a brutalement résonné en moi.

J'ai senti mon cœur s'accélérer, mon corps se crisper, pourtant je n'avais pas le souvenir d'avoir subi d'agressions sexuelles... mis à part quelques situations où cela avait failli arriver vers l'âge de 20 ans, mais rien de plus !

Alors pourquoi mon corps réagissait-il de la sorte ?

Quelques mois avant mon entrée en formation, j'avais appris que j'avais développé un papillomavirus à un stade avancé, donc à contrôler tous les semestres. Le risque étant de développer un cancer du col de l'utérus.

Alors naïvement, j'ai interrogé Jean-Paul à ce sujet.

Comme l'expression d'un symptôme est à replacer dans son contexte, il m'a questionnée sur mon histoire en ciblant très bien ses interrogations.

C'est alors que j'en suis venue à parler de la mort de mon grand-père, alors que j'avais 11 ans.

Je ne le connaissais pas beaucoup et je ne l'appréciais pas plus que ça, son regard me faisait peur.

Quelques jours après son décès, j'ai rêvé de lui dans une situation où il était à la fois mort et toujours présent comme une menace pour moi.

Je me suis réveillée terrifiée par cette image macabre dont je n'avais pas la certitude que ce n'était qu'un rêve !

Dès le lendemain j'ai commencé à faire des vérifications dans ma chambre pour me rassurer sur le fait qu'il n'était pas là, ce qui en soi peut paraître fou puisqu'il était mort !

Et insidieusement, ce qui au départ ne prenait que quelques minutes au coucher s'est transformé en plus d'une heure de vérifications et au-delà de ma chambre.

Je vérifiais beaucoup les portes, m'assurant qu'elles étaient bien fermées à clef.

C'était plus fort que la petite fille de 11 ans que j'étais.

J'avais une petite voix en moi qui me disait que si je ne le faisais pas, il arriverait malheur à ma famille.

J'avais la sensation de devenir complètement folle. J'en souffrais énormément et ma famille aussi, personne ne comprenait mon comportement, moi la première ! Jusqu'à ce jour où le diagnostic est tombé, j'avais développé des TOC (troubles obsessionnels compulsifs).

À l'époque cette « maladie » n'était pas aussi connue qu'aujourd'hui.

Le psychiatre nous avait expliqué que c'était une stratégie que j'avais mise en place pour apaiser mes angoisses.

Mais de quelles angoisses s'agissait-il ?

Bien sûr, il m'a donné un traitement que j'ai arrêté rapidement, car j'avais la sensation de ne plus habiter mon corps.

À force de volonté, je suis parvenue à les arrêter seule au bout de six ans de calvaire, j'ai mené un lourd combat avec moi-même.

Après mon exposé, Jean-Paul m'a demandé si je souhaitais qu'il me livre son point de vue comme éclairage à titre personnel et comme éclairage au titre du processus de la formation, ce que j'ai accepté.

Je me trouvais dans le contexte d'une démarche didactique de formation et je tiens à préciser que, sauf cas très exceptionnel, le praticien qui accompagne une personne dans le contexte d'une Thérapie Enfant Gigogne® ne lui suggère pas d'hypothèse spécifique.

Et là, c'est un véritable tsunami émotionnel et corporel qui s'empare de moi.

Jean-Paul m'a formulé l'hypothèse que je redoutais le plus, en expliquant les liens entre les symptômes que je venais de décrire et les traumatismes possibles les ayant causés, l'hypothèse de la probabilité d'un trauma sexuel vécu dans l'enfance !

Il a mis en évidence que la mort du grand-père avait été l'élément déclencheur des TOC, ce grand-père qui dans le rêve représentait une menace d'intrusion pour la petite fille que j'étais.

Ces TOC venaient apaiser des angoisses innommables au moment du coucher, comme l'avait dit le psychiatre, tout en exprimant symboliquement et symptomatiquement la peur d'une présence intrusive.

À l'écoute de ces mots, tout mon corps s'est alors pétrifié, c'était inenvisageable que la petite Chloé ait pu vivre une telle chose sans qu'elle en ait gardé aucun souvenir !

Alors j'ai rapidement voulu évincer cette hypothèse de mon esprit et oublier.

Oui mais… les jours et les mois qui ont suivi ont été extrêmement éprouvants.

Ce que je n'avais pas compris, c'est qu'en ayant éprouvé le besoin de parler des TOC de cette petite fille, elle était déjà en train de se réveiller pour livrer son secret.

Je n'avais plus vraiment le contrôle de moi-même, je n'arrivais plus à m'alimenter, mon sommeil était devenu très perturbé, mes TOC se réactivaient.

J'avais mis tellement d'années à les supprimer de ma vie, j'étais terrifiée à l'idée qu'ils prennent à nouveau toute la place.

Cela redevenait plus fort que moi !

En parallèle, si je savais qu'il me faudrait aller à la rencontre de cette petite fille, je ne pouvais pas envisager de retourner sur les lieux d'une telle situation, j'avais peur de devoir revivre un traumatisme sexuel. Comment pourrais-je survivre à cela ?

Alors l'intelligence de la vie m'a aidée.

J'ai aimanté (inconsciemment bien sûr !) des situations qui me mettaient face à la peur de l'homme.

Pour tenter d'éteindre ce fort réveil émotionnel que je ne gérais pas, je me suis mise à consommer un peu d'alcool avec des somnifères chaque soir afin de pouvoir aller me coucher sans faire de TOC et m'endormir rapidement.

Au bout de trois mois de consommation, je me suis dit que je ne pouvais pas continuer sans quoi je deviendrais dépendante.

Ce n'était pas ce que je voulais !

J'ai alors lâché prise et j'ai accepté l'idée d'aller rencontrer cette petite fille qui attendait que je vienne la sauver.

Après tout, c'est elle qui me montrerait sa vérité !

Et puis je me disais que si cela lui était vraiment arrivé, elle avait survécu puisque j'étais là !

J'ai donc pris l'engagement d'aller à sa rencontre.

Six mois après ce réveil émotionnel, j'ai décidé d'expérimenter le protocole d'exploration de la Thérapie Enfant Gigogne®.

La veille de ce travail, comme par hasard, j'ai été totalement pétrifiée par le regard d'un homme que j'ai ressenti intrusif.

Je n'ai presque pas dormi de la nuit et « j'entendais » l'appel de ma petite fille qui me demandait que Jean-Paul m'aide à venir la rencontrer, sauf que l'adulte que j'étais dans ce moment ne se sentait pas du tout d'être accompagnée par un homme, aussi Jean-Paul Fluteau pouvait-il être !

Le lendemain en formation, mon corps s'est tétanisé, j'ai senti une vague émotionnelle intense me saisir, je commençais à hyperventiler et je me suis retrouvée assise, recroquevillée, en pleurs, ne sentant plus mon corps, je faisais une crise de spasmophilie… J'en faisais souvent à l'adolescence.

Jean-Paul m'a alors proposé la possibilité de m'accompagner en exploration.

Je ne pouvais et ne devais plus lutter, je ne pouvais plus nier cette petite fille qui savait ce qui était bon pour elle.

Nous sommes donc partis du regard de cet homme de la veille afin de retrouver l'origine du traumatisme.

Je suis rapidement remontée à la scène traumatique.

J'y ai vu une petite fille dormant paisiblement dans le lit de chez ses grands-parents, elle faisait la sieste pendant que les adultes partageaient un repas de famille dans une pièce voisine.

J'ai ensuite vu un homme à la porte de la chambre qui regardait cette petite fille avec insistance. Il a fermé la porte à clef derrière lui et a bien vérifié que plus personne ne pouvait entrer.

Il s'est approché de la petite fille d'environ 4 ans, il lui a caressé les cheveux et lorsqu'elle a ouvert les yeux, il lui a mis la main sur la bouche pour qu'elle ne puisse ni parler ni crier.

À ce moment-là, je n'avais pas accès au visage de cet homme et ne savais pas de qui il s'agissait.

Il l'a caressée brièvement, et rapidement l'homme a pénétré cette petite fille… À ce moment-là, la conscience de la petite fille s'est échappée de son corps après avoir tenté de résister.

Dans ce travail d'exploration, je revivais la scène de façon kinesthésique et en même temps j'avais accès aux ressentis de cet homme, j'ai compris que son plaisir était de déflorer les enfants.

C'était plus fort que lui, comme une pulsion incontrôlable. D'ailleurs il agissait de façon mécanique comme un automate, comme si lui-même était dans un état de conscience non ordinaire.

Je ressentais que lui-même avait vécu cela enfant, c'était d'ailleurs terrible car je me sentais connectée avec le petit garçon meurtri en lui.

Il a fini en prenant soin d'essuyer le ventre de la petite fille sur lequel il avait éjaculé et il est reparti aussi vite qu'il était arrivé.

La petite fille était totalement sidérée par ce qui se passait, envahie d'une totale incompréhension.

J'ai pu identifier cet homme… c'était ce grand-père décédé.

Si la scène paraissait interminable, en réalité cela n'avait duré que quelques minutes.

La petite fille sidérée s'est ensuite rendormie.

À son réveil, elle ne semblait plus avoir de souvenir, elle-même était dans un état de demi-sommeil, comme absente au moment de ce viol.

Elle sentait que quelque chose n'était pas comme d'habitude, mais elle ne savait pas quoi, ce qui a fait qu'elle n'a jamais pu raconter son histoire.

À l'issue de cette exploration, j'ai instantanément ressenti une sensation de légèreté, je me sentais libérée d'un poids énorme.

Je ressentais un tel amour, une telle connexion avec cette petite fille si courageuse, je la comprenais et la reconnaissais enfin !

Je n'ai plus jamais consommé d'alcool et de somnifères qui me procuraient un état de somnolence semblable à celui que j'ai retrouvé dans le vécu de la petite fille.

La vigilance nocturne n'avait plus lieu d'être, je pouvais lâcher prise, j'ai retrouvé un sommeil serein.

La séance de travail de résolution qui a suivi trois semaines plus tard a mis en lumière la peur ressentie par la petite fille qui s'était sentie menacée par le grand-père par ce geste de la main sur la bouche et qui avait été à l'origine, par la suite, de son impossibilité de pouvoir parler.

Si elle se souvenait et parlait, elle mettait sa famille en danger, c'est ainsi qu'elle l'avait intégré.

Le lien avec la mise en place des TOC m'est apparu tellement évident.

Les TOC accompagnés de la petite voix et le rêve où ce grand-père apparaissait menaçant étaient apparus juste après sa mort !

Bien sûr, comme la petite fille, je suis passée par une phase de déni après cette exploration, bien que convaincue que le corps ne ment pas et bien que j'eusse « revécu » et ressenti ce trauma avec mon corps pendant l'exploration, je me disais que j'avais dû rêver ou inventer !

Je me disais que j'avais tout inventé, que mon mental avait construit une histoire dont je n'avais aucune preuve tangible, alors je me suis mise à douter moi-même de l'histoire que m'avait racontée cette petite, je l'abandonnais.

Mais quelques semaines plus tard, j'ai eu une confirmation.

En visite dans ma famille, j'ai ressenti le besoin d'ouvrir un album photos parmi les dizaines qu'il y avait, et là, stupéfaction, j'ai su !

Je suis tombée sur une photo que je n'avais jamais vue auparavant.

J'y ai vu la petite Chloé entourée de sa famille dans le jardin de ses grands-parents, également présents sur la photo, et devinez quoi, elle a 4 ans et est habillée exactement de la même façon que la petite fille que j'ai retrouvée en exploration !

Depuis ce jour je ne me pose plus de questions !

Finalement, ce qui est important ce n'est pas tant que les faits soient réels ou non, mais l'effet thérapeutique salvateur sur la difficulté initiale... et les résultats sont là !

Je suis libérée d'une grande souffrance qui m'était incompréhensible.

Pour finir en beauté, lors de mon contrôle gynécologique, le papillomavirus s'était totalement résorbé !

Ma gynécologue m'a dit que mon corps s'était autoréparé, elle-même en était stupéfaite !

Mais moi, je savais que la mise en lumière du traumatisme avec sa résolution avait permis à mon vagin qui avait été meurtri de s'autoguérir.

Dans la continuité, après la mise en lumière du traumatisme de ce viol, une autre petite fille s'est rapidement réveillée.

Je suis donc allée à la rencontre de cette part de moi qui aimantait des relations sentimentales chaotiques avec des séparations inattendues alors que tout semblait aller bien, cette part qui ne parvenait pas à s'engager dans un lien amoureux mais qui pourtant recherchait son âme sœur.

Dans cette nouvelle exploration, j'ai retrouvé un tout petit embryon dans le ventre de sa maman, ce petit embryon n'était pas seul, mais accompagné d'un autre petit Être en construction.

Chacun évoluait dans sa bulle et jouait ensemble, il y avait une vraie connexion et une vraie symbiose entre ces deux petites bulles.

J'ai compris qu'il s'agissait de moi et d'une sœur jumelle, on ne peut expliquer comment on sait, c'est évident, on sait !

De mon expérience, je vivais l'une des plus belles relations qu'il m'ait été donné de vivre, quand tout à coup, alors que ma jumelle et moi jouions, je l'ai vue disparaître vers le fond, et moi je ne pouvais pas la suivre, je restais seule dans ma bulle.

Ce petit embryon que j'étais s'est senti abandonné dans une indifférence totale alors qu'il vivait un moment de symbiose.

Une profonde tristesse l'a envahi ainsi qu'une incompréhension totale face à ce départ.

Il a intégré la croyance que l'autre était parti parce qu'il n'était sans doute pas aimable et qu'être heureux était dangereux.

J'ai pu revivre la douleur de cette perte dans tout mon Être, cette douleur nostalgique dont je parlais en début de ce récit, ce sentiment de solitude et d'incompréhension que j'ai toujours ressenti...

Tout prenait tellement de sens !

Cette mémoire était engrammée dans mes cellules.

Après cette exploration, j'ai traversé une période de profonde tristesse.

J'avais envie de disparaître, je ressentais le besoin de me réfugier dans ma bulle...

Je libérais les mémoires émotionnelles de ce petit embryon que j'avais été !

Lors de la séance de résolution, aussi étonnant et « fou » que cela puisse paraître, j'ai obtenu des explications de ma jumelle, elle était là pour m'aider à m'incarner, pour que je vive, c'était sa mission, elle ne devait pas rester.

Elle m'avait fait le cadeau de la vie et de l'amour inconditionnel.

Mais dans l'expérience émotionnelle de l'embryon que j'étais, c'est le vécu inverse qui s'était engrammé, à savoir la difficulté à vivre, l'abandon et le sentiment de ne pas se sentir aimable.

Après cette magnifique mise en paix, ma vie a pris un nouveau virage, j'ai commencé à vivre pour moi.

Jamais je n'avais rencontré une thérapie qui permette aussi bien d'aller à la source, qui permette cette connexion avec cet enfant blessé qui nous révèle toute sa vérité.

Lorsque l'adulte que nous sommes décide d'aller à la rencontre de cet enfant blessé et de le secourir, il se développe une vraie relation d'amour et de confiance, alors l'enfant peut à nouveau rayonner sa lumière.

C'est d'une telle beauté et d'une telle puissance !

Aujourd'hui je me sens femme, pleinement épanouie aussi bien dans ma vie professionnelle que dans ma vie sentimentale.

Toute ma vie j'avais attiré à moi des situations, des épreuves nécessaires à cette libération.

Cela n'a pas été simple de dépasser mes peurs et mes doutes, pour autant pour rien au monde je ne reviendrais en arrière.

Désormais dès que je sens que quelque chose est plus fort que moi et entrave mon bien-être, je vais à la rencontre de la vérité de ma petite fille blessée et je continue d'avancer sur mon chemin en toute liberté !

Je suis très heureuse de pouvoir contribuer à la mise en lumière de ce merveilleux outil « mis au monde » par Jean-Paul Fluteau.

Grâce à cette thérapie, j'ai pu renaître à moi-même et je continue mon chemin en confiance.

Un grand merci à tous ces guides sur mon chemin, cette femme qui m'a parlé de cette formation, ma petite fille intérieure qui a su me montrer ce dont elle avait besoin, et bien sûr Jean-Paul.

Boulimie

ALEXANDRA ET LE SUCRÉ

Extraits de consultation

Alexandra vient me consulter pour un problème de surpoids en lien avec une compulsion alimentaire boulimique.

Âgée d'une trentaine d'années, son problème de poids a commencé au moment de la puberté.

Extraits du premier entretien

Quand j'ai eu 20 ans, ça devenait tellement compliqué mon surpoids… J'étais complexée… Je n'avais pratiquement pas de vie amoureuse… La seule que j'ai eue, ça ne s'est pas bien passé… J'en ai parlé à mon médecin traitant qui m'a conseillé la pose d'un anneau gastrique pour réduire l'apport de nourriture et obtenir plus rapidement une sensation de satiété.

J'ai d'abord perdu du poids, mais quand je me retrouvais toute seule chez moi j'avais toujours la même angoisse de me sentir en insécurité, et je mangeais autant de sucré qu'avant…

Je me suis mise à avoir des problèmes à l'estomac qui était trop gonflé, alors le chirurgien m'a conseillé une ablation d'une partie de l'estomac.

J'ai perdu beaucoup de poids très rapidement, une trentaine de kilos, maintenant j'ai plein de vergetures sur tout le corps et j'ai repris tous les kilos perdus.

Maintenant, je sais que ce n'est pas comme ça que je vais régler mon problème, parce que l'anneau et l'opération, ça n'a rien changé à mon angoisse.

Quand je me retrouve toute seule, j'angoisse et c'est plus fort que moi, j'peux pas m'empêcher de manger du chocolat ou du sucré, des gâteaux, des pâtisseries, jusqu'à m'en dégoûter... Des fois j'en arrive à me faire vomir...

J'ai lu votre premier livre sur l'Enfant Gigogne® et j'ai regardé vos vidéos sur Internet, je m'y suis retrouvée... Je me dis que c'est le moment de faire quelque chose par rapport à ce besoin de me remplir quand je me retrouve toute seule... parce que quand je suis ailleurs ou que je suis avec quelqu'un chez moi, je n'ai pas ce problème !

Quels souvenirs avez-vous de votre enfance ?

Je n'ai pas de souvenirs avant 8-9 ans, je me souviens qu'avant mes 12 ans, je n'avais pas de problèmes de poids... Je crois que ça a commencé... quand j'ai commencé à avoir de la poitrine, j'étais plus en avance que les autres filles de mon âge, c'était l'entrée en sixième, les garçons m'embêtaient et faisaient des blagues par rapport à mes seins... Il y en a même un qui m'avait coincée une fois dans les vestiaires du gymnase, il m'avait embrassée de force et mis sa main dans ma culotte, il y a eu du bruit dans un couloir et il s'est arrêté, il est parti. J'avais tellement honte que je n'en ai jamais parlé à personne.

À quand remonte ce besoin irrésistible de manger du sucré quand vous vous retrouvez seule chez vous ?

Depuis mes 12 ans, j'ai toujours eu tendance à manger beaucoup sucré, mais je n'avais pas ces angoisses avec ces compulsions...

Bizarrement, c'est quand j'ai vécu quelque temps en couple, quand j'avais 19 ans, pendant mes études, que ces angoisses ont commencé... Un jour mon copain m'a forcée à lui faire une fellation, j'ai pas supporté et je l'ai quitté et à partir de là, ça n'a fait qu'empirer.

Dès que je me retrouvais seule chez moi, j'angoissais, je me sentais en insécurité, alors que là où j'habitais, un petit studio dans un immeuble, j'étais bien en sécurité, personne ne pouvait rentrer sans y être autorisé.

Vous avez des informations sur les conditions de votre naissance ?

Oui, je sais que je suis née par césarienne, ma mère ne pouvait pas accoucher normalement, un problème de bassin, je crois...

Et j'ai dû me retrouver en couveuse pendant une nuit ou deux...

Vos parents désiraient avoir un enfant quand votre maman était enceinte de vous ?

Je crois que oui, mais il me semble que mon père aurait aimé avoir un garçon…

Bien, alors dites-moi, qu'attendez-vous de moi par rapport à cette envie irrésistible de manger du sucré ?

Eh bien, à partir de ce que j'ai cru comprendre sur les vidéos qui présentent la Thérapie Enfant Gigogne®, et comme j'ai aucun souvenir de mon enfance, je voudrais bien savoir ce qui s'est passé dans mon enfance et être débarrassée de cette angoisse et de ce besoin de me remplir avec du sucré !

Vous êtes consciente que vous pouvez retrouver des évènements difficiles à accepter ?

J'ai bien compris ça en regardant les vidéos, ça fait déjà pas mal de temps que je me demande si je n'ai pas subi des abus sexuels quand j'étais enfant… comme je ne me souviens de rien !

Je ne pense pas que ça puisse être pire que ce que j'ai enduré avec l'anneau gastrique et la gastrectomie !

Si vous êtes d'accord, je vous propose de partir de cette angoisse que vous ressentez quand vous êtes seule et que vous avez cette envie irrésistible de sucré, pour explorer votre mémoire non consciente…

Extraits de l'exploration en EMC

Je dois avoir 6 ans… Je suis assise devant le petit bureau de ma chambre… Je me vois avec une petite robe et les couettes que j'avais à l'époque… J'ai l'air un peu absente et préoccupée…

Quelle en est la cause ?

Je ne sais pas… C'est le soir après l'école… je suis seule dans la maison parce que papa et maman ils travaillent, ils ne sont pas encore rentrés…

C'est tonton qui va me chercher à l'école et qui me ramène à la maison, parce que tonton et tata ils habitent juste à côté… Tonton, lui, il travaille la nuit, c'est pour ça qu'il va me chercher…

J'entends des pas dans l'escalier… Je crois que c'est tonton… (Le visage d'Alexandra se crispe.) *Il rentre dans la chambre avec un grand sourire…*

Il sort de sa veste un paquet de bonbons, mes bonbons préférés, fourrés au chocolat... (Le visage d'Alexandra se détend.)

Tonton m'aide à apprendre une récitation... et puis... (silence) *il me dit : « J'ai une surprise... Si tu fermes les yeux, je vais te donner une grosse sucette... »*

Alexandra décrit ensuite une fellation imposée à la petite Alexandra.

Avant son départ, l'oncle redonne un bonbon fourré au chocolat à la petite Alexandra.

En poursuivant l'exploration, il s'est avéré que ce même scénario s'est répété à de nombreuses reprises, accompagné parfois d'attouchements et de pénétrations vaginales digitales.

Après la mise en paix, si la compulsion boulimique s'était atténuée, Alexandra ressentait toujours, dans certaines circonstances, le besoin de sucré.

D'autres explorations ont été nécessaires, qui ont mis en évidence, comme c'est souvent le cas, d'autres traumas commis par d'autres agresseurs, dont des traumas commis en milieu scolaire.

Anorgasmie secondaire – TOC de lavage – TOC de vérification des fermetures

MARION

Extraits de consultation

Marion vient consulter pour une absence de désir et de plaisir dans sa vie sexuelle de couple et des TOC de lavage ainsi que des TOC de vérification des fermetures le soir à la tombée de la nuit.

Extraits du premier entretien

À quel moment avez-vous constaté cette perte de désir et de plaisir dans votre vie sexuelle de couple ?

Je crois que c'est après la naissance de ma fille, j'en ai pris conscience quelques mois après, quand j'ai commencé à retrouver ma forme physique après les conséquences de l'accouchement et la fatigue de l'allaitement et du manque de sommeil... Je me disais que c'était normal, que c'étaient les conséquences de tout ça... mais c'est devenu pire quand j'ai commencé à ne pas pouvoir m'empêcher d'aller vérifier que tout était bien fermé dans la maison, les portes extérieures et les volets… J'ai même commencé à ne plus supporter que mon mari me touche ou me caresse… J'étais obsédée par l'idée que quelqu'un puisse rentrer et faire du mal à notre fille…

Et quel âge avait votre fille à ce moment-là ?

Je ne sais plus très bien… si… elle devait avoir à peu près 3 ans…

Quand est-ce que sont apparus les TOC de lavage ?

C'est bien après… C'est après que j'ai accepté de faire l'amour avec mon mari pour lui faire plaisir, alors que je n'en avais pas vraiment envie, comme d'habitude. Et juste après, j'ai eu besoin de prendre plusieurs douches, pas une douche comme on peut le faire normalement, je suppose, mais plusieurs, à quelques dizaines de minutes d'intervalle… J'avais comme une impression d'avoir quelque chose qui me collait à la peau, que j'étais sale… Et puis, ça s'est empiré après… Maintenant, c'est pas seulement des douches qu'il faut que je prenne plusieurs fois par jour, même sans avoir de relations sexuelles, j'ai l'impression d'avoir toujours les mains sales et qu'il faut que je les lave en permanence.

Je me dis que c'est complètement fou, mais c'est plus fort que moi… Mon mari ne comprend pas, il dit que je deviens folle…

Et le jour où vous avez eu cette relation dont vous n'aviez pas envie, c'était quand exactement ?

Ça je m'en souviens bien, c'était juste après avoir fêté l'anniversaire des 6 ans de notre fille, on avait organisé une réunion familiale, il y avait de la famille de mon côté, mon oncle, le frère de ma mère et ma tante, et puis mon grand-père maternel et puis aussi des frères et sœurs de mon mari avec leurs enfants.

Donc, ça fait exactement trois ans, on avait un peu trop arrosé peut-être… Le soir, ça nous avait peut-être un peu rapprochés et j'ai accepté l'invitation de mon mari à faire l'amour… et c'est là que ça a commencé…

Avez-vous des souvenirs particuliers de ce que la petite fille que vous étiez a vécu à l'âge de 3 ans ?

Non, car je n'ai pas vraiment de souvenirs avant 9-10 ans…

Et à l'âge de 6 ans non plus alors ?
Non, je vous le dis, toute cette période-là, c'est un peu le néant... Pourquoi vous me demandez cela ?

Tout simplement parce que vous m'avez dit que votre désir et votre plaisir s'étaient encore plus éteints quand votre fille a eu 3 ans et que vous aviez commencé à vérifier les fermetures des portes et des volets à ce moment-là.

Et vous me dites que les TOC de lavage ont commencé quand votre fille a eu 6 ans.

L'âge de 3 ans et l'âge de 6 ans de votre fille ont pu être des activateurs de réveil de vécus passés dans votre propre enfance.

Le problème, c'est que je n'ai pas de souvenirs de ces périodes-là de ma vie !

Extraits de l'exploration en EMC

Au cours d'une première exploration en partant des TOC de vérification qu'elle veut traiter en priorité, Marion retrouve un vécu émotionnellement violent d'intrusion en lien avec une naissance par césarienne programmée.

J'ai un petit corps, des petites mains, je me sens flotter... Ah oui... je suis dans le ventre de maman... je me sens bien...

Marion se raidit sur la table de relaxation...

Il y a une lumière violente toute blanche qui fait mal... C'est comme un gouffre... Je suis arrachée, projetée dans le vide... Il n'y a plus rien autour de moi... que le vide... la lumière... des mains qui me serrent... Je ne sais pas où je suis... je ne sens plus maman...

Après la réalisation du protocole de mise en paix, les TOC de vérification des fermetures disparaissent quand le compagnon de Marion est présent au domicile, mais perdurent en l'absence de ce dernier.

Cela indique qu'un autre foyer émotionnel, peut-être plus difficile à accueillir, est en lien avec les TOC de vérification des fermetures.

Marion décide d'entreprendre une nouvelle exploration à partir de l'état émotionnel des vérifications qui perdurent en l'absence de son mari.

Je suis allongée sur un lit, dans une chambre... Ce n'est pas ma chambre à la maison... C'est mamie qui est en train de me coucher... je suis chez mes grands-parents... C'est le soir... J'ai 3 ans... Je reconnais mon doudou... Je le tiens entre mes deux mains... J'ai toujours entendu parler de ce doudou dont mes parents disaient que je n'en ai plus voulu à partir de mes 3 ans...

Je suis seule... Mamie est partie se coucher... Je ne me sens pas en sécurité...

Quelle est la cause de cette insécurité ?

J'ai l'impression que quelqu'un va rentrer...

Cela est déjà arrivé avant ?

Je ne sais pas bien, peut-être, mais j'ai peur que quelqu'un puisse rentrer...

Laissez se dérouler le temps.

J'entends la porte de la chambre qui s'entrouvre... J'ai peur et je mets la tête sous les couvertures... Je tremble et je me sens paralysée... Je fais semblant de dormir... Quelqu'un s'approche du lit... s'assoit sur le rebord du lit et fait « Chuut », je reconnais la voix de grand-papi... Il soulève les draps et glisse sa main pour me caresser le dos et les fesses... Et il glisse quelque chose dans mon zizi... Je crois que c'est son doigt... Je me sens toute tétanisée... et crispée avec tout le bas du ventre tendu et en feu...

Sur la table de relaxation, le corps de Marion se crispe et se ferme.

Après le travail de mise en paix de la scène d'intrusion retrouvée, Marion, avec ou sans son mari à la maison, n'a plus besoin d'aller en vérifier compulsivement les fermetures.

Encouragée par les changements réalisés, Marion décide de faire une nouvelle exploration pour se libérer de ses TOC de lavage.

Je me vois en train de jouer, je suis en vacances chez ma tante et mon oncle, le frère de maman... Je suis dans le jardin de la maison... J'ai 6 ans... C'est l'été... il fait très chaud...

Tata me dit qu'il faut aller faire la sieste et que pendant ce temps, elle va aller faire des courses et que tonton va rester à la maison avec moi...

Tonton m'accompagne jusqu'à la chambre, il me dit que pour faire la sieste il faut que je me déshabille car il fait trop chaud... Je n'ai pas très envie, mais je n'ose pas dire non, j'ai peur de me faire gronder... Je me déshabille, mais je garde mon tee-shirt, je me glisse sous les draps... Tonton dit : « Je vais rester à côté de toi » et se déshabille, le bas je crois, et s'allonge aussi... Il me prend la main et la pose sur son sexe que je sens tout dur... Je ne comprends pas... Il se frotte contre moi... il se frotte tout contre moi... Il me tient la main sur son sexe... Je sens comme un liquide chaud et gluant, comme quand on crache quand on est enrhumé, je le sens dans mes mains et sur mon ventre... Je ne sais pas ce que c'est, mais c'est pas agréable... Puis il se lève, se rhabille et essuie mon ventre et mes mains avec un mouchoir, comme si j'étais sale... Il me sourit et me dit : « C'est notre secret » et s'en va.

Avant même la séance de mise en paix, Marion n'a plus ressenti la compulsion à se laver.

Le travail de mise en paix a néanmoins été réalisé pour renforcer le changement et permettre la mise en place d'une nouvelle perception de la sexualité et de son rapport au genre masculin.

Les symptômes à dominante psycho-émotionnelle

La dépression

La dépression, telle qu'envisagée par la psychiatrie, est un trouble de l'humeur qui représente l'affection psychiatrique la plus fréquente, avec une prédominance féminine deux fois supérieure par rapport aux hommes.

Ce trouble de l'humeur est caractérisé par la tristesse, l'inhibition et la douleur morale.

L'étude sémiologique (étude des symptômes) de ce syndrome dépressif menée par la psychiatrie classique met en évidence deux aspects :

- un syndrome mental ou psychique ; et
- un syndrome physique.

Le syndrome psychique est caractérisé par :

- la tristesse ;
- le pessimisme ;

- l'autodévalorisation et le dégoût de soi ;
- les idées suicidaires ;
- la culpabilité ;
- l'anhédonie (incapacité à ressentir des émotions positives et à ressentir du plaisir) ;
- la perte d'intérêt ;
- l'absence de désir ;
- le désinvestissement affectif ;
- l'irritabilité ;
- les crises de larmes ;
- le ralentissement intellectuel ;
- le ralentissement moteur ;
- la négligence de soi.

Le syndrome physique est caractérisé par :

- l'insomnie ;
- la fatigue ;
- la somnolence diurne ;
- l'anorexie ;
- l'absence de plaisir sexuel ;
- l'impuissance ;
- la frigidité ;
- des céphalées ;
- la constipation ;
- des douleurs lombaires, musculaires digestives ;
- etc.

Pour terminer cet inventaire, deux formes dites « étiologiques » (l'étiologie étant l'étude des causes d'une maladie) ont été mises en évidence par la psychiatrie :

- les dépressions endogènes ; et
- les dépressions psychogènes.

La dépression endogène

Pour la dépression endogène, considérée comme la plus grave, les observations cliniques psychiatriques ne permettent pas d'identifier de relation causale dans la « genèse de l'accès » !

Dit plus simplement, la psychiatrie ne sait pas ce qui en est la cause et on considère qu'il s'agit d'un dysfonctionnement intrapsychique qui n'en reste pas moins mystérieux !

La dépression psychogène

Pour la dépression psychogène, les observations cliniques mettent en évidence des liens de causalité avec des facteurs extérieurs, comme un deuil, une séparation, un échec professionnel, etc., qui justifient aux yeux de la psychiatrie l'état dépressif.

Pourquoi cette référence à la psychiatrie et à la psychopathologie au sujet des dépressions ?

Parce qu'il me semble que la question de la (des) dépression(s) est particulièrement représentative de la différence entre l'approche de la psychiatrie et de la psychopathologie classiques et une approche comme celle de la Thérapie Enfant Gigogne®.

L'approche psychiatrique est une approche fondée sur la tradition de l'approche médicale de la fin du XIXe et du XXe siècle caractérisée, comme nous l'avons vu, par une vision matérialiste et mécaniciste de l'être humain.

Dans le domaine psy, jusqu'à la fin de la Seconde Guerre mondiale, psychanalyse comprise, les seuls éléments dont pouvaient disposer les chercheurs et thérapeutes pour la compréhension des troubles dits « psychiatriques » et « psychologiques » reposaient sur les capacités des patients et de leur entourage à permettre la reconstitution historique de leur vie, ce que l'on appelle classiquement l'« anamnèse ».

Cela reposait donc sur les capacités de la mémoire consciente, dont on sait qu'elle est limitée à la frontière de la barrière amnésique des 2-3 ans, et sur l'occultation des mécanismes de refoulement mis en lumière par Freud.

La psychiatrie n'avait donc comme seul outil de compréhension que l'observation et l'étude de ce qui était directement visible, à savoir les différentes manifestations symptomatiques.

Il faut reconnaître à la médecine somatique et psychiatrique de cette période l'extraordinaire talent qu'elle a su développer pour observer, répertorier, classer, avec une grande finesse et une grande précision, les innombrables manifestations symptomatiques des différentes pathologies physiques et psychiques.

Si l'on compare l'être humain et sa somatopsyché à un iceberg, les chercheurs en connaissaient les moindres détails de la partie émergée et ignoraient tout de sa partie immergée !

Toute la psychopathologie psychiatrique s'est construite sur ce modèle à partir des moyens dont elle disposait à l'époque.

La découverte par l'Occident des états modifiés de conscience à partir des années 1960, 1970, et de leur utilisation pour explorer la mémoire non consciente, en franchissant la barrière amnésique des 2-3 ans, en levant les refoulements des expériences traumatiques, a permis l'exploration de la partie immergée de l'iceberg somatopsychique humain.

La découverte de la partie cachée de l'iceberg permet une compréhension autre, plus globale, voire plus profonde, et disons moins superficielle au sens littéral !

Donc, quand la médecine psychiatrique qualifie la dépression de « maladie », cette appellation résulte de la seule observation réalisée sur la partie visible de l'iceberg !

Que peut-on dire à propos de la dépression quand on observe aussi la partie immergée de l'iceberg ?

La dépression : tentative d'autoguérison

Eh bien, au lieu de regarder la dépression comme une maladie, donc comme un problème essentiellement à éliminer, il devient possible de la regarder comme une tentative d'autoguérison spontanée de traumatismes passés, de la vie intra-utérine, ou de la naissance, ou de la petite enfance et de l'enfance, ou des trois, et dont le point d'orgue traumatique est le plus souvent un traumatisme sexuel infantile !

Pour cela, en plus des témoignages et des découvertes des personnes en EMC, il suffit, pour le constater, de compiler les caractéristiques des manifestations symptomatiques recensées par les observations cliniques fines et détaillées de la psychiatrie.

Très souvent, les personnes qui retrouvent des traumas sexuels, au cours d'exploration en EMC avec la Thérapie Enfant Gigogne®, avant de reconnecter le passage à l'acte subi, « atterrissent » dans un moment qui fait suite à la situation traumatique.

Elles décrivent un enfant seul, isolé, assis quelque part, souvent dehors, par terre, sur une marche d'un escalier, recroquevillé, la tête entre les mains.

Cet enfant est décrit émotionnellement comme :

- **absent, coupé de lui-même** (*perte d'intérêt, anhédonie*) ;
- **triste**, avec **un sentiment de culpabilité**, **une envie de mourir** (*dégoût de soi, idées suicidaires*).

Dans les manifestations post-traumatiques, consécutives aux traumas sexuels infantiles, on observe très souvent **un désinvestissement scolaire, une chute des résultats scolaires, un repli sur soi** (*ralentissement intellectuel, ralentissement moteur, négligence de soi*).

On retrouve ici l'essentiel du tableau clinique du syndrome psychique de la dépression, recensé par la psychiatrie.

Les symptômes du syndrome physique de la dépression suivants : **anorexie, absence de plaisir sexuel, impuissance, frigidité, céphalées, constipation** sont sans équivoque par rapport à une problématique sexuelle.

Ils ont déjà été abordés précédemment au sujet de leurs liens avec des traumas sexuels infantiles.

Les troubles du sommeil, **insomnie d'endormissement** et **réveils nocturnes**, dans ce contexte bien particulier du tableau clinique en question, sont à relier aux traumas sexuels subis au lit, le soir ou la nuit pendant le sommeil ou pendant la sieste.

Nous avons vu qu'ils peuvent donner lieu, dans certains cas, aux TOC de vérification des fermetures, conformément aux multiples variétés pour « chanter » le thème des traumas sexuels refoulés.

Pour ce qui est de la fatigue, régulièrement présente dans les plaintes des personnes confrontées à une dépression, deux facteurs sont à l'œuvre : un facteur bien visible qui découle des troubles du sommeil et un facteur plus caché relatif à la partie immergée de l'iceberg et qui est la résultante de deux énergies psycho-émotionnelles antagonistes qui s'opposent :

- L'une, gérée par l'inconscient, « veut » permettre la **libération des émotions** enkystées du foyer émotionnel traumatique.
- L'autre, gérée par le mental, ne comprenant pas les raisons de ces émotions envahissantes, **tente de s'y opposer**.

Ces deux processus antagonistes sont extrêmement énergivores en « s'inter-neutralisant » et conduisent à l'épuisement de la personne, à la façon dont un conducteur de voiture épuiserait son moteur en appuyant sur l'accélérateur et sur le frein en même temps.

Pour revenir plus en détail, au sujet de cet autre regard porté sur la dépression définie comme tentative d'autoguérison spontanée de traumatismes passés, je rappelle la présentation faite précédemment au sujet des conséquences et des effets d'une expérience traumatique.

Les premiers effets d'une expérience traumatique vont être un marquage au niveau psycho-émotionnel.

Les charges émotionnelles non évacuées s'enkystent sur différents plans de la sphère psycho-émotionnelle et énergétique.

Le vécu psycho-émotionnel de l'instant de l'expérience traumatique et des moments qui suivent est comme pétrifié, c'est ce qui crée cette sorte d'entité psycho-émotionnelle que j'ai appelée l'« Enfant Gigogne® ».

Lorsqu'une expérience traumatique est vécue avant la barrière amnésique primaire, cette expérience est archivée dans la mémoire non consciente.

Lorsqu'une expérience traumatique est vécue après la barrière amnésique primaire,

- soit elle peut être archivée dans la mémoire consciente et s'y maintenir, si cette expérience n'est pas trop déstabilisante pour l'enfant ;
- soit elle va être archivée dans la mémoire non consciente, du fait que son souvenir conscient serait trop perturbant pour l'enfant et pour son développement, c'est ce que l'on appelle habituellement un « refoulement ».

Dans les deux cas, un Enfant Gigogne® est bien présent au sein de la personne.

Cet Enfant Gigogne® porteur d'un « kyste émotionnel » va, à partir de là, agir comme un aimant, qui va attirer et créer en quelque sorte des évènements, des situations, des rencontres, des problèmes, des difficultés de vie, de nature ou de structure semblable à l'expérience traumatique initiale, pour souvent recréer de nouveaux vécus traumatiques qui se répètent ainsi au fil du temps dans la vie.

Les émotions enkystées de l'Enfant Gigogne®, tant qu'elles restent enkystées, aimantent et créent donc tout au long de la vie de la personne des situations et des évènements semblables à l'expérience traumatique initiale.

Bien souvent, ces situations, ces problèmes qui se répètent deviennent de plus en plus intenses et difficiles à vivre, comme si leurs finalités étaient d'attirer l'attention consciente de la personne.

Métaphoriquement, c'est comme si l'Enfant Gigogne®, par ces répétitions dérangeantes, appelait à l'aide et devait appeler de plus en plus fort, pour être entendu et secouru.

Malheureusement, la plupart du temps, plus l'Enfant Gigogne® appelle fort à l'aide, plus nous avons peur de ses manifestations que nous ne comprenons pas et que nous voulons faire taire, soit simplement en ne les écoutant pas, soit en les anesthésiant et en les étouffant avec des médicaments.

Le fait que les expériences traumatiques très violentes soient archivées dans la mémoire non consciente, afin d'éviter que le souvenir conscient de l'expérience soit trop dévastateur pour le devenir de l'enfant, est très utile et écologique pour l'enfant dans un premier temps.

Plus tard, devenu adulte, ces émotions enkystées agissent comme un poison émotionnel qui se distille lentement, l'oubli qui avait été bénéfique pour l'enfant dans un premier temps devient alors néfaste pour l'adulte.

Il est donc vital, à un moment donné de la vie de la personne, lorsque sa structure psychique est devenue suffisamment forte pour pouvoir gérer intérieurement la réalité de l'expérience traumatique passée, que ces émotions enkystées puissent être évacuées en remontant à la surface de la conscience avec les éléments de l'expérience traumatique vécue.

C'est donc dans ces circonstances que l'Enfant Gigogne®, après avoir passé des années en sommeil, peut se réveiller soudainement à l'occasion d'un évènement de vie semblable à l'expérience traumatique.

Cet évènement de vie peut être aussi bien considéré comme déclencheur du réveil des mémoires émotionnelles de l'Enfant Gigogne® que comme généré subtilement par lui-même avec l'énergie d'aimantation de son foyer émotionnel en sommeil.

Donc, à l'occasion d'un évènement important et fort de la vie de la personne, le décès d'une personne proche, une séparation, une perte d'emploi, etc., cette personne peut être alors submergée par un tsunami émotionnel, qui lui paraît totalement décalé par rapport à sa situation présente.

Le plus souvent, elle ne fait pas le lien avec une expérience très douloureuse du passé, comme une mise en couveuse à la naissance, une longue séparation suite à une hospitalisation, un abandon, le décès de la maman pendant ou après la naissance, un abus sexuel de la petite enfance.

Généralement, il est dit à cette personne qui présente ce genre d'envahissement émotionnel qu'elle fait une dépression.

La dépression étant définie comme une maladie et la personne ne comprenant pas les raisons de cet envahissement émotionnel, elle se définit alors comme malade, cela contribue à la déprimer encore plus.

Plutôt que d'avoir seulement à gérer les remontées de mémoires émotionnelles du traumatisme passé, viennent s'y rajouter les émotions négatives de culpabilité et le sentiment d'anormalité qui découle du fait de ne pas comprendre et d'être persuadé d'être malade.

Ce qui est appelé habituellement « dépression » et défini comme une maladie peut donc être pris en compte comme une tentative d'autoguérison spontanée d'une expérience traumatique passée, à un moment de la vie au cours de laquelle la structure psychique de la personne est potentiellement prête pour assumer la confrontation à la réalité de cette expérience passée.

L'ignorance et l'incompréhension concernant ce processus d'autoguérison qui se met en place le rendent particulièrement douloureux.

En effet, la personne est alors le théâtre de deux courants de forces antagonistes : la force de libération des émotions de l'expérience traumatique et la force de résistance et d'empêchement de cette libération générée par la peur et l'incompréhension.

Cette force de résistance et d'empêchement est très souvent amplifiée par le recours aux médicaments comme seul moyen de traitement.

Tout ce qui vient d'être rappelé permet de comprendre qu'à partir de la seule lecture de la partie visible de l'iceberg, on puisse distinguer, comme le fait la psychiatrie classique, les dépressions endogènes des dépressions psychogènes.

Selon l'approche psychiatrique classique, la dépression endogène se définit par : « son caractère spontané, inexplicable et immotivé » (*Psychiatrie*, Pierre Levy Soussan, éd. Med-Line, p. 157).

Alors que, toujours selon la définition de la psychiatrie, dans la dépression psychogène, on peut identifier un facteur causal dans la vie présente de la personne, deuil, séparation, etc.

Ce qui veut dire que dans certains cas, l'observation de la seule partie visible de l'iceberg ne permet pas d'identifier les raisons du déclenchement de la dépression qui paraît *spontanée*, *inexplicable* et *immotivée*, comme chaque fois que n'importe quel phénomène n'est pas replacé dans l'intégralité de son contexte général et historique.

Lorsque l'on a la possibilité d'observer la partie immergée de l'iceberg, c'est-à-dire d'observer les éléments de la mémoire non consciente, on peut alors constater qu'il y a toujours un facteur déclenchant qui certes peut être très subtil, mais est bien actif dans la vie présente de la personne et qui vient réveiller un foyer traumatique en sommeil depuis de longues années.

Toujours à propos de la dépression psychogène, la psychiatrie distingue plusieurs catégories de dépression psychogène :

La dépression névrotique

Pour la dépression névrotique, le facteur déclenchant identifié n'est pas considéré comme véritablement traumatisant (selon la vision psychiatrique).

« La dépression névrotique succède à un évènement dont la valeur traumatique est conférée par le patient.

Cela explique la disproportion entre l'évènement déclenchant rapporté (minime, parfois même heureux) et son vécu subjectif (effondrement dépressif)...

Le facteur déclenchant rapporté ne constitue pas un véritable "traumatisme", mais plutôt un "microtraumatisme". Un évènement heureux (réussite professionnelle, mariage) peut aussi être vécu comme un facteur déclenchant.

Le caractère névrotique de cette dépression est caractérisé par la résonance toute particulière de ce microtraumatisme, minime, voire quotidien, avec une problématique inconsciente refoulée.

Le conflit névrotique, d'origine ancienne (vécu d'abandon, frustration précoce), se trouve réactivé dans la situation actuelle et entraîne la décompensation de l'individu sur un mode dépressif. »

Psychiatrie, Pierre Levy Soussan, éd. Med-Line.

La dépression réactionnelle

« La dépression réactionnelle se situe dans une perspective opposée à la dépression névrotique.

L'évènement traumatisant est compréhensible d'une façon "objective" et non uniquement "subjective" comme dans la dépression névrotique.

La dépression succède immédiatement (dans les jours qui suivent) à un traumatisme affectif que "tout le monde" peut comprendre : deuil, abandon, échec sentimental ou professionnel, conflits conjugaux, solitude et isolement. »

Psychiatrie, Pierre Levy Soussan, éd. Med-Line.

La dépression d'épuisement (burn out)

« La dépression d'épuisement, comme la dépression réactionnelle, succède à un traumatisme (présent) dont a conscience le sujet.

La différence réside dans la succession, la répétition de l'évènement dans la dépression d'épuisement. »

Psychiatrie, Pierre Levy Soussan, éd. Med-Line.

Tout logiquement, les distinctions qui sont faites par la psychiatrie entre ces trois types de dépressions psychogènes, comme la distinction entre la dépression endogène et la dépression psychogène, résultent de la seule prise en compte de ce qui est apparent, c'est-à-dire la prise en compte des manifestations symptomatiques et des éléments conscients dont la personne dispose au sujet de son histoire.

Que ce soient les dépressions dites « d'épuisement », les dépressions dites « réactionnelles » et les dépressions dites « névrotiques », **toutes relèvent d'un même processus à l'œuvre** qui implique :

- **le caché** (l'inconscient et les traumas stockés dans la mémoire non consciente) ; et
- **le visible** (les symptômes et les souvenirs conscients).

Pour toutes, il y a un déclencheur, même si pour les dépressions dites « endogènes », il n'est pas aussi repérable et évident que dans celles dites « réactionnelles » avec un deuil, une séparation, etc.

Pour toutes, le déclencheur n'est pas la cause première de la dépression, il est juste le stimulus qui vient réveiller un foyer émotionnel traumatique en sommeil depuis les débuts de la vie.

Dans la dépression réactionnelle, la cause de la dépression n'est pas « un traumatisme affectif que "tout le monde" peut comprendre : deuil, abandon, échec sentimental ou professionnel, conflits conjugaux, solitude et isolement », **il est le stimulus qui vient réveiller un traumatisme passé.**

Si le deuil, ou la séparation, ou l'échec, ou le conflit conjugal, en était la véritable cause, alors toutes les personnes qui vivent un deuil, ou une séparation, ou un échec, ou un conflit conjugal, devraient faire une dépression, or ce n'est pas le cas !

Seules les personnes pour qui ces évènements de la vie présente entrent en résonance avec des traumatismes passés enkystés, semblables, font une dépression.

C'est-à-dire que les émotions enfouies et enkystées du traumatisme passé tentent de s'évacuer, pour permettre à la personne de se libérer de la toxicité émotionnelle qu'elles représenteraient si elle les gardait enfouies.

Le même processus est à l'œuvre pour les dépressions dites « d'épuisement » (burn out) dont nous avons vu que le traumatisme initial est le traumatisme d'épuisement de la naissance.

Le même processus est encore à l'œuvre avec les dépressions dites « endogènes », pour lesquelles les traumatismes passés ont été encore plus douloureux et plus nombreux et donc encore plus enfouis.

Bien évidemment, toutes les dépressions ne sont pas seulement et exclusivement en lien avec des traumas sexuels.

Les traumas de la vie intra-utérine, les pertes gémellaires, les tentatives d'avortement, les traumas de naissance y sont souvent présents en s'y ajoutant.

Cependant, compte tenu de l'importance de l'impact traumatique des agressions sexuelles vécues pendant l'enfance et de leur fréquence dans la population, et comme nous l'avons vu, compte tenu du fait que les traumas précités créent un terrain propice aux intrusions d'ordre sexuel, l'immense majorité des dépressions, quelle que soit leur dénomination, résulte d'un « cocktail » de traumas dont les traumas sexuels font partie.

L'hystérie

La structure symptomatologique de la névrose hystérique, telle que décrite par la nosographie psychopathologique et psychiatrique traditionnelle, est identique à la structure des vécus de traumas sexuels incestueux, commis par des membres de la famille (parents, grands-parents, adultes de la famille élargie), répétés au cours de la petite enfance et de l'enfance jusqu'à la puberté.

Les personnes, confrontées aux symptômes caractéristiques de la névrose hystérique, qui s'engagent dans un travail d'exploration en EMC retrouvent donc des vécus traumatiques de viols incestueux répétés au cours de la petite enfance et de l'enfance.

Ces vécus traumatiques sont caractérisés par :

D'un point de vue psychophysique

- **Une sidération totale** de l'enfant face au passage à l'acte de l'adulte. L'enfant se sent totalement paralysé, dans l'incapacité de pouvoir s'opposer physiquement et verbalement.
- L'enfant éprouve de **très grandes crispations dans tout le corps**, dans les membres et dans toute la région des organes sexuels.
- Les stimulations sexuelles qu'il subit peuvent générer un orgasme dont les manifestations inconnues pour lui sont extrêmement anxiogènes tant elles peuvent aussi lui rappeler inconsciemment

l'intensité insupportable du vécu de la naissance et de sa **forte charge d'angoisse de mort**.
- La conjonction des crispations physiques et de l'activation de l'énergie sexuelle de l'enfant conduit à de nombreux **blocages énergétiques dans tout le corps**.

Ces différents vécus expliquent les différents symptômes physiques recensés au cours des observations cliniques de l'hystérie :

- les troubles de la sensibilité subjective, comme toutes les douleurs répertoriées ;
- les spasmes et contractures, muscles ou viscères ;
- les paralysies fonctionnelles ;
- les manifestations épileptoïdes dites « de contorsion », **la personne semble lutter contre un être imaginaire** ;
- les états de transe ou d'attitude passionnelle à connotations érotiques ;
- les états crépusculaires et états seconds ;
- les attaques cataleptiques : rigidité des muscles qui restent figés dans leur position d'origine comme si la personne se statufiait.

D'un point de vue psycho-émotionnel

- L'enfant est confronté à une **situation totalement incompréhensible**, contradictoire par rapport à toutes ses références habituelles de son environnement familial et de son environnement social.
- Il est confronté à vivre et à subir une situation d'une extrême intensité physique et émotionnelle, puis dans l'instant qui suit, de retour dans l'espace social familial, l'adulte agresseur se met à se comporter normalement, comme les autres membres de la famille, comme si tout ce que l'enfant venait de vivre n'avait pas existé.
- L'enfant doute de la réalité de son vécu. Ce vécu induit un clivage psycho-émotionnel, le vécu des temps incestueux et le vécu des temps de vie normaux sont incompatibles.
- L'enfant impliqué dans la relation incestueuse se trouve propulsé à une place, à un rôle (le rôle de partenaire sexuel et amoureux

du parent incestueux) qui n'est pas sa place légitime, naturelle et appropriée et ne correspond pas à son statut normal d'enfant.
Ses repères identitaires s'en trouvent donc profondément perturbés.
- Les stimulations sexuelles subies par l'enfant peuvent soit induire de très fortes inhibitions qui se traduiront par des symptômes de frigidité et d'impuissance, soit déclencher un feu sexuel incontrôlable qui se traduira par des symptômes nymphomaniaques chez la femme et de satyriasisme chez l'homme.

Freud disait : « L'hystérique souffre de réminiscences inconscientes liées à un affect insupportable provoqué par un traumatisme psychique. »

Les observations et expertises médicales contemporaines mettent en évidence que les actes sexuels de pénétration de jeunes enfants ne se réduisent pas à des traumatismes psychiques, **mais sont aussi des traumatismes physiques très importants dont on retrouve les séquelles physiques à l'âge adulte**, dont entre autres **des microlésions qui peuvent rendre les rapports sexuels douloureux** (voir le témoignage d'Olga, dans « Témoignages et cas avec symptômes à dominante physique »).

Freud précisait (très pudiquement) que les traumatismes en question « sont fréquemment la **séduction** d'un adulte sur l'enfant. Le refoulement interdisant la voie de la conscience, l'énergie pulsionnelle choisit la voie du somatique ».

Si le concept de séduction en psychanalyse se réfère bien à des passages à l'acte sexuel d'un adulte sur un enfant, ils sont souvent aussi attribués à des représentations de scènes de nature sexuelle considérées comme fantasmatiques et non réelles.

Dans le *Vocabulaire de la psychanalyse*, Laplanche et Pontalis donnent la définition suivante de la séduction :

« Scène réelle ou fantasmatique, où le sujet (généralement un enfant) subit passivement, de la part d'un autre (le plus souvent un adulte), des avances ou des manœuvres sexuelles. »

Outre l'euphémisme que représente le terme « séduction » pour désigner des actes sexuels avec pénétration imposés à de tout jeunes enfants âgés parfois d'à peine 1 an, voire moins encore, comme les personnes présentant ces symptômes peuvent en retrouver en EMC, ce terme et cette définition contribuent à installer un certain flou, pour le moins, quant à l'origine de ces troubles !

À la décharge de Freud et de la psychanalyse de façon générale, la connaissance sur les EMC et les possibilités d'exploration de la mémoire non consciente, à partir des EMC, n'étaient pas développées comme elles peuvent l'être actuellement, ce qui peut expliquer que même si Freud a tenté d'utiliser l'hypnose, il a fini par y renoncer.

Ces différents vécus expliquent les différents symptômes psychiques de l'hystérie recensés par les psychiatres et formulés en ces termes :

- clivage de la conscience où coexistent la personnalité du sujet et un état de conscience altérée ;
- troubles de la mémoire : amnésie lacunaire ou sélective avec oubli d'une partie du passé, des souvenirs douloureux, de son identité ;
- troubles de la conscience : états crépusculaires, obnubilations dans un contexte de dépersonnalisation ;
- état second : transe, extase, états somnambuliques, désorientation, suggestibilité ;
- délires hystériques : onirisme, hallucinations visuelles ;
- théâtralisme ;
- comportement séducteur, présentation dramatique, vocabulaire emphatique, mythomanie, suggestibilité ;
- hyperréactivité émotionnelle ;
- hyperexpressivité affective : manque de mesure, versatilité, labilité sans simulation ;
- troubles caractériels : irritabilité, impulsivité, intolérance à la frustration ;
- troubles de l'humeur : décharges émotionnelles, égocentrisme ;
- dépendance affective, soit recherche de valorisation avec activité, soit recherche de protection, de réassurance avec passivité ;
- troubles sexuels.

La phobie des oiseaux ou ornithophobie

La créativité de l'inconscient pour contourner la censure qu'exerce le surmoi au sujet des vécus traumatiques relatifs à des actes subis insupportables est d'une grande richesse et d'une grande variété, comme on peut le constater au fil de toutes ces pages.

Dans la large palette dont l'inconscient dispose pour contourner la censure du surmoi et dire les traumas sexuels subis, il y a un certain nombre de phobies qui rien que par leur dimension symbolique et métaphorique sont très significatives.

Et, outre qu'elles soient significatives symboliquement, elles sont bien sûr corroborées par les explorations faites par les personnes en état modifié de conscience.

Une manifestation symptomatique très symbolique utilisée par l'inconscient pour dire les traumas sexuels subis est celle de la phobie des oiseaux ou ornithophobie.

Les personnes qui présentent cette réaction émotionnelle face aux oiseaux ont plus particulièrement peur que l'oiseau, quelle que soit son espèce, vienne se précipiter sur elles, tel un oiseau prédateur sur sa proie !

La célèbre chanson de Barbara *L'Aigle noir*, longtemps considérée comme l'émanation d'une poétique rêverie, illustre parfaitement la dimension symbolique de l'oiseau qui fond sur sa victime, en la « personne » de l'aigle :

« Quand soudain, semblant crever le ciel
Et venant de nulle part,
Surgit un aigle noir. »

Dans ses Mémoires *Il était un piano noir...* publiés après sa mort, Barbara y révèle l'inceste qu'elle a subi enfant, par son père.

« Lentement, les ailes déployées,
Lentement, je le vis tournoyer.

Près de moi, dans un bruissement d'ailes,
Comme tombé du ciel,
L'oiseau vint se poser.

De son bec, il a touché ma joue.
Dans ma main, il a glissé son cou.
C'est alors que je l'ai reconnu :
Surgissant du passé,
Il m'était revenu. »

Le parallèle métaphorique entre l'oiseau, qui à tout moment a le pouvoir d'atteindre la personne et peut surgir de toute part, et l'enfant qui, dans des moments où il peut se croire en sécurité comme dans son lit, voit surgir, souvent dans un demi-sommeil, une ombre qui se saisit littéralement de lui, comme l'oiseau prédateur saisit sa proie, est manifestement évident, y compris, je l'imagine, pour les esprits les plus cartésiens !

Toujours est-il que toutes les personnes que j'ai accompagnées pour une phobie des oiseaux et qui avaient ou n'avaient pas de souvenirs conscients de traumas sexuels en ont retrouvé en explorant leur mémoire non consciente.

La phobie des serpents ou ophiophobie

Nous venons de voir que, pour la phobie des oiseaux, l'inconscient se saisit donc de la métaphore de l'oiseau prédateur qui peut surprendre à tout moment pour dire et mettre en avant le vécu subjectif de l'enfant qui s'est senti comme une proie assaillie par son agresseur surgi de nulle part.

Pour d'autres personnes, qui ont été victimes d'agressions sexuelles dans l'enfance et pour qui un autre aspect du traumatisme est plus en relief, l'inconscient va utiliser les caractéristiques d'autres animaux, pour leur capacité à pénétrer subrepticement dans des trous, pour dire l'acte de pénétration qu'elles ont subi de leurs agresseurs.

C'est donc le serpent auquel l'inconscient va avoir recours pour dire ce que le surmoi et le mental de la personne l'empêchent de se dire à elle-même et aux autres.

Cet autre langage métaphorique s'exprime alors par la phobie des serpents ou **ophiophobie**.

Le serpent, en plus de sa symbolique phallique et sa capacité à se glisser dans des trous, peut permettre aussi à l'inconscient d'exprimer des vécus traumatiques plus anciens tels que l'étouffement pendant la naissance (le serpent qui étouffe sa proie) avec la peur de mourir (le serpent qui tue aussi avec son venin).

La phobie des souris et des rats ou musophobie

La souris et le rat offrent à l'inconscient la même métaphore que le serpent, pour leur capacité à pénétrer subrepticement dans des petits trous, mais ils se différencient du serpent par leur association avec la saleté, les égouts pour les rats, leur capacité à propager des maladies.

En cela, souris et rats ajoutent à la métaphore du vécu traumatique de pénétration, la métaphore du vécu de salissure qui s'y associe très souvent et dont nous avons vu qu'il peut donner lieu aux TOC de lavage.

La bipolarité

Pour la psychiatrie, la bipolarité rentre dans la catégorie des troubles de l'humeur, autrefois appelée « psychose maniaco-dépressive ».

La bipolarité se présente sous la forme d'alternance de deux états :

- l'**état maniaque** ;
- l'**état dépressif ou mélancolique.**

D'où l'appellation « maniaco-dépressif » et plus « softement » « bipolaire ».

Cette succession d'accès maniaques et d'accès mélancoliques est ponctuée par des intervalles « normaux », libres de symptomatologie clinique thymique.

L'état maniaque

L'état maniaque correspond à un état de grande excitation

- émotionnelle ;
- psychique-cognitive ;
- motrice-comportementale.

L'excitation émotionnelle

Dans cet état, la personne est très **euphorique**, très **expansive** et **exubérante**, avec un **sentiment de toute-puissance**. Elle fait preuve d'un **optimisme débordant**, quand bien même la réalité est contraire. Elle fait preuve d'une grande insouciance.

Elle amplifie et embellit tout ce qui la concerne jusqu'à inventer de « fausses » réalités (**mythomanie**).

Elle vit avec une très grande intensité toutes ses émotions (**hyperhédonie**) et toutes ses sensations (**hyperesthésie**).

La personne peut passer très facilement du rire aux larmes, avec une forte théâtralité, semblable à **l'histrionisme hystérique**.

Elle prête aux autres des sentiments amoureux envers elle (**érotomanie**).

Selon elle, des personnes connues médiatiquement ou ayant un rôle hiérarchique supérieur, dans leur environnement professionnel, sont amoureuses d'elle sans oser le dire.

L'excitation psychique et cognitive

En ce qui concerne la pensée, le discours est abondant, ininterrompu (**logorrhée**) et peut passer du coq à l'âne.

Les liens établis entre les choses, les évènements, les conclusions sont illogiques.

Si la personne dans cet état pose des questions à son interlocuteur, elle n'écoute pas les réponses, sinon que pour rebondir sur son propre cas.

La personne présente des troubles de l'attention et de la concentration.

Elle a des projets grandioses, démesurés (**mégalomanie**) et est dans le **déni de la réalité** de ses troubles (**anosognosie**).

L'excitation motrice et comportementale

L'agitation physique est semblable à l'agitation mentale et émotionnelle, qui s'accompagne d'insomnies, sans sensation de fatigue.

Des décisions importantes peuvent être prises sur un coup de tête, avec des achats compulsifs inconsidérés.

La personne peut s'engager de la même façon dans des consommations excessives d'alcool ou de drogues et peut prendre des risques physiques potentiellement **mortels** (**conduites ordaliques**).

Au cours de cette phase, elle présente une grande désinhibition comportementale qui peut aller de **propos très érotiques**, de tenues vestimentaires et **d'attitudes sexuellement provocantes**, jusqu'à **l'hypersexualité**.

Par ailleurs, la personne entreprend maintes choses sans en terminer aucune.

L'état dépressif

L'état dépressif, appelé aussi « mélancolie », altère, avec des processus de pôle opposé à l'état maniaque, les trois mêmes sphères :

- émotionnelle ;
- psychique et cognitive ;
- motrice-comportementale et somatique.

L'altération émotionnelle

- sentiment intense de tristesse ;
- ruminations moroses ;
- ennui avec dégoût de vivre ;
- sentiment d'impuissance et d'incapacité ;
- autodépréciation ;
- indignité ;
- culpabilité ;
- sentiment de ruine et d'effondrement ;
- incapacité à éprouver du plaisir (anhédonie) ;
- indifférence aux évènements heureux (anesthésie affective) ;
- sentiment de déréalisation (dépersonnalisation).

L'altération des processus psychiques et cognitifs

- lenteur de la pensée et de la réflexion (bradypsychie) ;
- difficultés de concentration et d'attention ;
- absence d'initiative et d'anticipation ;
- absence de projet ;
- perte de volonté (aboulie).

L'altération de l'activité motrice-comportementale et somatique

- ralentissement moteur parallèle au ralentissement intellectuel ;
- débit verbal ralenti avec troubles de la prosodie (variation tonale du langage) ;
- impossibilité de se mettre en action (apragmatisme) ;
- possibilité de moments d'agitation avec déambulation sur ce fond d'inertie motrice ;
- refus d'alimentation (anorexie) ;
- insomnie avec réveil précoce ;
- perte de libido et d'activité sexuelle ;
- fatigue extrême (asthénie) ;
- spasmes viscéraux ;
- douleurs musculaires (myalgies) ;
- constipation.

Comme je l'ai déjà évoqué précédemment, la psychiatrie, avec la grande tradition de l'approche médicale moderne scientifique des XIXe et XXe siècles, a su mener des observations et des descriptions très fines et détaillées des symptômes des différents troubles psycho-émotionnels, ce que l'on appelle académiquement la « sémiologie ».

Cela correspond à l'observation de la partie visible de l'iceberg psycho-émotionnel.

La psychiatrie ne disposait pas de moyens pour observer la partie immergée de l'iceberg psycho-émotionnel, sinon la mémoire consciente des patients.

Les éléments au sujet des causes traumatiques des différents troubles sont soit inexistants, soit très vagues.

Les causes mises souvent en avant se limitent à des causes d'ordre physique, neurologique, héréditaire et génétique.

Après cette description de la symptomatologie des troubles bipolaires, répertoriée par la psychiatrie, voyons ce que les observations de la partie immergée de l'iceberg psycho-émotionnel mettent en évidence sur les causes traumatiques de ces troubles.

Cela à partir des accompagnements en état modifié de conscience.

Nous allons voir en quoi ils sont en lien avec des traumas sexuels de l'enfance et de la petite enfance et plus particulièrement en lien avec des traumas sexuels incestueux.

Premier constat

Parmi les personnes étiquetées comme « bipolaires » par les diagnostics psychiatriques, un certain nombre ont des souvenirs conscients de traumas sexuels incestueux.

Deuxième constat

Parmi les personnes que j'ai eu l'occasion d'accompagner en EMC et qui n'avaient pas de souvenirs conscients de traumas sexuels incestueux, l'immense majorité d'entre elles a retrouvé des situations incestueuses pouvant aller de la petite enfance jusqu'à la puberté.

Un petit pourcentage n'a pas pu avoir accès à la mémoire non consciente, comme c'est le cas pour d'autres personnes venues consulter pour d'autres troubles.

Au-delà de ces statistiques personnelles très empiriques, néanmoins confirmées par les autres praticiens de la Thérapie Enfant Gigogne®, voire par d'autres praticiens qui ont recours aux EMC dans leur pratique, quels liens de structure existe-t-il entre les symptômes décrits par la sémiologie psychiatrique et les situations incestueuses vécues au cours de leur enfance par les personnes accompagnées en EMC et étiquetées de « bipolaires » ?

De façon générale, les situations incestueuses identifiées par les personnes en EMC mettent en lumière deux dénominateurs communs aux vécus des enfants victimes retrouvés.

Ces deux dénominateurs communs correspondent à deux temps successifs distincts dans le déroulement de l'acte incestueux.

Un premier temps relatif au passage à l'acte lui-même et un deuxième temps de retour à la vie familiale normale.

1er temps

Le temps du passage à l'acte du parent incestueux est caractérisé par :

- la stimulation sexuelle qu'il exerce sur l'enfant ;
- l'érotisation de la relation ;
- l'exclusivité fusionnelle de la relation ;
- la propulsion de l'enfant de son statut d'enfant à un rôle de partenaire sexuel, remplaçant et rival de l'autre parent.

Cela dans un contexte dans lequel le parent incestueux a été et est très **investi affectivement** par l'enfant.

Cet investissement affectif d'autant plus important et vital lorsque l'enfant porte l'empreinte intra-utérine « Je ne suis pas comme il faut pour mériter d'être aimé(e) » et où, par ailleurs, le parent incestueux vient renforcer et réaliser le **fantasme œdipien** de l'enfant.

Pour les cas de bipolarité, on constate en plus de ces éléments généraux caractéristiques du premier temps de ces situations incestueuses courantes,

- **un surinvestissement affectif** de l'enfant sur le parent incestueux ;
- **une excitation sexuelle et émotionnelle** intense provoquée par le parent incestueux ;
- **une érotisation** et une réduction de l'enfant à l'état d'objet sexuel ;
- **une soumission sexuelle** comme réponse au besoin affectif de l'enfant ;
- **un vécu de toute-puissance** de l'enfant en accédant à un rôle qui ne correspond pas à son statut ;
- **une déréalisation** de l'enfant en réalisant son fantasme œdipien.

2e temps

Dans un deuxième temps, l'enfant qui :

- a vécu la réalisation de son fantasme incestueux ;
- a vécu la relation fusionnelle et exclusive avec le parent incestueux ;
- a surinvesti affectivement ce parent incestueux ;
- a trouvé une réponse (certes inadaptée, mais une réponse) à son besoin vital de reconnaissance ;
- a vécu une excitation sexuelle et émotionnelle démesurée, par rapport à ses capacités d'intégration et de compréhension.

voit le parent incestueux disparaître aussi soudainement qu'il a surgi dans son intimité, sans paroles, sans compréhension.

Ce deuxième temps se déroule, le plus souvent, en deux étapes :

- la première étape où l'enfant se retrouve seul ;
- la deuxième étape où l'enfant retrouve la vie quotidienne familiale normale.

Pour la première étape de ce deuxième temps, après le tsunami émotionnel et « sensationnel », l'enfant se retrouve **seul**, confronté à un **néant existentiel**.

« Je me sens seul(e), abandonné(e), j'ai l'impression d'avoir été utilisé(e) et puis jeté(e)... » sont les paroles qui reviennent régulièrement au cours de ces explorations.

Les sensations et les émotions décrites régulièrement sont donc un mélange de :

- **solitude ;**
- **néant existentiel ;**
- **grande tristesse ;**
- **déchéance ;**
- **abattement ;**
- **incompréhension ;**
- **réalité onirique qui s'effondre ;**
- **état dépressif.**

Ce vécu est poétiquement résumé et exprimé par le final de la chanson *L'Aigle noir* de Barbara :

« L'aigle noir, dans un bruissement d'ailes
Prit son vol pour regagner le ciel.
Quatre plumes, couleur de la nuit,
Une larme, ou peut-être un rubis.
J'avais froid, il ne me restait rien.
L'oiseau m'avait laissée
Seule avec mon chagrin. »

Pour la deuxième étape de ce deuxième temps, l'enfant retrouve donc la vie familiale quotidienne normale, avec les différents membres de la famille, dont le parent incestueux qui se comporte tout à fait normalement.

Rien dans son comportement ne laisse supposer qu'un tel évènement, aussi inhabituel qu'incompréhensible, vient tout juste d'avoir lieu entre lui et l'enfant.

Les autres membres de la famille n'évoquent pas plus le passage à l'acte incestueux, soit parce qu'ils l'ignorent, soit parce qu'ils le taisent, dans le cas où ils sauraient.

L'enfant se trouve donc dans une situation où tout ce qui lui est renvoyé par le comportement de chacun lui signifie que rien d'anormal, rien d'inhabituel, ne s'est passé.

Le retour qu'il a de la part de son environnement nie totalement la réalité de ce qu'il a vécu, d'autant plus que ce retour vient de la part de personnes qui sont ses repères les plus importants.

Comme je l'ai déjà évoqué à propos du « syndrome "J'ai tout inventé !" », l'enfant ne peut que commencer à douter au sujet de la réalité de ce qu'il a vécu et se persuader qu'il a tout inventé.

Si cela le dégage de la confrontation à la réalité de l'acte incestueux commis par son parent, cela lui est source d'une grande culpabilité, comment ose-t-il inventer de telles histoires !

Cette **perte de repère par rapport à la réalité** l'amène à **confondre réalité et imaginaire**, à s'orienter vers l'**affabulation** et à préparer un terrain propice à la **mythomanie**.

Ensuite la répétition des situations génère un trouble psychologique supplémentaire, un **clivage** entre le vécu des moments de passages à l'acte subis et le vécu des moments « normaux » de vie familiale.

Les sensations et émotions de cette deuxième étape de ce deuxième temps sont donc :

- **la perte de repère ;**
- **la réalité onirique ;**
- **la confusion entre réalité et imaginaire ;**
- **l'affabulation ;**
- **le clivage ;**
- **la perte de sens existentiel.**

Au niveau du vécu de l'enfant pendant le premier temps du passage à l'acte incestueux qu'il subit, on retrouve les caractéristiques psycho-émotionnelles semblables aux caractéristiques symptomatiques de l'état maniaque de la bipolarité, caractérisé par l'excitation émotionnelle, psychique et cognitive, motrice, comportementale et somatique.

1er temps du vécu incestueux	Symptômes maniaques
Excitation émotionnelle intense	Euphorie Expansivité Exubérance
Propulsion du statut d'enfant à un rôle de partenaire sexuel, remplaçant et rival de l'autre parent	Sentiment de toute-puissance Mégalomanie Optimisme débordant
Réalisation du fantasme œdipien	Mythomanie Déni de la réalité
Excitation sexuelle intense Érotisation et réduction de l'enfant à l'état d'objet sexuel Soumission sexuelle comme réponse au besoin affectif	Hyperhédonie et hyperesthésie Érotomanie Propos très érotiques Attitudes sexuelles provocantes Hypersexualité

En ce qui concerne le vécu de l'enfant pendant le deuxième temps du passage à l'acte incestueux, on retrouve les caractéristiques psycho-émotionnelles semblables aux caractéristiques symptomatiques de l'état mélancolique de la bipolarité.

Ce vécu de l'enfant est caractérisé par des manifestations dépressives sur les mêmes sphères, psychique et cognitive, motrice, comportementale et somatique.

2e temps du vécu incestueux	Symptômes mélancoliques
Néant existentiel Solitude	Sentiment intense de tristesse Ruminations moroses Ennui avec dégoût de vivre
Déchéance Abattement Incompréhension	Sentiment d'impuissance et d'incapacité Autodépréciation Indignité
Culpabilité	Culpabilité
Effondrement	Sentiment de ruine et d'effondrement
Perte de repère Réalité onirique Confusion entre réalité et imaginaire Affabulation Clivage Perte de sens existentiel	Incapacité à éprouver du plaisir (anhédonie) Indifférence aux évènements heureux (anesthésie affective) Sentiment de déréalisation (dépersonnalisation) Lenteur de la pensée et de la réflexion (bradypsychie) Difficultés de concentration et d'attention
Désinvestissement scolaire	Absence d'initiative et d'anticipation Absence de projet Perte de volonté (aboulie)
État dépressif	Débit verbal ralenti avec troubles de la prosodie (variation tonale du langage) Impossibilité de se mettre en action (apragmatisme) Possibilité de moments d'agitation avec déambulation sur ce fond d'inertie motrice Refus d'alimentation (anorexie) Insomnie avec réveil précoce Perte de libido et d'activité sexuelle Fatigue extrême (asthénie) Spasmes viscéraux Constipation Douleurs musculaires (myalgies)

Récapitulatif des symptômes à dominante psycho-émotionnelle

- dépressions ;
- hystérie ;
- phobie des oiseaux ;
- phobie des serpents ;
- phobie des souris et des rats ;
- bipolarité.

Témoignages et cas avec symptômes à dominante psycho-émotionnelle

Dépression

LA DÉPRESSION DE MICHELINE

Extraits de consultation

Micheline présente, selon le point de vue de la nosographie psychiatrique, une dépression endogène considérée, toujours selon la psychiatrie, comme une des formes les plus difficiles, car comme abordé précédemment, la psychiatrie classique n'a pas identifié de relation causale dans la genèse de l'accès et considère donc qu'il s'agit d'une altération psychique endogène, c'est-à-dire un pur dysfonctionnement intrapsychique.

Micheline vient me consulter après un suivi de plusieurs années d'un traitement antidépresseur.

Ça va faire maintenant presque dix ans que je suis en dépression, j'ai été suivie par un psychiatre... mais j'ai arrêté parce que j'ai l'impression que les médicaments qu'il me donnait, ça me soulageait un peu d'un côté, mais ça me mettait mal d'un autre côté, j'avais toujours la bouche sèche, j'avais du mal à parler...

Surtout j'aurais voulu comprendre pourquoi je suis dans cet état, mais quand j'allais le voir une fois tous les trois mois, il me demandait comment ça allait et il me renouvelait mes médicaments... c'est tout...

J'ai fini par arrêter d'aller le voir, j'ai arrêté les médicaments progressivement et je ne me sens pas mieux mais pas plus mal, je n'ai plus la bouche sèche, j'arrive mieux à parler...

Après je suis allée voir un psychologue. Alors lui, il donnait pas de médicaments, il fallait que parler, mais au bout d'un moment je ne savais plus quoi dire, qu'est-ce que je pouvais lui dire de mon enfance ? Je ne me souviens de rien avant mes 9 ans.

Et même après, il y a plein de choses dont je ne me souviens plus...

Ça finissait par être déprimant, si vous voyez ce que je veux dire...

Alors c'est une amie qui m'a conseillé de vous voir... voilà...

Et qu'est-ce que vous attendez de moi ?

Mon amie, elle m'a dit que vous pouviez aider à retrouver ce qui s'était passé dans l'enfance, que ça pourrait expliquer mon état...

Je me sens abattue... sans envie... je n'ai goût à rien... je me sens vide... pour un rien je me mets à pleurer, je ne sais même pas pourquoi...

Quand on attend quelque chose de moi, je ne me sens pas capable... ou alors si on me demande quelque chose et que je ressens que j'ai pas envie, je ne peux pas le dire...

Avez-vous des problèmes physiques ?

Oui, j'ai toujours eu des problèmes de constipation, et puis la nuit je me réveille toujours en sursaut, comme si quelqu'un était rentré dans la chambre, mais il n'y a personne... J'en avais parlé au psychiatre, il m'avait dit que c'était mon imagination, qu'il fallait que je me dise que personne ne pouvait rentrer puisque tout était fermé... Mais ça ne m'a pas empêchée de continuer à me réveiller !

Après, j'ai du mal à me rendormir et après dans la journée, je suis fatiguée.

Quand est-ce que vous vous êtes aperçue que ça n'allait pas ?

Ça fait une dizaine d'années, je n'arrivais pratiquement plus à dormir à cause de ces réveils dans la nuit... J'étais complètement épuisée... En plus, j'ai eu de gros problèmes de constipation et mon médecin traitant m'a dit que je faisais une dépression et il m'a envoyée vers le psychiatre...

Qu'est-ce qui se passait à ce moment-là dans votre vie ?

Ça allait plutôt bien, je travaillais comme secrétaire, je venais de rencontrer un homme, il était plus âgé, il avait une vingtaine d'années de plus, je le trouvais sympathique, je me sentais bien avec lui...

Y avait qu'une chose... C'est gênant de parler de ça... (silence).

De quoi avez-vous peur ?
Ben, que vous me jugiez !

Je comprends... En même temps est-ce que vous pensez que je ferais ce travail si j'étais enclin à juger les personnes qui viennent me consulter ?

Non, c'est vrai... mais en fait c'est moi qui me juge sans doute...

Je me sentais bien avec cet homme mais dans les moments d'intimité... il me demandait de pratiquer... il me demandait de pratiquer la sodomie... et je ne me sentais pas bien avec ça... C'est ça qui me fait un peu honte de le dire...

Je crois bien que c'est à partir de là que je me suis réveillée en sursaut toutes les nuits, avec cette sensation que quelqu'un était rentré dans ma chambre.

Comme je ne me sentais pas bien avec cette pratique qu'il me demandait, il n'a plus voulu continuer notre relation et après, ces réveils en sursaut la nuit, ça n'a fait qu'empirer... Je ne voulais même plus aller me coucher... J'étais épuisée... J'ai été en arrêt maladie... Mais de me retrouver toute seule toute la journée, le remède a été pire que le mal, j'ai encore plus déprimé... C'est là que je suis allée voir le psychiatre...

Il est possible que ces réveils en sursaut la nuit soient comme un appel d'une petite fille en vous, qui aurait vécu quelque chose que vous avez oublié ou dont vous ne pouvez pas vous souvenir parce que trop ancien.

Cet état de dépression que vous ressentez, c'est sans doute toutes les émotions de cette petite fille qui essayent de se libérer, c'est comme si vous étiez en train d'essayer de vous guérir de ce qui a été trop difficile pour la petite fille que vous avez été.

Donc, ce que vous ressentez est tout à fait normal.

C'est plutôt un signe de bon fonctionnement, puisque vous êtes en train de vous libérer d'un évènement douloureux vécu par une petite fille que vous avez été et que vous avez oublié.

Ce qui est difficile, c'est que jusque-là vous ne pouviez pas comprendre ce qui se passait et que vous ne saviez pas quoi faire, que vous aviez l'impression de ne pas être normale ou de devenir folle.

Maintenant, il est important que vous sachiez que retrouver cette petite fille et l'aider à surmonter ce qui a été trop violent pour elle peuvent vous conduire à retrouver des évènements qui peuvent être difficiles à accueillir et à accepter.

Cela peut changer la représentation que vous aviez de votre histoire personnelle ou de votre histoire familiale.

Je ne pense pas que ça pourrait être plus difficile que ce que je vis depuis maintenant dix ans...

Extraits de l'exploration en EMC

Je propose à Micheline de se laisser guider par les émotions en lien avec le réveil nocturne et son impression d'une présence dans sa chambre.

Je suis... je suis allongée, oui je suis allongée dans un lit... c'est un grand lit... Je me sens petite, je dois avoir peut-être 8 ans... Mais ce n'est pas ma chambre... Il y a une odeur... une odeur particulière... une odeur de renfermé... Je connais cette odeur... c'est la chambre chez mes grands-parents, j'y dors quand j'y viens en vacances...

Je viens de me réveiller, j'ai entendu le parquet craquer... J'ai peur... J'ose pas me retourner, je fais semblant de dormir... J'entends les craquements sur le vieux parquet se rapprocher... Je suis terrorisée, paralysée... Quelqu'un se glisse dans le lit derrière moi... J'entends le souffle de sa respiration sur mes oreilles... Je sens son odeur, c'est l'odeur de mon grand-père... Il me fait « Chut » à l'oreille... Je ne bouge pas... Il remonte ma petite chemise de nuit et me caresse partout, sur la poitrine, et puis sur le ventre...

C'est pas possible... non... pas lui...

Micheline se crispe sur la table de relaxation, avec des sanglots dans la voix, elle décrit une sodomie imposée par le grand-père.

Revenue à l'état de conscience ordinaire, Micheline comprend les raisons de ses réveils en sursaut la nuit, depuis l'invitation de ce partenaire plus âgé à pratiquer la sodomie, tout en ayant des interrogations sur la réalité de la situation retrouvée, tellement ce grand-père avait été présent et s'était occupé de la petite Micheline.

Quelques semaines plus tard après la séance de mise en paix, Micheline passait ses nuits sans se réveiller.

Bien sûr, l'état dépressif de Micheline était en grande partie en lien avec ce viol retrouvé, qui n'avait pas été le seul que la petite Micheline avait subi.

Cependant, pour finir de libérer tout le foyer dépressif, Micheline a dû aller par la suite à la rencontre d'une vie intra-utérine en lien avec une grossesse non désirée par sa maman et une naissance par césarienne.

Phobie des oiseaux

SANDRA ET LES PIGEONS

Extraits de consultation

Sandra vient consulter pour une phobie des oiseaux, elle se sent plus particulièrement impactée par cette peur irrépressible des oiseaux quand elle est confrontée à des pigeons, car Sandra habite dans une ville où de nombreux pigeons envahissent les rues et les places.

Extraits du premier entretien

Ma vie est devenue un enfer. S'il y a des pigeons au sol dans une rue, ça m'est impossible d'avancer vers eux... S'ils ne s'envolent pas, je dois rebrousser chemin et emprunter un autre chemin... Pour continuer d'avancer je ne dois plus les voir.

Pour aller à mon travail, c'est souvent compliqué... Je suis normalement à un quart d'heure à pied de mon travail, mais des fois, avec tous les détours que je dois faire pour les éviter, il me faut au moins le double de temps... ou bien je dois prendre ma voiture, mais là j'ai des problèmes de stationnement...

J'ai beau essayer de me raisonner, ça dépasse ma volonté... c'est plus fort que moi... Je suis envahie par une angoisse terrible, j'ai l'impression que mon cœur va exploser, j'étouffe, ma vue se trouble, mes jambes tremblent, j'ai l'impression que je vais m'évanouir, comme si je ne me sentais plus dans mon corps... J'ai l'impression de me dissoudre...

Avez-vous identifié quand cela a commencé, cette terreur par rapport aux pigeons ?

J'ai l'impression d'avoir toujours eu peur des oiseaux, du moins depuis toute petite, on se moquait même un peu de moi… C'est difficile je ne me souviens pas si j'ai connu une période de ma vie où je n'ai pas eu peur…

En tout cas, je me souviens que lorsque j'allais à l'école primaire, j'avais déjà peur des oiseaux… Je me souviens d'un jour où je m'étais retrouvée toute seule dans la cour de récréation, il y avait un corbeau au milieu de la cour et je n'avais pas réussi à rejoindre ma classe à l'autre bout de la cour… mais il était juste là au milieu… Je n'ai pas de souvenirs d'avoir eu un problème avec un oiseau qui m'aurait fait du mal par exemple…

Je crois qu'avant, je n'avais peut-être pas peur jusque-là…

À cette époque-là, je n'étais pas à l'aise, j'avais un peu peur, mais ça ne prenait pas les proportions que ça prend depuis un certain temps !

Depuis quand ?

Il me semble bien que ça s'est aggravé vers mes 17 ans… J'avais un petit copain qui était un peu plus âgé, il avait une voiture et on était partis un week-end à la campagne faire une balade en forêt… Je me souviens qu'on avait même trouvé des champignons.

À un moment on était assis l'un près de l'autre, sur un tronc d'arbre tombé au sol, au milieu d'une petite clairière. Mon petit copain me tenait dans ses bras, je sentais qu'il voulait m'embrasser et là j'ai vu un oiseau, un rapace que j'ai vu piquer comme un éclair sur le sol, prendre dans ses serres une souris et repartir aussi vite en l'emportant… Il était si proche que j'ai vu ses yeux transperçants quand il nous a vus et qu'il s'est réenvolé aussitôt…

Je me suis sentie paralysée, comme si j'avais été la souris qui venait d'être emportée.

Je n'ai pas pu rester plus longtemps, j'ai voulu rentrer… Mon copain n'a pas compris ce qui se passait… D'ailleurs quelque temps après, il m'a laissé tomber…

Extraits de l'exploration en EMC (trois semaines après le premier entretien)

En état modifié de conscience et guidée par l'émotion ressentie de sa dernière confrontation avec des pigeons alors qu'elle marchait dans la rue pour se rendre à son travail, Sandra retrouve une petite fille de 4 ans.

J'ai 4 ans, je suis avec papi, mon grand-père maternel... On est dans la forêt...

Papi m'emmenait souvent avec lui pour cueillir des champignons... J'aimais bien ces moments passés avec lui... On ramasse plein de beaux champignons, et puis papi se cache derrière un arbre et on se met à jouer à cache-cache... Je ris aux éclats... c'est vraiment un bon moment...

Très bien... Dans ce contexte, dans cette situation, là dans la forêt avec papi, laissez maintenant votre conscience se diriger vers un évènement précis qui est la cause de la terreur ressentie par Sandra la femme, face à des pigeons dans la rue.

Papi réussit toujours à me trouver là où je suis cachée... Alors je vais me cacher sous le tronc d'un gros arbre mort tombé... Je suis bien cachée derrière de hautes herbes... J'attends... Il n'y a plus de bruit... Et puis soudain, j'entends un grand cri, deux grosses mains me prennent sous les bras et me décollent du sol... Papi m'a trouvée... Il me soulève à bout de bras... Il rit... J'ai un peu peur... Il m'entoure par la taille avec son bras, le dos plaqué contre sa poitrine... et... et... il glisse sa main sous ma jupe et ma culotte... Je sens sa main... Je ne comprends pas... Je me sens paralysée... Je suis coincée, je ne peux pas bouger... Mes jambes tremblent et s'agitent dans le vide... Aucun son, aucun mot ne peut sortir de ma bouche...

Je suis tétanisée... j'ai le souffle coupé... j'ai l'impression d'étouffer... Je l'entends rire... mais son rire est lointain comme assourdi... Il me dit : « Ça fait du bien ? » Je ne suis plus vraiment là, je ne sens plus rien... je nous vois... comme si j'étais à l'extérieur... Je me vois contre lui, comme un pantin suspendu en l'air... Je vois son regard, il est bizarre...

Bipolarité

LUCIE

Extraits de consultation

Lucie est artiste-comédienne, âgée de 40 ans, elle vient consulter suite à des alternances d'épisodes dépressifs et de phases de très grandes excitations, séparés par des périodes d'humeur normale.

Diagnostiquée bipolaire suite à une consultation en psychiatrie, Lucie refuse de suivre un traitement chimique pour ses troubles de l'humeur qui, lorsqu'ils se produisent, sont relativement bien acceptés dans son environnement professionnel.

Ouverte aux différentes approches de développement personnel par le biais de nombreuses lectures, Lucie veut comprendre le sens et l'origine de ses « sautes d'humeur », selon son expression, pour pouvoir vivre plus sereinement.

Comment se manifestent ces sautes d'humeur et depuis quand ?

Ma première dépression, je crois que je l'ai vécue quand mes parents ont divorcé, j'avais 13 ans, mon père est parti vivre à l'étranger, je n'ai pas supporté de ne plus le voir...

Je n'avais plus goût à rien... je me suis sentie abandonnée... Mon père, c'était tout pour moi... Je ne voulais plus aller à l'école... Je ne pensais qu'à une chose, aller le retrouver, mais je ne savais pas où, il était parti sans laisser d'adresse...

J'en voulais beaucoup à ma mère, je la rendais responsable du départ de mon père.

Après j'ai fait plusieurs fugues et je suis allée vivre chez une tante, une sœur de mon père.

J'ai réussi à poursuivre mes études secondaires, après j'ai fait une école pour faire comédienne.

Je suis tombée amoureuse du prof de théâtre, on a fini par avoir une liaison qui a duré plusieurs années.

Le problème, c'est qu'il était marié et qu'on ne pouvait pas se voir comme on voulait !

Il avait quel âge ?

Il était beaucoup plus âgé que moi, il avait au moins vingt ans de plus que moi, les jeunes de mon âge ne m'intéressaient pas du tout, je les trouvais fades et insignifiants.

C'était compliqué pour se voir, qu'est-ce que j'étais heureuse quand on se retrouvait à l'hôtel, c'étaient les plus beaux jours de ma vie !

Mais quand il repartait, et surtout quand ce n'était pas possible de se voir, alors là, qu'est-ce que j'étais mal !

Des fois, je restais enfermée à déprimer, jusqu'à ce qu'il puisse venir me retrouver.

J'avais le moral en dents de scie, quand j'étais avec lui j'étais la plus heureuse du monde, quand je ne pouvais pas le voir j'étais la plus malheureuse du monde !

Il m'avait promis qu'il allait divorcer et qu'on allait pouvoir vivre ensemble, j'attendais ce moment avec tellement d'impatience...

Et puis quelque temps après avoir quitté l'école, les études terminées, juste au moment où je pensais qu'on serait plus libres, qu'il allait divorcer et qu'on allait pouvoir vivre ensemble, j'ai appris qu'il avait une liaison avec une élève d'une nouvelle promotion...

C'est comme si le monde s'était écroulé tout autour de moi et sous mes pieds, j'ai voulu qu'on s'explique et il n'a plus jamais voulu me voir.

J'ai complètement sombré, je ne mangeais pratiquement plus, je restais toute la journée au fond de mon lit à pleurer, j'avais envie d'en finir avec la vie... J'ai dû être hospitalisée... Ça m'a aidée à remonter la pente, mais après, les médicaments, ça ne me convenait pas... je me sentais un peu comme un zombie, j'étais à moitié endormie...

Voilà... Et comment ça se manifeste ?... Eh bien, depuis qu'il m'a laissé tomber, qu'il s'est bien servi de moi et qu'il m'a jetée pour me remplacer par une autre toute fraîche, j'ai des hauts et des bas... Il y a des périodes où tout va bien et puis sans que je sache pourquoi, je me sens tout excitée, j'ai une super énergie, je me sens irrésistible, j'ai l'impression d'être le maître du monde.

Je me mets même en danger, je crois, c'est comme si j'avais besoin de séduire les hommes et puis après, ça peut retomber aussi vite que c'est arrivé... Je peux déprimer un peu comme lorsqu'il m'a laissé tomber et puis passer toute une période où tout va à peu près bien.

À quand remonte le début de la dernière phase de cet état d'excitation ?

La dernière fois, c'était il y a à peu près six mois... C'était vers la mi-août... juste avant le début de mes vacances... Je suis sortie en boîte de nuit avec des copines... et puis j'ai fait la rencontre d'un homme... On a bien dansé et beaucoup parlé... Je lui ai dit où j'allais en vacances... à la montagne faire de la randonnée... Avec papa je faisais beaucoup de randonnées en montagne... On a échangé nos téléphones... Et puis après la soirée terminée, quand je suis rentrée à mon appartement, je n'ai pas arrêté de penser à cet homme et à cette rencontre, c'était comme si j'étais persuadée qu'il était tombé amoureux de moi et qu'il allait venir me retrouver à la montagne... pourtant il ne m'avait rien dit... mais...

Et puis après, comme je n'arrêtais pas d'y penser, quand j'étais à la montagne, c'est moi qui l'ai appelé, ça a eu l'air de l'embarrasser, sans doute parce qu'il est marié... et qu'il ne pouvait pas me parler librement... En tout cas, j'étais persuadée que je l'attirais... et qu'on allait se revoir... Je me faisais des super plans, j'imaginais tout ce qu'on allait pouvoir faire... j'avais une super forme... j'avais à peine besoin de dormir...

Et puis après, tout ça est retombé, le jour de mon anniversaire, le 1er septembre.

Je lui avais téléphoné quelques jours avant, persuadée qu'il allait venir, que je fêterais mon anniversaire avec lui... Il m'avait laissé entendre qu'il allait peut-être pouvoir venir, et quand je l'ai rappelé la veille, il m'a dit qu'il ne pouvait pas, à cause de sa femme qui devait partir et qui avait retardé son départ pour un voyage.

C'est idiot, mais c'est comme si j'avais sombré, comme si le monde s'était écroulé encore une fois, je me sentais moche, nulle, inintéressante, j'ai passé ma journée d'anniversaire au fond de mon lit.

Tout le mois de septembre a été comme ça, même rentrée chez moi, j'ai déprimé, je me suis fait arrêter, je ne pouvais pas reprendre le travail dans cet état.

De toute façon, la période de mon anniversaire ça a toujours été compliqué !... Aussi longtemps que je me souvienne, je ne me suis jamais sentie très bien...

À quoi, à quels évènements votre anniversaire est-il associé pour vous ?

Eh bien jusque-là, je pensais que c'était mon anniversaire en lui-même qui déclenchait cet état de mal-être, peut-être parce que... j'ai toujours entendu dire que mon père aurait aimé avoir un garçon quand je suis arrivée, et moi il est vrai que j'aurais bien aimé être un garçon... je pense que c'est plus facile...

Mais là, en réfléchissant à votre question, ce qui me vient, c'est que la plupart de mes vacances scolaires je les ai passées avec mon père à la montagne, il était passionné de montagne...

Depuis toute petite, on partait tous les deux, bien souvent on partait à pied avec sacs à dos, et on campait en pleine nature, dans la montagne, on voyait des marmottes, des bouquetins, c'était féerique !

Ma mère, elle, est infirmière, et la plupart du temps elle travaillait pendant cette période où on partait à la montagne avec mon père, en plus, elle n'aimait pas vraiment la montagne... Et elle venait nous rejoindre pour fêter mon anniversaire ensemble... Je crois que ça me faisait plaisir et en même temps ça venait casser un rythme, il fallait redescendre de là où on était dans la montagne... et c'était aussi l'annonce de la fin des vacances...

Je n'avais jamais bien fait le lien, ça me semblait tellement évident, mais la plupart du temps depuis que je travaille et que je prends des vacances, je les passe souvent à la montagne, à cette période... Il y a vraiment une ambiance particulière... Je n'avais pas vraiment réalisé que je refaisais un peu la même chose que lorsque j'y allais avec mon père...

Quel point commun il y a entre ce qui s'est passé lors de vos dernières vacances où vous avez vécu cet état d'excitation et la déprime qui a suivi et ce qui se passait pendant les vacances quand vous étiez enfant ?

Je ne sais pas... mis à part la montagne et mon anniversaire... je ne vois pas autre chose...

Qu'est-ce qui caractérisait ce qui se passait pour la petite fille pendant les vacances ?

Elle vivait des choses extraordinaires avec son père dans la montagne et quand sa mère arrivait pour son anniversaire, il fallait redescendre...

Qu'est-ce qui caractérise ce qui s'est passé pendant vos dernières vacances ?

Eh bien, j'étais à la montagne aussi, mais j'étais seule !

Vous êtes sûre que vous étiez vraiment seule ?

Ben oui !... enfin physiquement, oui... Mais dans ma tête, j'étais avec cet homme... C'est vrai que je m'imaginais faire des choses un peu comme je faisais avec mon père... C'est cela qui me rendait tellement joyeuse... Voilà, mais pour le reste ? Je ne vois pas !

Qu'est-ce qui a rendu impossible de passer votre anniversaire avec cet homme ?

Sa femme, enfin le fait que sa femme ne parte pas comme prévu, du moins c'est ce qu'il m'a dit !

Oui, et qu'est-ce qui mettait un terme aux moments privilégiés entre la petite fille et son père et de ne pas passer l'anniversaire ensemble ?

Ben oui, ma mère !... Et dans les deux cas, après je déprime...

Du point de vue de la jeune étudiante qui avait cette liaison avec son prof de théâtre, qui l'empêchait de vivre pleinement cette liaison avec lui ?

Oui, sa femme, et puis après une autre rivale encore, la nouvelle étudiante !

Oui, c'est comme si j'étais attirée par des hommes avec qui ce n'est pas vraiment possible, juste des aventures sans lendemain, des aventures qui s'arrêtent parce qu'il y a une autre femme dans la place !

Mais pourquoi cela ?

Vous pensez que ça a à voir avec mon père ?

Ce que je pense est-il vraiment important ? Ou est-ce ce que vous ressentez qui est important ?

C'est vrai que cette histoire avec mon prof de théâtre, avec la différence d'âge de plus de vingt ans et qu'en plus il était marié, ça fait un peu le père avec sa fille et puis la mère de l'autre côté !

Ça fait une histoire un peu... même beaucoup incestueuse, ça !

Mais ça n'a pas pu m'arriver ! Je m'en souviendrais ! Ça n'est pas possible, je ne vois pas mon père faire cela, il était prof dans un lycée ! Il s'est tellement occupé de moi, il m'a appris tellement de choses... Ça ne peut pas être possible... Mon père, c'était comme un dieu pour moi !

Vous connaissez les raisons pour lesquelles il est parti à l'étranger quand vous aviez 13 ans ?

... J'ai toujours pensé que c'était à cause du divorce, mais je n'en ai jamais vraiment parlé avec ma mère, et encore moins avec mon père puisque je ne l'ai jamais revu et que je ne sais même pas où il se trouve...

J'en ai toujours voulu à ma mère en pensant que c'était de sa faute s'il était parti et que je ne l'ai jamais revu...

Vous pensez que je devrais en parler à ma mère ?

Et vous ? Que voulez-vous ?

Ça serait peut-être bien... plutôt que de rester sur une impression que je n'ai jamais cherché à vérifier...

Quelques jours après ce premier entretien, surmontant sa rancœur envers sa mère, Lucie va l'interroger au sujet des raisons du départ de son père à l'étranger.

Elle apprend que le divorce a été à l'initiative de sa mère après qu'elle a été informée d'une plainte déposée par les parents d'une jeune lycéenne pour détournement de mineur commis par le père de Lucie sur leur fille de 15 ans et que c'est suite à cette plainte que son père est parti à l'étranger.

Après plusieurs entretiens pour accompagner et soutenir Lucie par rapport au choc généré par cette révélation, Lucie décide d'entreprendre un travail d'exploration de sa mémoire non consciente pour élucider les raisons profondes des cycles maniaco-dépressifs par lesquels elle passe régulièrement, ainsi que les répétitions dans sa relation avec les hommes.

À partir de plusieurs explorations, Lucie retrouve les vécus amnésiés de la petite fille de 6 ans jusqu'à la jeune fille de 12 ans, au cours des vacances passées à la montagne avec son père.

Lucie découvre l'excitation et la joie de la petite fille à l'approche de cette période de relation exclusive avec son père, pendant laquelle elle devenait littéralement la « femme » de son père, autant symboliquement que physiquement par des passages à l'acte sexuel commis sur elle, qui généraient des états de plaisirs et d'excitations sexuels intenses, source d'une dépendance addictive forte.

Lorsque cette relation fusionnelle incestueuse et l'excitation psychique et sexuelle qui en découlait s'interrompaient avec l'arrivée de la mère pour l'anniversaire, la petite fille « redescendait » des sommets vertigineux sur lesquels elle se trouvait précédemment (il fallait redescendre de là où on était dans la montagne…) et retrouvait son statut de petite fille avec le sentiment de chute et de déclassement soudain qui en découlait au niveau de sa place.

Ce sentiment de déclassement était d'autant plus douloureux qu'il venait réactiver l'empreinte « Je ne suis pas comme il faut pour mériter d'être aimé(e) » du fait de s'être sentie attendue comme garçon par le père, au cours de la vie intra-utérine.

Dépression – anthropophobie

GAËLLE : LA PUISSANCE DE LA LOYAUTÉ AUTODESTRUCTRICE D'UNE PETITE FILLE ENVERS UN PÈRE « INCESTUEUR »

Témoignage

Depuis toujours, je vivais dans un état de mal-être récurrent qui se manifestait par une peur profonde de l'autre, sourde et incontrôlable, par des périodes dépressives sans causes identifiées, par des comportements suicidaires.

Au fil du temps, ces symptômes insidieux et tenaces s'amplifiaient.

Je vivais en couple, je craignais la rupture, je devais sauver notre relation menacée.

Alors sur les conseils bienveillants d'une amie, jeune femme avisée, je décidai d'entreprendre une analyse (lacanienne) qui dura deux années.

Pendant ces séances, je rêvais régulièrement que mon père arrachait mes habits sous le regard neutre de mon compagnon.

Cette scène imprégnait constamment ma vie sans vraiment en saisir le sens du message.

Je ne ressentais aucune émotion, j'étais un véritable papier glacé !

Progressivement je me lassais, stagnais, j'arrêtais la psychanalyse.

Le mal-être reprit de l'envergure.

Témoin de mon état dévasté, cette même amie me conseilla de contacter J.-P. F. pour un travail thérapeutique.

Dans un même temps, une autre personne amie, thérapeute familiale, au fil de soirées partagées autour de ses multiples récits d'ordre professionnel, faisait naître en moi le désir d'exercer la thérapie familiale et l'aide psychologique à la personne, ce qui me semblait aussi très utile dans l'exercice de ma fonction de professionnel soignant.

Je m'inscrivis donc à Espace Transformation pour un cursus complet de formation à la psychothérapie systémique.

Au cours des premières sessions, je sollicitai le formateur sur l'origine possible de mon mal-être.

Comme il avait repéré rapidement les symptômes majeurs révélant des traumatismes d'ordre sexuel, il m'en fit part.

À ma demande concernant quel travail entreprendre, il m'offrit la possibilité de participer aux groupes thérapeutiques qu'il animait.

Je m'y engageai immédiatement.

Au cours d'une séance, je décidai de travailler sur l'une des conséquences post-traumatiques d'un accident de voiture vécu à l'âge de 20 ans, une amnésie partielle autour de cet accident.

Le travail autour de cette amnésie fit émerger l'amnésie abyssale d'une toute petite fille !

Je voyais mon père fuir par la fenêtre de ma chambre d'enfants à l'heure de la sieste, vêtu de sa tenue de travail.

Cette scène dévoilée me poursuivait constamment.

Toute la palette émotionnelle explosait, mon corps était comme un voile de soie déchiré, froissé par les vents de la colère !

Je vivais dans une douleur exacerbée.

J'avais mal à ma peau et je supportais péniblement mes vêtements abrasifs.

Je devenais une torche vivante.

Je savais sans pouvoir mettre de mots !

Je trahissais ma famille, je la dénonçais, je la salissais en la traînant dans la boue !

Que de freins je m'infligeais !

Une petite fille si aimante, si loyale, si fidèle, ne pouvait pas croire, ni même imaginer que son petit papa ait pu abuser d'elle !

Mensonge !

Personne ne pouvait comprendre ce tsunami intérieur qui me submergeait, je flottais dans une grande solitude.

J'ai multiplié ma participation aux différentes formations, j'avançais lentement, toujours avec cette sensation que j'allais éclater en mille morceaux.

Je freinais des quatre fers, je levais le voile, j'accueillais et je refusais tout en bloc en même temps, et pourtant j'avançais !

Puis quand la réalité du traumatisme devint trop évidente, je hurlais en silence avec la peur de lasser mon entourage, de décevoir, de m'exposer en pleine lumière comme une bête de cirque hystérique.

J'avais honte, l'impression de salir les lieux et les personnes que je côtoyais.

De plus, une immense complaisance me retranchait dans la douleur, si elle disparaissait, qu'allais-je devenir sans elle ?

Je me sentais animale ligotée de partout !

Je m'écroulais et puis me relevais, la rage au ventre, je devais continuer, question de survie !

Durant toutes ces années, je découvrais et accompagnais le vécu complexe et douloureux d'une petite fille âgée de 4 ans, abusée et violée par son père à de multiples reprises et témoin aussi des viols commis sur son frère aîné.

Les souvenirs émergents étaient toujours voilés, enveloppés d'une brume sombre, ainsi le doute continuait de me torturer.

Je ramais sur les eaux troubles du passé, puis un jour la barque prit l'eau !

Je fis le grand saut ! Je décidai de suivre une thérapie individuelle avec J.-P. et la Thérapie Enfant Gigogne®.

Une grande partie des émotions tumultueuses ont commencé à s'apaiser, le déroulement des séances s'avérait plus facile, je connectais les épisodes traumatiques plus facilement et me libérais peu à peu avec les protocoles de mise en paix.

Cependant, l'enfant et l'adulte inconsciemment protégeaient leur « papa » durant encore quelques années « brodées » de ce doute tenace.

Mais une autre partie en moi était aussi tenace !

J'ai utilisé un moyen efficace pour ébranler le doute, je listais les symptômes de l'adulte dans les périodes difficiles et ceux de la petite fille, puis j'établissais la concordance de ces symptômes, ainsi le doute fléchissait, j'avançais sur le bon chemin.

J.-P. m'accompagnait, me guidait avec finesse et patience ! Oui, je suis consciente d'avoir mis sa patience à l'épreuve !

J'évoluais en pointillé, j'étais inconstante. Je décalais mes rendez-vous dans les moments de découragement.

Après maints et maints protocoles, entretiens, appels téléphoniques, l'apaisement se diffusait plus largement dans mon for intérieur.

Les prises de conscience affluaient.

Pourtant la scène de viol de mon frère me hantait, toujours recouverte d'un voile opaque, je doutais encore !

Pour lever ce doute insupportable, mon espoir fou était de voir l'agression « de mes propres yeux » sans ce voile opaque ! En toute conscience !

Un jour, de retour d'une séance, je dus arrêter ma voiture, un brouhaha, une forte agitation intérieure, se déclenchait brutalement, une lumière vive et blanche tel un flash dévoila la scène, le doute s'inclina, mon père violait mon « petit » frère dans ce lieu tant de fois visité, dans le déni certes souvent !

La petite fille répétait plusieurs fois ces mots : « Papa qu'est-ce qu'il y a ? Qu'est-ce que tu fais ? »

Confusion, sidération, immense incompréhension, pourtant elle savait... mais pas avec un garçon !

Il était mourant ! lui semblait-il.

Le flash s'éteignit brusquement, un extrême soulagement s'ensuivit.

Au cours de la séance suivante, un nouveau flash éclaira sauvagement le défilé d'une ribambelle de petites filles meurtries... 4 ans... 3 ans... j'essayais de stopper le défilé, impossible ! 2 ans... 1 an... tout bébé... STOP ! Le rideau tombe.

Surprise, étonnement, écœurement, tristesse, colère bien saine ! Libération.

Les voiles enfin levés, le doute évacué, j'ai alors entamé le chemin du pardon...

À côté des multiples souffrances générées par tous ces traumatismes retrouvés, une volonté de fer a émergé qui m'a permis d'effectuer ce long périple entre formation et travail thérapeutique, d'une bonne vingtaine d'années.

Merci à Dame résilience...

Merci à J.-P. pour son professionnalisme, son humanité, sa passion qui guérit l'autre, celui qui souffre, et pour sa patience démesurée.

Étonnamment, après ce travail de pardon, je remercie mes parents, à cause de... grâce à... tous ces traumatismes, qui peuvent faire sombrer dans la folie quand ils restent dans l'ombre de l'inconscient, ou qui peuvent nous aider à nous révéler quand ils accèdent et se transforment à la lumière de la conscience.

Je suis devenue aidante.

Je suis devenue psychopraticienne spécialisée en Thérapie Enfant Gigogne®.

Je sais qui je suis et fière de l'être !

Je tenais à terminer cette suite d'illustrations des souffrances, des symptômes psychiques et physiques, délétères et invalidants, générés par tous ces passages à l'acte sexuel commis par des adultes sur des enfants et de tout jeunes enfants, avec le témoignage de Gaëlle.

Ce témoignage met en évidence qu'au-delà de la méthode thérapeutique, aussi pertinente soit-elle, qu'au-delà de la compétence du thérapeute, qu'au-delà de la motivation de la personne, le facteur temps est souvent un paramètre incontournable, pour permettre au corps et à la psyché de se cicatriser de blessures causées par des actes qui dépassent l'entendement humain.

Cependant ce sont bien, malgré tout, des êtres humains qui ont commis ces actes et qui le plus souvent ont eux-mêmes subi ces mêmes blessures dans leur enfance !

Quels enseignements en tirer ?

Il est tellement important d'avoir foi en la puissance et en les ressources de la vie, nous avons tous ce potentiel alchimique de transformation du plomb des souffrances traumatiques en trésor d'humanité.

Même si la méthode est aidante pour se libérer, même si les changements et les libérations sont souvent rapides, après avoir mis à la lumière de la conscience les traumas enfouis dans les obscures profondeurs de l'inconscient, il ne faut rien en attendre de magique, ce n'est pas un médicament qui œuvre en autonomie !

Lorsque les traumas ont été subis si tôt dans la vie, tellement fréquents et violents, il est déjà miraculeux d'y survivre !

Le facteur temps est un élément clef du processus thérapeutique.

La confirmation que les seuls arguments émotionnels puritains et scandalisés et la seule application de la loi du talion à l'encontre des agresseurs ne permettent pas de régler ce fléau qui se répète de génération en génération et au contraire semblent le perpétuer.

En conséquence, la nécessité d'expliquer l'interdiction de tout passage à l'acte sexuel commis par des adultes sur des enfants, non pas par des références moralisantes, mais par une information sur les conséquences post-traumatiques délétères qu'il entraîne.

La nécessité de la mise en œuvre d'une véritable éducation à la sexualité auprès des enfants et des adultes parents qui n'y sont pas du tout eux-mêmes préparés.

La nécessité d'un accompagnement thérapeutique dans les familles où ces drames sont identifiés et dénoncés, et non pas la seule répression des auteurs des passages à l'acte, qui conduit à l'éclatement des familles, qui conduit très souvent au placement des enfants qui se sentent coupables et punis et qui les conduit à augmenter leur sentiment de culpabilité.

LE TRAVAIL
DE MISE EN PAIX
&
DE RÉSOLUTION
AVEC
LA THÉRAPIE
ENFANT GIGOGNE®

Réparer l'irréparable

La conscience d'un traumatisme passé n'est pas suffisante pour le résoudre

Comme nous l'avons vu au cours de la présentation du déroulement de la Thérapie Enfant Gigogne®, un travail de résolution fait suite au travail d'exploration de la mémoire non consciente.

Ce travail de résolution consiste en une mise en paix de l'Enfant Gigogne® qui a été impliqué dans l'expérience traumatique retrouvée.

Ce travail est une clef dans le processus thérapeutique.

Manifestement, le seul fait d'accéder à la conscience d'une expérience traumatique passée n'est généralement pas suffisant pour se libérer de ses conséquences.

Quel que soit le moyen d'y accéder,

- par une prise de conscience d'un lien entre le problème présent et le souvenir conscient d'un trauma passé ;
- par une recherche analytique ;
- par des informations obtenues de la part des parents ou de la famille ;
- par une « lecture » énergétique d'informations faite par un thérapeute ;
- par une recherche dans la mémoire non consciente en état modifié de conscience,

l'effet thérapeutique sur l'empreinte traumatique elle-même et sur les croyances qui y sont associées est très limité, voire nul.

Le seul effet intéressant qui n'est pas négligeable peut être que la personne concernée soit en mesure de donner du sens à ce qui n'en avait pas jusque-là.

Cela permet en effet de réduire les émotions que je qualifie de « second degré », c'est-à-dire les émotions de culpabilité, de sentiments d'anormalité, d'impression de devenir fou ou folle, qui découlent de l'incapacité à comprendre les raisons du trouble psychologique ou comportemental.

Si cela soulage la personne concernée, en la dégageant de ces émotions perturbantes, cela ne la libère pas des émotions de premier degré qui sont directement en lien avec l'empreinte traumatique.

En plus de la prise de conscience du traumatisme en lien avec le problème présent, un travail spécifique est donc nécessaire pour littéralement mettre en paix l'Enfant Gigogne® retrouvé et dissoudre les émotions enkystées.

Les conditions nécessaires pour la résolution

Pour mener à bien ce travail, plusieurs conditions doivent être remplies :

- **Que la personne accompagnée établisse une relation, un dialogue, avec l'Enfant Gigogne® retrouvé.**
- **Que la personne accompagnée apporte à l'Enfant Gigogne® retrouvé la reconnaissance, la compassion, les informations qu'il n'a pas eues en son temps physique.**
- **Que la personne accompagnée apporte Amour et Acceptation inconditionnels à l'Enfant Gigogne® retrouvé.**
- **Que la personne accompagnée apporte les ressources nécessaires à l'Enfant Gigogne® retrouvé pour qu'il puisse surmonter et vivre différemment l'expérience initialement traumatique.**

Ces différentes conditions ne peuvent être remplies que si la personne accompagnée, après avoir retrouvé l'expérience traumatique et son vécu,

est guidée pour se différencier de cet enfant, afin d'établir cette relation indispensable et fondamentale pour le processus thérapeutique.

En effet, souvenons-nous des conditions qui participent à la nature traumatique d'une expérience :

1) Une charge émotionnelle importante relative aux émotions de peur, de terreur, de tristesse, de désespoir, de colère et de dégoût ou bien des émotions moindres qui se répètent.
2) Un manque d'informations ou des informations fausses au sujet de l'expérience vécue qui la rendent encore plus insupportable de par les émotions que ces informations fausses induisent.
3) L'impossibilité d'une abréaction émotionnelle, c'est-à-dire d'une libération des charges émotionnelles induites par l'expérience.
4) L'impossibilité de pouvoir verbaliser l'expérience auprès d'une personne de confiance.
5) L'impossibilité de pouvoir demander et recevoir du réconfort verbal et physique et des explications de la part d'une personne de confiance.

Le travail thérapeutique nécessaire pour « défaire » le traumatisme passe par la prise en compte de ces cinq caractéristiques qui en sont à l'origine.

Il s'agit donc lorsque l'Enfant Gigogne® est retrouvé :

1) de permettre la libération des charges émotionnelles enkystées ;
2) de transmettre à l'Enfant Gigogne® les informations justes qui lui manquaient en son temps physique ;
3) de permettre à l'Enfant Gigogne® de verbaliser son expérience en toute sécurité ;
4) de permettre à l'Enfant Gigogne® de recevoir du réconfort verbal et physique…

Pour quelles raisons la seule prise de conscience du traumatisme passé, en lien avec le problème présent, n'est-elle pas suffisante pour permettre le changement ou la guérison ?

Les strates « géo-logiques » de la psyché

Pour comprendre le processus psycho-émotionnel qui est à l'œuvre, imaginons la psyché constituée de strates, correspondant à chaque âge ou à chaque étape importante de notre vie, à la façon dont la croûte terrestre est constituée de strates géologiques qui correspondent aux différents âges et périodes de la planète.

Chaque Enfant Gigogne® existant se situe au niveau d'une strate de notre psyché relative à l'âge auquel l'enfant physique a vécu l'expérience traumatique.

Le vécu traumatique d'une situation est donc, le plus souvent, lié à l'intensité d'une charge émotionnelle (peur, terreur, tristesse, désespoir, colère ou dégoût) induite par une définition de la réalité négative.

Cette définition de la réalité est due à un manque d'informations ou à une référence à des informations fausses, qui se surajoute à la violence parfois physique de la situation.

Un élément essentiel pour le processus thérapeutique est de permettre à l'Enfant Gigogne® d'avoir les informations justes qui lui manquaient pour vivre différemment la situation.

À l'occasion de la prise de conscience de l'expérience traumatique passée, la personne concernée soit possède les informations qui manquaient à l'enfant, soit elle peut poser un autre regard sur l'expérience passée vécue par l'enfant qu'elle était, grâce à l'accompagnement.

Manifestement, les informations justes ne se transfèrent pas automatiquement de la strate de psyché du moment présent à la strate de l'Enfant Gigogne® concerné par le traumatisme.

En état de conscience ordinaire, l'information ne circule pas des strates les plus récentes vers les strates les plus anciennes.

Pour que l'information puisse circuler de « haut » en « bas », c'est-à-dire pour que l'Enfant Gigogne® puisse bénéficier des informations qui lui manquaient et qu'un changement puisse s'opérer sur cette strate, deux conditions sont requises :

- **Un état modifié de conscience de la personne accompagnée.**
- **Une dissociation de la personne accompagnée d'avec l'enfant qu'elle était, pour pouvoir établir la relation nécessaire entre elle et cet enfant. C'est ce qui va permettre qu'il puisse recevoir tout ce qu'il n'avait pas pu recevoir (amour, compassion, compréhension, explications, informations…) en son temps physique.**

Comme je l'ai abordé au cours de la présentation du concept de l'Enfant Gigogne®, si la personne ne se différencie pas de l'enfant qu'elle était, cet enfant intérieur blessé ne peut pas recevoir ce dont il a besoin pour guérir de ses blessures.

… la plupart des personnes qui ont identifié dans leurs recherches introspectives des expériences traumatisantes au cours de leur enfance ne se différencient pas de l'enfant qu'elles ont été.

Elles sont donc dans l'incapacité de pouvoir répondre à ses besoins.

Elles continuent de vivre les émotions des moments « C'est plus fort que moi, j'peux pas m'en empêcher ! » comme appartenant à leur dimension présente.

En se plaignant de tout ce qu'elles ont vécu par le passé, elles dépossèdent en quelque sorte l'« Enfant Gigogne® » en elles de son identité propre et le privent de la reconnaissance dont il a besoin.

Il se produit ainsi entre leur dimension présente adulte et leur « Enfant Gigogne® » le même type de relation qui avait existé entre l'enfant qu'elles étaient et les parents ou les proches de l'époque.

Ainsi, l'« Enfant Gigogne® » en elles ne peut pas se sentir reconnu et compris, puisque c'est la personne dans sa dimension présente qui reçoit toute l'attention sur elle, en exprimant sa plainte et sa souffrance.

C'est cette relation indifférenciée entre la dimension présente de la personne et la dimension de l'« Enfant Gigogne® » qui rend impossible sa mise en paix.

Cela rend impossible aussi le changement profond de la personne qui restera toujours parasitée à un moment ou à un autre par la souffrance de son « Enfant Gigogne® ».

Imaginez ce que ressentirait un enfant, dont sa maman aurait une relation tellement fusionnelle avec lui que chaque fois qu'il se ferait mal, sa mère pleurerait autant que lui.

Il ne se sentirait pas, bien sûr, réconforté ni sécurisé par sa maman. Maman qui, par ailleurs, attirerait sans doute sur elle toute l'attention des personnes alentour, laissant ainsi l'enfant dans une profonde solitude et un grand isolement.

QUESTIONS

–

RÉPONSES

J'ai des doutes

De mon futur, qui est ton présent, j'entends venir les doutes, les questions, les interrogations que tu te poses peut-être, toi, lecteur qui vient de lire toutes ces lignes.

Le syndrome « J'ai tout inventé ! »

Il est fréquent qu'après une exploration en état modifié de conscience qui conduit à reconnecter des traumas sexuels et encore plus des traumas sexuels incestueux, certaines personnes revenues à la conscience ordinaire doutent de la nature des expériences retrouvées et se demandent si elles n'ont pas tout inventé en se posant certaines de ces questions :

- « C'est mon imagination qui a tout inventé » ;
- « J'ai tout fantasmé, j'ai l'impression d'avoir inventé toute cette histoire » ;
- « Je n'étais pas vraiment dedans, je n'étais pas en état modifié de conscience » ;
- « Ce que j'ai retrouvé, c'étaient des impressions ou des sensations mais pas des images précises, pas de vrais souvenirs ! » ;
- « Tout ce que j'ai retrouvé est aberrant, ça n'a pas pu exister ! » ;
- « J'ai l'impression d'avoir dit tout cela parce qu'il fallait dire quelque chose ! » ;
- « J'ai l'impression d'avoir menti et de porter des accusations injustes ! » ;
- « Je me sens coupable d'avoir pu imaginer des choses pareilles » ;

- « Je n'ai aucun souvenir de tout cela ! » ;
- « Et pourtant, tout cela a du sens par rapport à mes difficultés, mais je n'arrive pas à croire que ça ait pu exister » ;
- « Même si j'ai ressenti des choses dans mon corps, j'ai l'impression que c'est mon imagination qui les a créées ».

Des traumatismes à l'origine d'une double contrainte aux frontières du sentiment de folie

Certains traumatismes, comme ceux liés à des tentatives d'avortement, des tentatives d'infanticide, des incestes-viols, des incestes-attouchements-viols, survenus dans la petite enfance et l'enfance, sont à l'origine de conflits intérieurs inextricables et de doutes « existentiels » au sujet de l'expérience traumatique subie, comme en témoigne Gaëlle dans les pages précédentes.

En premier lieu, dans le huis clos familial, ces sujets sont tabous et principalement en ce qui concerne la sexualité, surtout si elle transgresse la loi.

Nous avons vu que les différents traumatismes vécus pendant la vie intra-utérine et la petite enfance, avant l'amnésie primaire des 2-3 ans, sont directement relégués dans la mémoire non consciente.

Et les traumatismes sexuels vécus pendant l'enfance après l'amnésie primaire, jusque parfois à la puberté, vont être la plupart du temps refoulés dans la mémoire non consciente, parce que, bien que l'enfant ait maintenant les capacités de se souvenir, le souvenir conscient de l'expérience traumatique serait trop perturbant.

Comme je l'ai déjà évoqué, pendant les périodes de traumatismes sexuels, l'enfant se trouve confronté à des communications paradoxales et contradictoires très déstabilisantes de la part de son agresseur.

C'est ce qui le conduit à douter de ses ressentis et de sa mémoire.

Il se convainc que rien ne s'est passé et qu'il a tout inventé, pour finir par tout oublier.

Cette distorsion de la réalité induite par le déni implicite des autres au sujet de l'intrusion sexuelle subie est souvent renforcée par le phénomène psycho-émotionnel de « sortie de corps ».

Nous avons vu que ce phénomène est un mécanisme de protection vis-à-vis de la trop grande violence physique et/ou émotionnelle que revêt le passage à l'acte.

Les sorties de corps pendant les vécus traumatiques s'accompagnent généralement d'une amnésie importante qui peut conduire plus tard, dans les cas extrêmes, à des troubles de dissociation émotionnelle (mécanisme de défense qui consiste à se couper inconsciemment de toute émotion).

Donc, l'enfant qui a vécu ces situations traumatiques a souvent été confronté à des doutes quant à la réalité de ce qu'il pensait avoir vécu.

Par ailleurs, quand l'enfant conserve la mémoire de l'expérience vécue, il se trouve souvent confronté à un enjeu de loyauté vis-à-vis de l'auteur du passage à l'acte. Bien souvent ce dernier est une personne importante pour lui, une personne investie affectivement et avec laquelle il se trouve dans une dépendance affective.

Dans la période contemporaine à l'expérience traumatique, l'enfant en mesure de parler et qui se souvient de l'agression vécue se trouve confronté à un conflit intérieur douloureux :

- **Parler, dire à l'extérieur, le libérerait d'une expérience qu'il ressent intuitivement comme anormale, mais nuirait à l'auteur du passage à l'acte qui est aussi sa source de reconnaissance affective dont il a manqué tellement cruellement dès la vie intra-utérine, au moins subjectivement.**
- **Se taire, garder le secret, protégerait l'auteur du passage à l'acte et préserverait cette source de reconnaissance « addictive », mais le conduirait à s'empoisonner intérieurement de cette ou ces expériences gardées secrètes.**

Plus tard, l'adulte qu'est devenu cet enfant est confronté au même conflit intrapsychique, rejoué intérieurement par l'Enfant Gigogne®.

Le fait d'accéder consciemment au souvenir de l'expérience traumatique avec l'identité de l'auteur du passage à l'acte vient totalement remettre en question l'image qu'il s'était faite de cette personne, avec encore plus d'enjeux si cette personne est toujours vivante et dans son environnement relationnel proche.

Donc, la personne, enfant ou adulte, pour espérer garder cette source de reconnaissance addictive et vitale doit :

- soit s'empoisonner en gardant secrètes les émotions traumatiques ;
- soit se libérer des émotions traumatiques en les révélant, mais courir le risque (de son point de vue) de perdre la reconnaissance vitale.

Pendu si tu le fais, pendu si tu ne le fais pas !

La répétition du syndrome « J'ai tout inventé ! » après une exploration en état modifié de conscience

Il est très fréquent qu'après une exploration en état modifié de conscience, des personnes qui retrouvent un vécu traumatique d'ordre sexuel au cours de l'enfance ou de la petite enfance soient confrontées à la reviviscence du « **doute** » et du syndrome « **J'ai tout inventé !** ».

Immédiatement, ou quelque temps après la séance, un mécanisme de défense peut se mettre en place, en reproduisant le vécu post-traumatique de l'enfant, qui conduit la personne accompagnée à remettre en question la plausibilité de la nature des « matériaux » retrouvés, y compris si les charges émotionnelles et manifestations physiques pendant la séance ont été importantes.

Vrais ou faux souvenirs ?

Peut-être te dis-tu :

Comment est-on sûr que lorsque les personnes retrouvent, selon elles, des traumas de la toute petite enfance, de la naissance et de la vie intra-utérine, alors que normalement, on ne se rappelle de rien de ces périodes de nos vies, ce ne soit pas leur imaginaire qui élabore toutes ces situations dramatiques ?

Pour éclairer cette interrogation qui revient très fréquemment, je propose l'analogie suivante.

Une analyse de sang qui révèle la présence du virus VIH, par exemple, ne donne pas l'information si la personne a été contaminée par relation sexuelle consentie, par viol, par transfusion sanguine, par seringue souillée, etc.

La seule chose que le biologiste qui a réalisé l'analyse peut affirmer, c'est que le sang de la personne est contaminé par le VIH.

Pour en connaître la cause exacte, seule une enquête de police scientifique peut éventuellement le déterminer.

Il en est de même pour le thérapeute qui accompagne une personne en état modifié de conscience, pour une exploration des informations présentes dans la psyché qui sont susceptibles d'être la cause des symptômes et troubles pour lesquels elle vient consulter.

D'un point de vue thérapeutique, la question des vrais ou faux souvenirs n'a donc pas lieu d'être !

Ce qu'une personne trouve au cours d'une exploration est bien une empreinte présente en elle, **cela est la seule réalité objective**.

C'est cette empreinte qui est à l'origine des difficultés pour lesquelles elle a décidé de consulter.

Mais cela ne donne pas de preuves objectives au sujet des causes précises qui sont à l'origine de cette empreinte identifiée, ce ne sont que des hypothèses.

Certes ces hypothèses sont souvent confirmées, mais elles le sont par des éléments factuels qui viennent de sources extérieures au contexte thérapeutique ou bien par des symptômes significatifs.

Une exploration dans un cadre thérapeutique n'est pas une enquête policière pour apporter des preuves objectives des causes originelles de ce qui est présent dans la psyché.

L'objectif d'une méthode de psychothérapie, comme son nom l'indique, est purement thérapeutique !

Vouloir, d'une façon ou d'une autre, utiliser les matériaux psychiques qui émergent au cours d'un travail thérapeutique pour fournir la preuve de l'existence d'un évènement passé serait un détournement déontologique et éthique de la nature même de la psychothérapie.

La seule preuve qu'une méthode de psychothérapie puisse fournir, c'est le changement vécu par la personne, à la suite du travail thérapeutique effectué.

Sur le plan individuel « d'un patient », c'est la seule certitude que l'on puisse avoir.

Maintenant, sur un plan statistique empirique, quand des personnes confrontées à un même type de symptôme retrouvent à une écrasante majorité le même type de traumatisme au cours des explorations de leur mémoire non consciente, il est légitime d'en tirer des conclusions établissant un lien entre la nature de certains symptômes et la nature de certains traumatismes.

Cependant, la statistique ne peut pas s'appliquer *stricto sensu* au cas particulier d'une personne.

L'important en thérapie, ce sont les éléments présents dans la psyché et non pas comment ils s'y sont installés objectivement.

Rappelons-nous que nous sommes dans le cadre d'une démarche thérapeutique et qu'il s'agit de traiter et de dissoudre ce qui est retrouvé et qui, d'une façon ou d'une autre, est bien présent dans la psyché, indépendamment de toute réalité factuelle passée.

Le souvenir de la mémoire non consciente n'exclut pas qu'un fait précis de même nature ait pu exister, **mais il ne peut en aucun cas être une preuve objective de son existence passée** !

Cela veut bien dire que l'objectif du thérapeute et de la thérapie est le traitement des difficultés et troubles pour lesquels la personne vient consulter et non pas d'apporter la preuve objective de l'existence de quelconques évènements passés.

Cela implique que l'exploration du passé ou plus exactement de la mémoire n'est pas une finalité, mais seulement un moyen au service du processus thérapeutique, pour résoudre une difficulté présente.

Enfin, les indices qui permettent de savoir que la personne « n'invente pas » et que le matériau qu'elle retrouve est bien présent dans sa psyché sont :

- Les manifestations physiques et émotionnelles qui accompagnent les matériaux retrouvés.

Si le mental est en capacité d'inventer des histoires, le corps, lui, « dit sa vérité ».

- La résolution de la difficulté ou du symptôme après la mise en lumière du matériau retrouvé et le travail de résolution qui lui a été appliqué.

Enfin, un autre indice, mais comme on vient de le voir, qui sort du cadre de la psychothérapie est lorsque la personne a la confirmation par un tiers que ce qu'elle a retrouvé avait bien existé.

La science a découvert des causes neurobiologiques ! Opposition ou complémentarité ?

Je t'entends me dire :

Les liens que tu établis entre des troubles, comme la dépression ou la bipolarité, et des traumas d'ordre sexuel ne sont-ils pas dépassés comme explications, quand les recherches les plus récentes sur le fonctionnement du cerveau, comme celles menées par l'Institut du cerveau, mettent en évidence que :

« La **dépression** résulte d'un dysfonctionnement de la transmission de l'information d'un neurone à un autre au niveau du cerveau. Entre deux neurones, il existe un intervalle appelé "**synapse**", dans lequel le neurone qui transmet l'information rejette des molécules, les neurotransmetteurs, qui sont captés par le neurone qui reçoit l'information. La capture des neurotransmetteurs par un neurone entraîne la génération d'un courant électrique, l'**influx nerveux**, qui transite par l'axone, le prolongement du neurone, jusqu'à la synapse suivante et déclenche la sécrétion des neurotransmetteurs.

Un dérèglement de la production et de la capture de trois neurotransmetteurs majeurs est à l'origine du développement de l'épisode dépressif majeur.

– La **sérotonine** qui a pour fonction d'équilibrer le sommeil, l'appétit et l'humeur.

– La **dopamine** qui est responsable de la régulation de l'humeur et de la motivation.

– La **noradrénaline** qui gère l'attention et le sommeil.

Ces neurotransmetteurs sont présents dans de nombreuses régions du cerveau. Par **imagerie cérébrale fonctionnelle** (IRM fonctionnelle), il est possible d'identifier les zones cérébrales les plus impliquées dans la dépression.

La dépression est un trouble affectant la dynamique des réseaux cérébraux impliqués dans la régulation émotionnelle, le contrôle cognitif et la référence à soi. »

Institut du cerveau.
https://institutducerveau-icm.org/fr/depression/mecanismes/

Ou bien encore, au sujet de la bipolarité, la Fédération pour la recherche sur le cerveau rappelle que :

« Plusieurs études montrent des anomalies des médiateurs chimiques au niveau du cerveau des patients de la maladie bipolaire. En effet, une diminution du taux de noradrénaline et de sérotonine est observée dans la dépression, alors que dans la manie, les taux de noradrénaline sont élevés. Les sujets déprimés et les sujets maniaques présentent une augmentation de taux de l'acétylcholine.

Les taux de DA (dopamine) sont diminués chez les déprimés et augmentés dans la manie. L'ensemble de ces données montre des modifications biologiques au niveau du cerveau qui peuvent en partie expliquer les troubles de l'humeur chez les patients atteints de troubles bipolaires. »

Fédération pour la recherche sur le cerveau.
www.frcneurodon.org/les-troubles-bipolaires/

Je constate que ton argumentation est étayée par des références que l'on peut difficilement contester !

Par ailleurs, je voudrais le faire, je n'en aurais pas les moyens !

Je pense donc que toutes ces recherches récentes, menées par d'éminents scientifiques dans le domaine du fonctionnement du cerveau et de la neurobiologie, mettent en évidence des dysfonctionnements tout à fait réels dans les deux symptomatologies évoquées, comme dans bien d'autres.

Je ne remets donc pas en question la pertinence des observations et des constats neurobiologiques réalisés pour l'une et l'autre de ces pathologies.

Par contre, je peux remettre en question la logique des conclusions qui en sont tirées, si ces conclusions sont que les perturbations neurobiologiques respectives observées sont la cause de chacune de ces pathologies !

Car ces recherches citées mettent-elles par ailleurs en évidence la cause de ces dysfonctionnements neurobiologiques ?

À ma connaissance, non.

- Les observations à partir des études menées relèvent de l'objectivité.
- Des conclusions d'ordre causal, considérant ces perturbations comme causes de ces pathologies, relèvent par contre de la subjectivité d'un biais cognitif.

Ne prend-on pas la conséquence pour la cause ?

Il en a été de même avec la découverte par Pasteur des germes présents dans différentes affections.

Il s'agit bien d'un fait objectif !

Par contre, considérer que les germes en question sont la cause première de la maladie relève d'une conclusion subjective d'un biais cognitif culturel qui perdure encore à l'heure actuelle.

Nous savons pourtant que germes, microbes et virus ne peuvent être présents et se développer qu'à partir d'un terrain propice, d'une défaillance ou d'une incapacité immunitaire.

Leur présence est donc une conséquence d'un déséquilibre interne et non pas une cause et dans tous les cas leur présence est la conséquence d'une défaillance immunitaire !

Le vautour n'est pas la cause de la mort du mouton dont il nettoie la nature de son cadavre, sa présence est la conséquence de la mort du mouton !

Cela s'applique de la même façon aux constats neurobiologiques cités précédemment au sujet de la dépression et de la bipolarité.

Comment des traumatismes, comme les traumatismes sexuels, aussi violents psychiquement et énergétiquement, qui engendrent autant de conséquences post-traumatiques visibles, pourraient-ils ne pas avoir de conséquences délétères sur des processus aussi subtils et sensibles que celui des régulations neurobiologiques au niveau du cerveau ?

Les études scientifiques et les constats empiriques des pratiques en psychothérapie ne s'opposent pas, ils se complètent !

Comme le mettent en évidence d'autres recherches telles que celle de la faculté de médecine de l'université de Genève (Unige) et des hôpitaux universitaires de Genève (HUG), publiée dans la revue *Translational Psychiatry*.

Cette étude conclut que les maltraitances dans l'enfance entraînent entre autres une dérégulation du gène récepteur des glucocorticoïdes (NR3C1) dans les cellules sanguines, qui peut ensuite générer des psychopathologies à l'âge adulte.

Ne peut-on pas aller mieux, sans « gratter » le passé ?

Peut-être te dis-tu aussi :

Pour se sentir mieux par rapport à tous ces troubles présentés dans ce livre, n'est-ce pas pire d'aller gratter et de réveiller les blessures du passé ?

Comme on le voit avec le témoignage de Gaëlle, il lui a fallu tellement de temps, elle est passée par tellement de souffrances, avant de se sentir mieux !

Ne vaut-il pas mieux laisser les blessures au passé et s'occuper du présent, en prenant des médicaments, ou bien en pratiquant de la relaxation, du yoga, du qi gong, de la méditation, des techniques qui font du bien ?

À cela, je réponds souvent par ce vieux proverbe indigène australien :

« Ce n'est pas parce que l'autruche se met la tête dans le sable que cela l'empêche de se faire plumer les plumes du cul ! »

Toutes ces pratiques que tu évoques, y compris la prise de médicaments, sont très intéressantes et très utiles. Elles permettent souvent de soulager quand pour différentes raisons il n'est pas possible d'aller explorer la mémoire non consciente pour en extraire les empreintes traumatiques.

Mais il ne faut pas attendre de ces pratiques plus qu'elles ne peuvent faire.

Un comprimé de Doliprane va être très efficace pour soulager la douleur d'une rage de dents (ou dedans, si tu veux gratter !), mais il ne va pas résoudre l'inflammation de l'abcès qui cause la douleur et encore moins gérer le réveil d'une colère refoulée, stagnante dans les profondeurs du passé, le réveil « d'une dent contre quelqu'un » !

Ces pratiques agissent avec efficacité sur les strates les plus récentes de la psyché.

C'est le cas de nombreuses techniques de développement personnel, comme par exemple la démarche de la CNV (communication non violente) qui est particulièrement intéressante pour communiquer et être en relation de façon plus saine avec les autres.

Beaucoup de personnes apprennent avec succès cette autre façon d'interagir plus sainement avec autrui et sont en mesure de la mettre en œuvre dans de nombreuses circonstances.

Mais, dans d'autres circonstances particulières qui viennent réveiller les empreintes douloureuses des strates anciennes de la psyché qui n'ont pas été explorées ni traitées, ce qui était possible ne l'est plus dans ces circonstances particulières !

Les strates anciennes de la psyché n'ont pas intégré les apprentissages et les changements dans la façon d'interagir qui ont été réalisés au niveau des strates les plus récentes.

En état de conscience ordinaire, nous n'avons pas accès aux strates anciennes de la psyché.

Les « mises à jour » que nous pouvons faire sur les strates les plus récentes ne s'opèrent pas sur les strates les plus anciennes.

Tant que les empreintes traumatiques sont présentes au niveau des strates les plus anciennes, comme je l'ai évoqué au début, elles agissent comme des aimants qui attirent vers nous, et nous attirent vers, des situations semblables aux évènements traumatiques initiaux.

Toutes les pratiques en état ordinaire de conscience n'agissent que sur les plans superficiels récents de la psyché, elles n'agissent pas sur les empreintes traumatiques des strates anciennes de la psyché, pas plus qu'elles n'agissent sur les émotions et les croyances qui en découlent.

Un vieux proverbe de spéléologue dit :

« La spéléologie ne peut pas se pratiquer à la surface de la terre ! »

Pour répondre à ta remarque concernant Gaëlle et les souffrances morales qu'elle évoque dans son témoignage, note que ses souffrances ne sont pas consécutives à un « grattage » de la psyché.

Elles sont liées à des « démangeaisons » émotionnelles (pour reprendre ta métaphore), dépressions, idées suicidaires, début de remontées spontanées de souvenirs qui ont été à l'origine d'un conflit intrapsychique entre une loyauté extrême envers le père et un besoin vital de libération des vécus traumatiques.

C'est ce conflit intérieur entre ces deux tendances qui s'avère être particulièrement douloureux.

Lorsque Gaëlle a pris la décision d'aller véritablement « gratter » la mémoire non consciente, elle le dit :

« Une grande partie des émotions tumultueuses ont commencé à s'apaiser, le déroulement des séances s'avérait plus facile, je connectais les épisodes traumatiques plus facilement et me libérais peu à peu avec les protocoles de mise en paix. »

Quand les traumas de la petite enfance sont aussi violents physiquement et psychologiquement et répétés pendant toute l'enfance, subir des viols, être témoin des viols subis par un autre membre de la fratrie, pour beaucoup de personnes, le seul moyen d'échapper à cet enfer du passé est de se réfugier dans ce que l'on nomme la « folie ».

C'est-à-dire rester tout ou partie dans l'état de conscience dans lequel l'enfant a dû s'échapper pour supporter la violence des actes subis, ce que j'ai nommé les « sorties de corps ».

La sortie de corps qui permet à l'enfant de s'affranchir de son corps et de la violence qu'il subit, en s'échappant dans un ailleurs.

Par la suite, la folie résulte en partie de l'incapacité à ce que la conscience revienne pleinement réinvestir le corps physique et continue d'errer sur d'autres plans.

Ainsi, beaucoup de ces personnes se retrouvent en psychiatrie.

Contrairement à beaucoup d'autres personnes, Gaëlle a eu la chance d'évoluer dans un environnement amical et professionnel ouvert à une autre vision de la dépression.

C'est ce qui lui a permis de s'engager sur le chemin qu'elle a suivi, faute de quoi, sans « gratter », bien qu'il soit difficile de déterminer ce qui n'a pas été, il est probable que son chemin aurait pris une tout autre direction.

EN CONCLUSION

L'humanité malade de sa sexualité

« Ce que je vis aujourd'hui est une image du passé, une résultante de ce que j'ai pensé et agi hier.

Ce que j'ai pensé et agi hier était le mieux que je pouvais penser et agir à partir de l'état d'Être dans lequel je me trouvais pour en tirer le meilleur bénéfice utile pour moi aujourd'hui.

Si je n'accepte pas ce que j'ai pensé et agi hier, si je n'accepte pas les conséquences que j'en vis aujourd'hui, alors, je ne peux en tirer les bénéfices substantiels qu'il m'était utile d'en tirer.

En n'acceptant pas ce qui est aujourd'hui, je me prépare à vivre demain la même chose qu'aujourd'hui puisque de fait, je reporte à demain ce que je refuse d'apprendre aujourd'hui. »

L'Origine du monde, Collectif, éditions Félix.

Au fil de ces quarante années d'accompagnement de personnes en psychothérapie, un constat s'est imposé.

L'immense majorité des personnes qui vient en consultation a été confrontée à des traumas sexuels au cours de la petite enfance et de l'enfance.

Un faible pourcentage vient directement pour des troubles pour lesquels les personnes ont des souvenirs conscients de traumas sexuels remontant à leur enfance.

La plupart des personnes viennent pour un autre prétexte, sans avoir conscience de tels traumas, car nous l'avons vu, ces traumas, de par leur violence psychique et énergétique, sont parmi les plus difficiles à gérer et sont donc le plus souvent refoulés dans la mémoire non consciente.

Seuls des accompagnements en état modifié de conscience peuvent révéler ces traumatismes, les accompagnements de psychothérapie ordinaire butent sur la barrière amnésique des 2-3 ans et sur les refoulements massifs.

Un deuxième « constat » s'impose.
Le nombre des personnes victimes d'agressions sexuelles dans l'enfance est nettement sous-estimé.

Bien que les études statistiques fournissent des chiffres qui paraissent déjà très élevés :
(https://fr.statista.com/statistiques/1231341/nombre-victimes-inceste-france/)
ces estimations reposent sur des enquêtes faites auprès de personnes qui déclarent avoir, ou pas, été confrontées à des agressions sexuelles, donc sur la base de ce dont elles se souviennent consciemment.

Toutes les agressions sexuelles subies avant la barrière amnésique des 2-3 ans, toutes les agressions sexuelles subies pendant l'enfance et l'adolescence, qui sont refoulées dans la mémoire non consciente, passent donc sous les radars des enquêtes statistiques.

Si aucun des deux sexes n'est épargné, ce sont cependant les petites filles qui sont les plus « touchées », au sens figuré et au sens littéral, donc après coup, ce sont les femmes les plus concernées.

Nos sociétés sont profondément malades sur le plan de la sexualité.

Ces traumas se reproduisent et se répercutent de génération en génération.

Les traumas subis pendant l'enfance et toutes les croyances stupides autour de la sexualité donnent des adultes perturbés, frustrés, névrosés, incapables de vivre une sexualité épanouie.

Les uns cherchent inconsciemment à exorciser leurs traumatismes passés en reproduisant sur les enfants ce qu'ils ont eux-mêmes subi.

Les autres ont une image tellement négative et anxiogène de la sexualité génitale entre adultes que le seul moyen pour pallier les frustrations qui en découlent est de se tourner vers les enfants vécus comme moins dangereux.

D'autres ont accumulé une telle colère-frustration, par rapport à ce qu'ils ont subi et par rapport à ce dont ils ont manqué (affection et amour), qu'ils vont évacuer la colère par la « viol-ence » et obtenir l'amour qu'ils n'ont pas eu, en le volant, pour parfois sceller ce deux en un, par un meurtre final, où la violence sur l'autre et sa possession se trouvent à leur paroxysme.

D'autres encore, dont les digues du surmoi sont restées suffisamment solides, n'exorcisent pas leurs traumatismes par des passages à l'acte sur des enfants ou sur des adultes, mais développent l'un ou l'autre de certains symptômes abordés dans ce livre.

Nous l'avons vu, les traumatismes sexuels pendant l'enfance, les croyances stupides, le tabou, l'absence de véritable éducation des enfants contribuent à la reproduction et au maintien de cette profonde maladie de la société de génération en génération.

Or cette maladie n'est pas nouvelle !
Il semble bien que ce soit un symptôme majeur de l'humanité.

Quel trauma l'humanité a-t-elle vécu ?

Pourrait-on appliquer à ce symptôme majeur de l'humanité la même démarche que nous avons appliquée dans ce livre aux symptômes individuels, pour en comprendre les causes et les origines ?

Au niveau des personnes, nous savons que ce qui ne peut pas se dire avec des mots se dit avec des maux, les symptômes pour parler des traumas passés.

Au niveau des familles, ce qui reste secret, sans mot, sur une génération, finit par se révéler par des maux deux ou trois générations plus tard.

Il semble que cela s'applique à tous les systèmes humains quelle que soit leur taille.

Alors, de quel secret l'humanité est-elle porteuse, pour que ce qui n'a pas pu se dire jusque-là avec des mots continue de se dire avec tous les maux autour de sa sexualité ?

Bien évidemment, il n'est pas possible de se poser cette question sans que vienne à l'esprit le fruit défendu d'Adam et Ève, chassés de l'Éden pour avoir désobéi à l'injonction divine !

Rappelons-nous que ce qui ne peut pas se dire avec des mots se dit avec le langage de l'inconscient, **le langage de la métaphore et de la parabole**.

Ce que nous appelons les mythes de l'humanité, comme le mythe du fruit défendu avec Adam et Ève dans la Bible, ne sont-ils que des histoires que les humains ont inventées pour remplir le vide de leurs longues soirées devant leurs feux au fond de leurs cavernes, **ou bien parlent-ils de réalités originelles traduites en métaphores** ?

N'est-il pas paradoxal que la Bible, qui est la référence des principales religions monothéistes occidentales (donc la référence à un seul Dieu), évoque dans un passage de la Genèse des dieux et des fils de Dieu et des Nephilim ! (Nephilim signifiant « ceux qui sont tombés ».) Ceux qui sont tombés d'où ?

« Quand les fils de Dieu s'unissaient aux filles des hommes… »

Par ailleurs, si le Dieu de la religion chrétienne, comme il est dit, est Amour, Amour inconditionnel, alors comment peut-il chasser Adam et Ève du jardin d'Éden ?

Comment se trouve-t-il si personnifié d'un côté, quand d'un autre côté, sa représentation est taboue ?

Comment se fait-il que les différentes royautés de l'histoire de l'humanité se revendiquent de droit divin, de Dieu ? Ou de dieux qui n'en étaient pas ?

Que désigne Dieu au singulier ou dieux au pluriel ?

Les dieux sont-ils Dieu ? Ou autres, pris comme tels par les humains ?

Et si les histoires qui parlent des dieux parlaient d'autres que Dieu ?

N'est-il pas étonnant que les écritures cunéiformes des tablettes sumériennes antérieures à l'écriture de la Bible parlent d'« Adams » dont il semble que la traduction littérale soit « serviteurs esclaves », servant dans des « Édens » signifiant « cités des dieux », d'où les Adams furent chassés parce que les fils des dieux s'unissaient avec les filles des Adams.

« Quand les fils de Dieu s'unissaient aux filles des hommes et qu'elles leur donnaient des enfants... Dieu le renvoya du jardin d'Éden [le = l'homme]... »

Extrait de la Genèse, I, 6.

Il est donc peut-être question de relations sexuelles entre des maîtres considérés comme des « dieux » et des filles de leurs esclaves serviteurs, les « Adams », avec les conséquences quant à la pureté de la descendance de ces « dieux » qui serait à l'origine du bannissement des « Adams » de l'Éden (la cité des dieux !).

Traumatisme du péché originel !
Des relations sexuelles d'humains (Adams) avec des êtres (considérés comme des dieux par les Adams) avec qui il leur était interdit de se mélanger !

N'est-il pas étonnant que dans toute l'histoire de l'humanité les pouvoirs dictatoriaux qui oppressent et exploitent les populations aient toujours cherché à prendre le contrôle sur l'information et sur la sexualité de leurs assujettis ?

Des êtres humains empêchés de s'épanouir sexuellement, traumatisés, frustrés, à la sexualité meurtrie, s'avèrent beaucoup plus facilement manipulables, contrôlables, en les faisant se diviser, se condamner, se déchirer autour de la sexualité.

Le moyen le plus efficace pour cela est de meurtrir, en premier, la sexualité des femmes par les viols des femmes et des petites filles, commis entre autres par les frustrations sexuelles des hommes et leur besoin de les contrôler, par peur qu'elles leur échappent.

L'illustration la plus criante de cette réalité est la persistance, encore dans certaines cultures, de pratiques comme l'excision (ablation du clitoris), l'infibulation (ablation du clitoris et des petites lèvres et suture des grandes lèvres), chez les petites filles, pour rendre impossible un rapport sexuel et, compte tenu de la mutilation, rendre impossible tout plaisir sexuel après la désinfibulation (désuture des grandes lèvres) pour le mariage.

Et si l'humanité était systémiquement maintenue malade de sa sexualité pour continuer de permettre à une minorité au pouvoir de contrôler, d'exploiter et d'assujettir la majorité ?

Alors, si telle est la structure du problème présent de l'humanité, nous avons la structure du traumatisme passé de l'humanité !

Des êtres humains conçus et conditionnés pour être « taillables et corvéables à merci » envers des « dieux » qui n'en étaient pas ?

Libérer le futur de l'humanité de son trauma initial passe par nous libérer individuellement et collectivement des jougs qui nous asservissent.

Cela devra passer par nous libérer des jougs virtuels que nous portons, en accédant aux différentes strates de nos empreintes traumatiques passées pour finir par les désactiver.

Si, à sa petite échelle, la Thérapie Enfant Gigogne® peut y contribuer, alors tout le cheminement qui a conduit à ces lignes dans ce livre prendra tout son sens.

« Toute l'obscurité du monde ne peut pas éteindre la lumière d'une bougie…

Ne maudis pas l'obscurité, allume une bougie. »

Confucius.

Que ce soit à l'échelle individuelle, à l'échelle familiale, à l'échelle d'une collectivité ou à l'échelle de l'humanité :

Aussi sombres puissent être les souffrances enfouies et les actes qui les y ont conduits, la force de la vie, telle la poussée d'Archimède,

exerce une poussée de bas en haut qui fait que ce qui est caché finit toujours par se dévoiler !

Autrement dit :

Tout évènement, plongé dans les oubliettes de l'inconscient, subit une force dirigée de bas en haut, de l'inconscient vers le conscient, progressivement supérieure au fil du temps à l'énergie des efforts déployés pour le maintenir caché !

C'est sans doute ce que mon grand-père paysan sous-entendait quand il disait :

« Chaque hiver, de la terre, le gel fait remonter son lot de pierres ! »

Table des matières

LES TRAUMAS DE LA NAISSANCE & LEURS CONSÉQUENCES

Se former à la Thérapie Enfant Gigogne®

www.espacetransformation.fr

Trouver un thérapeute formé à la Thérapie Enfant Gigogne®

www.espacetransformation.fr/therapeutes

Composition et mise en pages
Nord Compo à Villeneuve-d'Ascq

Achevé d'imprimer en mai 2025
sur les presses de la Nouvelle Imprimerie Laballery
58500 Clamecy
Dépôt légal : mai 2025
Numéro d'impression : 505333

Imprimé en France

La Nouvelle Imprimerie Laballery est titulaire de la marque Imprim'Vert®